《周易》研究与解义

唐 琳 著

图书在版编目(CIP)数据

《周易》研究与解义/唐琳著. —北京：商务印书馆，2023
ISBN 978-7-100-22384-3

Ⅰ.①周… Ⅱ.①唐… Ⅲ.①《周易》—研究 Ⅳ.①B221.5

中国国家版本馆CIP数据核字（2023）第073625号

权利保留，侵权必究。

《周易》研究与解义
唐 琳 著

商 务 印 书 馆 出 版
（北京王府井大街36号 邮政编码 100710）
商 务 印 书 馆 发 行
三河市尚艺印装有限公司印刷
ISBN 978-7-100-22384-3

2023年10月第1版　　开本 880×1230　1/32
2023年10月第1次印刷　印张 9 1/4

定价：58.00元

前　言

　　《周易》是中国古代文化史上的一部奇书，自成书以来一直享有崇高的地位。秦代时它被视为卜筮之书，避免了被焚毁的命运，未尝间断流传不息。至汉代，儒家以它为五经之首，大道之源，为其作注的经学家不胜枚举。魏晋时期它被看成是"三玄"之一，为玄学家所关注。到了理学盛行的宋元明清时期，它又成为理学家阐发天道性命的重要思想资源。清代中期以后，它又为汉学家们所重视，汉学家以朴学见长，对《周易》的研究在乾嘉蔚为一时风气。可以说，易学研究贯穿在中国传统学术史发展的整个进程中。历朝历代的思想家通过注释与研究《周易》，阐发了富于时代特色、理论关切各不相同的哲学思想和文化理念，《周易》也因之成为中国传统学术中一部极其重要的经典。

　　从易学史的角度看，在漫长的演进中，易学分化出了以象数为主旨与以义理为主旨这两种研究路径，前者可追溯至两汉，代表人物有郑玄、荀爽、虞翻等，他们以象为《周易》的根本，认为易辞都是观象所系之辞，研究《周易》的重点在于揭示易辞的象数来源。为了将易辞落实到取象上，他们发明了诸多易学体例，如升降、之正、互体、卦变、反对、旁通、五行、纳甲等，从而建立起了庞大的象数易学体系，与此同时，其弊端也暴露出来，由于一味重视象而忽视了理，象数学发展至东汉后期陷入了牵强附会、支离无理序的困境，最终使易学研究步入了死胡同。正是在这一背景下，以王弼为代表的义理易学兴起，其后胡瑗、欧阳修、张载、程颐等皆继承王弼的解释路数，以申发《周易》所蕴含的圣人之意为重点，服膺《系辞》的"圣人立象以尽意，设卦以尽情伪"之说，认为理或者说圣人之意，才是《周易》的根本，而易象不过是阐明义理的手段或工具。为了争求正统地位，这两派易学家相互批驳，争执不下。直到今天，这场争论的余音依然存在。

这些分歧与争论，看上去似乎只是发生在易学研究的内部，属于易学的问题，其实它们所反映的是波澜壮阔的学术思想史的更迭演进，其深层的原因是社会与制度的变迁，以及相应思想文化的发展、演变与创新。如果没有两汉经学的背景，就没有郑玄、荀爽、虞翻易学的兴起，如果没有魏晋玄学的思潮，也不可能有王弼的易学，如果没有北宋儒学的复兴运动，也就不可能有胡瑗、张载、程颐的易学。反过来，郑玄、荀爽、虞翻的易学推助了两汉经学的发展，王弼的易学推助了魏晋玄学思潮，胡瑗、程颐的易学推助了北宋儒学的复兴，成为宋明理学的先声。

这些易学家们进行学术研究与创造的前提，就是对《周易》进行了系统而深入的研究，有着深刻的理解和体会。今天去读这些易学家们的著作，我们会发现，那些主张象数为主的易学家，也不一概排斥《周易》中的道理，如郑玄与荀爽的易学中就有不少谈论人事道理的内容。那些主张义理为主的易学家，也不一概排斥《周易》中的象，如王弼就说"尽意莫若象"[1]，要想弄清楚圣人之意，首先要明白易辞是怎么讲象的。《系辞》用一句话概括了《周易》的性质与内容，

---

[1] （魏）王弼撰，楼宇烈校释：《周易注校释》，中华书局2012年版，第284页。

"《易》有圣人之道四焉，以言者尚其辞，以动者尚其变，以制器者尚其象，以卜筮者尚其占"。《周易》中圣人所运用的道，从四个方面体现出来：发布政教命令，则推崇卦爻之辞；兴动作为，则推崇随时而变；制造器物，则推崇卦爻之象；用以卜筮，则推崇卦爻变动之占。这就是认为《周易》融辞（理）、象、占于一体，其中辞是从义理的角度说，象与占是从占筮的角度说，义理和象占共同构成了《周易》的圣人之道。

今天我们研究《周易》，首先要明确一点，就是《周易》由两部分组成：《周易》的古经与传文。《周易》古经是指六十四卦的卦画、卦名、卦辞与爻辞，《周易》传文就是我们通常所称的"易大传"或"十翼"。《周易》先有经后有传，传为解释经而作。对于这两部分的理解，按照朱熹的说法，《周易》古经性质上是一本卜筮之书。卦爻辞多由两部分构成，一是取象的部分，一是下断语的部分。取象，是对一卦或一爻所象征的事物或现象的说明；断语，是根据取象部分所描述的现象推断事情的吉凶祸福，所下的断语多是吉、凶、悔、吝、厉、无咎等。这样的构成形式，充分说明了古经编撰的目的是为了帮助人们预测事情的吉凶结果，卜筮是它的主旨与核心。《周易》传文，古人又称"十翼"，分别是《彖》上、《彖》下、《象》上、《象》下、《系辞》上、《系辞》下、《文言》、《说卦》、《序卦》、《杂卦》。这十篇文章从不同的角度对《周易》古经的思想进行阐发，是古人解释《周易》古经的权威著作。传文在性质上与古经有很大的不同，不再以卜筮为中心，而是重点阐发人文智慧与哲学思考。

本书名为《〈周易〉研究与解义》，其内容包含对于《周易》的研究与对于《周易》的注释两部分。其中对于《周易》的研究包括对于古经的研究与对于传文的研究两个部分。古经研究方面，本书围绕以下问题展开：

一、《周易》古经卦爻辞的结构。古经中的卦爻辞一般分为两部分：象辞和断辞。象辞用来描述一种现象，可以是自然现象、社会现象或生活现象。断辞，就是对这一现象所下的结论，多用吉、凶、悔、吝、无咎、利等辞。《周易》古经卦爻辞中显示结果为好的断辞要多于结果不好的断辞，这是因为古经编写者的目的，就是为了引导人们趋吉避凶，减少灾患，消除悔恨，所以易辞虽然常常有戒惧谨慎之义，但作者的意愿是希望事情向好的方向发展。这些断辞往往出现在卦爻辞文末的位置，这就指示给读者，吉凶之占才是《周易》古经象、辞的目的。

二、《周易》古经象与辞的关系。《周易》古经的卦爻符号系统在前，文字系统在后，易辞是根据观象的结果所系的辞。其中卦名是对一卦之象总的概括，是古人观一卦之象而系的名。卦辞与爻辞也与观象存在密切的联系。《周易》古经的作者在系辞时，充分考察了爻象在一卦中所处的时与位。

三、古经的思维方法与人文智慧。《周易》古经体现了殷末周初人们朴素的世界观、人生观与价值观，凝聚着人类早期的思维方法和人文智慧。其思维方法包含辩证思维与连续的、动态的发展观等。在古经作者的心目中，君子与小人代表了两种不同类型的人格形象，君子具有正直坦荡、勤勉谨慎、动静随时、德行谦逊、刚柔并济、诚信笃实、文质彬彬等品德，人格上为世人典范，同时他们亦能成就大事业，行为无不亨通而获吉。古经中的小人，指品德不正、浅薄无能、鲁莽刚壮、地位低下的人。小人占问的结果，多以"勿用""征凶"为主。这一褒扬君子而贬抑小人的思想，是《周易》古经人文精神的重要体现。

《周易》古经虽然性质上是一本占卜之书，但易辞所体现的作者的认知绝对不是无理性、无取舍、无价值判断，其中蕴含着作者对于事理的认知与分析，对吉凶的理性判断以及在此判断之下理性的行为选择。《周易》古经的象辞与断辞构成了一条完整的逻辑之链。所以《周易》古经蕴含了殷末周初人们的理性思维与价值选择，具有人文思考与智慧。

传文研究方面，本书对"十翼"分别进行了考察，得出的主要结论如下：

《彖》集中阐发了《周易》六十四卦卦辞所蕴含的义理。经过《彖》作者的发挥，本来用以占筮的卦辞，具有了哲学义理的含义，如乾卦卦辞被发展为阐扬天道，坤卦卦辞被发展为阐扬地道，蒙卦卦辞发展为讲论处蒙之道，需则为处需之道，讼为处讼之道，师为用兵之道等。每一个卦依其卦名，都有相应的一个主题，《彖》就是围绕这个主题去阐发其道理。

大《象》的立言宗旨，在于由观物取象出发，进而引申到人类社会的活动，上升到人道的要求，所以该篇极力阐扬君子通过观察六十四卦卦象而体察、领会到的立身处世、德行修养、家国治理等方面的道理，并以此为行为的指导。各卦的小《象》，是用来解释六爻爻辞的，分别陈说各爻辞所包含的义理。小《象》的作者，比较重视各爻的时与位，比较重视探讨爻象与爻象之间的关系，重视对于爻辞理论的解释，强调对各爻爻象的义理分析。

《说卦》主要陈述八卦的道德功业以及所比拟的万物之象。《序卦》应该是后人为了论证《周易》六十四卦的排列有其内在之理，刻意构思而作。《杂卦》是对六十四卦卦义的解释，但它与《序卦》确定的顺序不同，它把六十四卦分成三十二对，两两一组进行说明，语言简洁,多用一两个字断卦义,形式上很整饬,音节上也很和谐。《文言》是专门从义理上针对乾坤两卦的解释。因为乾坤是《周易》的门户,在《周易》中意义重大、地位突出,所以古人特别加以解说。《文言》与《彖》《象》关系密切。

在"十翼"诸篇中,《系辞》的地位最重要。该篇的特点是通论《周易》的宗旨、内容、体系以及其他一些基本问题,富有很强的理论性与思辨色彩。《系辞》对于《周易》理论的阐发,集中体现在以下几个方面:一是明确了乾坤(即阴阳)在《周易》中的地位;二是提出了天地人三才之道;三是阐明了《周易》融理、象、占为一体的性质。

关于《周易》大传学术思想的归属问题。《周易》大传从整体上看,反映了战国中后期思想文化日益走向融合的时代特点,正如《系辞》作者所说,"子曰:天下何思何虑?天下同归而殊途,一致而百虑",思虑虽然有百种,必然归于一致;路途虽然殊异,最后同归于一致。这句话借孔子之口而出,这本身表明了《系辞》以儒家为本、统合各家的学术立场。毫无疑问,《周易》传文属于儒家学术方面的思想是最为丰富的。儒学的宗旨,据陈来先生的概括,包括"宗本五经孔子,倡导王道政治,重视德性修身,强调家庭伦理,注重社会道德,崇尚礼乐教化"[①]。这些内容在《周易》传文中都有充分的体现。

关于《周易》经传的编排。从《周易》研究的角度看,利用传文以帮助理解晦涩难懂的古经,显然是一种较为便捷有效的选择,历史上就有很多易学家以此种方式理解古经,例如郑玄、王弼、孔颖

[①] 陈来:《郭店楚简与儒学的人性论》,见《儒林》第一辑,山东大学出版社 2005 年版,第 34 页。

达、胡瑗、程颐等，他们都主张将经传齐同，认为传就是解释经的权威释本，经与传本质上没有任何区别。然而我们知道，《周易》古经性质上是一本占筮之书，而《周易》大传以阐发思想义理、人事道理为主旨，所以本书将《周易》分两部分进行研究与解义，将《周易》古经上下篇与"十翼"区别开来。

  本书的解义部分，值得一提的是，对于《周易》古经的注解区分了释义与扩展。释义，是对古经卦爻辞进行解释，不加发挥。扩展，是指立足于"观象系辞"的角度，结合古今易学家们的注释[①]，试图从象上解释古经系辞的由来，所以文字上作了较多诠释与申发。不管是释义还是扩展，本书都突显了《周易》古经作为卜筮之书的性质。另外，本书对于《周易》的注解，关注的是内在的思想性与义理的一贯性，并不以解释字义为主导，在这个意义上，本书题名为"解义"。

---

① 本书主要参考的古今易注有王弼《周易注》、孔颖达《周易正义》、李鼎祚《周易集解》、程颐《周易程氏传》、朱熹《周易本义》、刘大钧《周易概论》等。

目　录

上篇　《周易》经传研究

第一章　《周易》古经研究⋯⋯⋯⋯⋯⋯⋯⋯⋯⋯⋯⋯⋯⋯⋯⋯⋯3

第二章　《周易》大传研究⋯⋯⋯⋯⋯⋯⋯⋯⋯⋯⋯⋯⋯⋯⋯⋯⋯21

第三章　《周易》大传的学术思想归属⋯⋯⋯⋯⋯⋯⋯⋯⋯⋯⋯⋯55

第四章　《周易》经传的编排⋯⋯⋯⋯⋯⋯⋯⋯⋯⋯⋯⋯⋯⋯⋯⋯61

下篇　《周易》经传解义

《周易》上经⋯⋯⋯⋯⋯⋯⋯⋯⋯⋯⋯⋯⋯⋯⋯⋯⋯⋯⋯⋯⋯⋯69

《周易》下经⋯⋯⋯⋯⋯⋯⋯⋯⋯⋯⋯⋯⋯⋯⋯⋯⋯⋯⋯⋯⋯113

《象》上⋯⋯⋯⋯⋯⋯⋯⋯⋯⋯⋯⋯⋯⋯⋯⋯⋯⋯⋯⋯⋯⋯⋯163

《象》下⋯⋯⋯⋯⋯⋯⋯⋯⋯⋯⋯⋯⋯⋯⋯⋯⋯⋯⋯⋯⋯⋯⋯172

《象》上 181
《象》下 204
《系辞》上 228
《系辞》下 244
《文言》 256
《说卦》 262
《序卦》 271
《杂卦》 275

参考文献 277
后　记 280

上篇 《周易》经传研究

第一章 《周易》古经研究

今天我们所说的《周易》，包括《周易》古经与传文两个部分。《周易》古经即是指六十四卦的卦画、卦名、卦辞与爻辞，《周易》传文就是我们通常所称的"易大传"或"十翼"。《周易》先有经后有传，传是为了解释经而作，所以相对于传而言，古经更为本体。在这个意义上，古经研究有它自身独特的价值。这主要有三点：一是可以使我们更本原地去接近、理解《周易》的原初性质、基本内容与思想含义。二是可以使我们更深入地理解《周易》在中国古代思想文化史上的意义与价值，因为古经虽然性质上是卜筮之书，但它绝不是一部缺乏理性与思考、充斥迷信与虚妄的作品，恰恰相反，在卜筮的形式下，它包含了古人对于自然、社会与人生的认识与思考，体现了古人的智慧之思，它是有理性的、有条理的、有人文智慧的。三是有助于我们更加理性地理解与评价《周易》传文以及历代易学家们包括现当代易学研究者们的易学诠释与成果，以推进当代易学的研究。

一、《周易》古经概论

《周易》古经一共有六十四卦，每一卦都包括卦画、卦名、卦辞和爻辞，即每一卦有四部分组成。

卦画是指卦的符号。卦名是跟在卦画后面的称呼。如卦画为☰，乾就是对这个卦画的称呼。卦名是对卦画最简要的文字说明，它指出了这个卦的主题。

《周易》六十四卦的卦画与卦名如下：

上经：

☰乾　☷坤　☳屯　☶蒙　☵需　☰讼

☷师　☷比　☴小畜　☰履　☷泰　☰否

☰同人　☰大有　☷谦　☳豫　☱随　☶蛊

☷临　☴观　☲噬嗑　☶贲　☷剥　☷复

☰无妄　☶大畜　☶颐　☱大过　☵坎　☲离

下经：

☱咸　☳恒　☰遁　☳大壮　☲晋　☷明夷

☴家人　☲睽　☵蹇　☳解　☶损　☴益

☱夬　☰姤　☱萃　☷升　☱困　☵井

☱革　☲鼎　☳震　☶艮　☴渐　☳归妹

☳丰　☲旅　☴巽　☱兑　☴涣　☵节

☴中孚　☳小过　☵既济　☲未济

上面这些卦画，是由六条"—"或"--"排列组合而成，其中"—"称为阳爻，"--"称为阴爻。如果是由三条"—"或"--"排列组合的卦，称为经卦，于是就有乾、坤、震、巽、坎、离、艮、兑八经卦。我们看古人给《周易》作注时，常常在卦画后面写上：乾下乾上、坤下坤上、震下坎上、坎下艮上等，这里的上和下，指的就是三画卦。乾下乾上是乾卦、坤下坤上是坤卦、震下坎上是屯卦、坎下艮上是蒙卦，以此类推，说明古人把六十四卦看成是上下两个八经卦两两相重所形成的。

再看卦辞。卦辞是紧跟在卦名后面的一段文字，是对一卦的总的说明。如乾后面有"元亨，利贞"四个字，这是乾卦的卦辞。

再看爻辞。一卦共六爻，即由六个"—"或"--"排列组合而成。每爻都有相应的文字说明，叫作爻辞。一卦有六爻，故共有六条爻辞。六条爻辞用"九""六"作为爻题，阳爻称九，阴爻称六。一卦六爻自下而上，按顺序称初、二、三、四、五、上，若全为阳爻，依次称初九，九二，九三，九四，九五，上九；若全为阴爻，依次称初六，六二，六三，六四，六五，上六。我们看屯卦，六爻的爻题依次称初九，六二，六三，六四，九五，上六。

二、《周易》古经卦爻辞的结构

卦爻辞一般由两个部分组成，即象辞和断辞。象辞用来描述一种现象，可以是自然现象、社会现象或日常生活现象。断辞，就是针对这一现象给出结论，多用吉、凶、悔、吝、无咎、利等辞。在占问时，遇到某一卦或某一卦中的某一爻，先看卦爻辞取象部分，表示占问者的处境，然后看吉凶结果。例如：

《无妄》六二："不耕获，不菑畲，则利有攸往。"

此爻的前半部分描述了一种人事生活现象：无须耕种而有收获，无须耕耘而有良田。根据这一现象可以下断语"则利有攸往"，即占问者遇到此爻，宜于前往。

《大过》初六："藉用白茅，无咎。"

此爻的前半部分描述的也是一种人事活动现象，用洁白的茅草垫在下面，表示小心谨慎。根据这一现象可以下断语"无咎"，即占问者遇到此爻，没有过失。

《大过》九二："枯杨生稊，老夫得其女妻，无不利。"

此爻的前半部分描述了一种自然现象,枯萎的杨树发出了新根,以此来比喻人事,老翁娶得一女子为妻,尚能生育,所以后面的断语是"无不利",即没有什么不利的。

《大壮》上六:"羝羊触藩,不能退,不能遂,无攸利,艰则吉。"

此爻的前半部分描述了一种自然现象,公羊撞击藩篱,既不能后退,又不能前进,根据这一现象后面的断语是:占问者遇到此爻,没有什么好处,如果能艰难自处则可以获吉。

《师》九二:"在师中,吉,无咎。王三锡命。"

此爻的前半部分描述了一种社会军事现象,将帅居中不偏,根据这一现象后面的断语是:占问者吉而无咎,君王多次奖赏以褒扬其功。

《升》六四:"王用亨于岐山,吉,无咎。"

此爻的前半部分描述了一种社会政治现象,君王登进于岐山祭祀神灵,根据这一现象后面的断语是:占问者吉而无咎。

《周易》的卦爻辞并不是每一条都由两部分组成,有时只有取象的部分,没有断辞,例如:《坤》初六:"履霜,坚冰至。"

阴气开始生于地下,虽然细微但是发展势头强大,所以坤卦初六爻取象为"脚踏霜,则知严寒将会来临"。爻辞中虽然没有断辞,但是占意已经包含在了象辞之中,占问者读此辞,就知道应该戒惧小心,防患于未然。

《坤》上六:"龙战于野,其血玄黄。"

阴气强盛达到了至极,与阳相争,结果两败俱伤,所以此爻取"龙战于田野,其血染土后青黄混杂"之象,此句虽然没有断辞,但是占意也已经包含在了象辞之中,占问者遇到此爻必然凶险。

《屯》上六:"乘马班如,泣血涟如。"

此爻象辞说"乘马徘徊不前,极其悲伤",根据这一人事现象可以推断，占问者遇到此爻必然凶险。

《比》六三："比之匪人。"

此爻象辞说亲近的人都不中正，根据这一现象可知占问者遇见此爻必然不吉。

《小畜》九三："舆说辐，夫妻反目。"

此爻象辞说车轮上的辐条掉了，车子不能前进，比喻夫妻不和睦。虽然没有断辞，但是根据这一现象可知占问者遇见此爻结果一定不好。

以上所举的例子是没有断辞的情况。我们不难发现，卦爻辞中只有象辞而没有断辞，不影响我们对于吉凶结果的判断。因为读者从象辞所描述的现象中，自然就能够推测到这一现象所蕴含的吉凶结果。

有时直接给出了断辞，没有取象的部分，这一情况在卦辞中是最常见的，如乾卦辞："元亨，利贞。"表示占问者遇到此卦，一开始就亨通，宜于占问。

坤卦辞："元亨，利牝马之贞。君子有攸往，先迷后得，主利。西南得朋，东北丧朋。安贞吉。"

这里的断辞很长。表示占问者遇到此卦，一开始就亨通，宜乘雌马。君子如果前往，开始时迷路，后来有所获，主于得利。往西南方向会得到朋友，往东北方向则丧失朋友。占者能安守正道则吉。

屯卦辞："元亨，利贞，勿用有攸往，利建侯。"

占问者遇此卦，一开始就亨通而利于占问，但是不可以贸然前往，如果卜问建国立诸侯之类，得此卦则有利。

爻辞中没有象辞而只有断辞的情况有以下几处：

《恒》九二："悔亡。"

说明占问者遇此爻，后悔之事消失。

《大壮》九二:"贞吉。"

说明占问者遇此爻,守正则吉。

《解》初六:"无咎。"

说明占问者遇此爻,没有灾害。

《萃》九四:"大吉,无咎。"

说明占问者遇此爻,须大吉然后才能无咎。

《坤》用六:"利永贞。"

占问者若能恒久守正,必然得利。

《周易》古经有一些最常用的断辞,如:吉(善,福庆)、利(顺利,适合)、亨(通达)、吝(很难)、厉(危险)、悔(悔恨,穷困)、咎(灾患)、无咎(无灾患)、凶(祸殃,大的灾难)等。

在这些断辞中,"吉"出现的次数最多,共有147次。《周易》古经称"吉",又包括"元吉""中吉""终吉"等。"元吉"是指一开始就吉利。"中吉"是指事情发展到了中间吉利。"终吉"是最后结果吉利。

"利"一共出现了119次,居第二。"利"的意思是有利、适宜,所以"利"后面常常要接所利的某事,如"利涉大川""利见大人""利有攸往"等。

"无咎"一共出现了93次,居第三。"无咎"的意思是没有灾害,没有过错。

"凶"一共出现了58次。"凶"与"吉"相反,表示有大祸殃。

"亨"一共出现了47次,"亨"的意思是通达、顺利。

"悔"一共出现了34次,其中称"无悔"6次,称"悔亡"19次。"无悔"是指没有什么后悔;"悔亡"是指本来有悔,但现在消失了。

"厉"一共出现了27次,"厉"的意思是危险。

"吝"一共出现了20次,"吝"的意思是艰难。

根据上面的统计可知,《周易》古经中结果好的断辞要多于结果不好的断辞,这一现象出现的原因,可能是《周易》古经编撰成书的目的,就是为了引导人们如何趋吉避凶,减少灾患,消除悔恨,所以易辞虽然常常有戒惧谨慎之义,但作者的用意是希望事情向好的方向发展,避免祸患的出现。

我们说《周易》古经是一本卜筮之书,最直接的依据就是易辞中明确使用了数量众多、表达吉凶祸福的断辞。而且,这些断辞往往出现在卦爻辞文末的位置,这就指示给读者,吉凶之占才是《周易》古经象、辞的最终目的。

三、《周易》古经象与辞的关系

《周易》古经的特别之处,在于它有一套卦爻符号系统,这些符号又称为卦爻画。古人很早就提出,"圣人设卦观象,系辞焉而明吉凶",即认为卦爻符号系统在前,文字系统在后,易辞是根据观象的结果所系的辞。《周易》的卦名、卦辞和爻辞,乃是据象而出。刘大钧说,自春秋战国时代起,经汉、唐、宋诸儒,至清儒及民国人物止,他们在讲解《周易》经文时,都要依据卦象。[①] 这话是有道理的。

先看卦名与卦象的关系。卦名是对一卦之象的总概括,是古人观一卦之象而系的名。

《周易》古经有取一卦之体的象征意义来命名的,比如乾、坤、泰、否、复、姤、剥、夬、师、比、既济、未济等卦。一卦之体都是

---

① 刘大钧:《周易概论》,巴蜀书社2008年版,第25页。

阳，即☰，象征此卦刚健，所以卦名是乾。一卦之体都是阴，即☷，象征此卦柔顺，所以卦名是坤。一卦内卦是乾，外卦是坤，即䷊，象征刚柔交通感应了，所以卦名是泰。若正好相反，内卦是坤，外卦是乾，即䷋，象征刚柔没有交通感应，所以卦名是否。如果一卦之中只有最下面的爻是阳爻，其他五爻都是阴爻，即䷗，象征此时一阳来复，所以卦名是复。一卦之中只有最下面的爻是阴爻，其他五爻都是阳爻，即䷫，象征一阴遇到五个阳爻，所以卦名是姤，相遇之义。如果一卦之中只有最上面的一爻是阳爻，其他五爻都是阴爻，即䷖，象征阴气势力强大，不断地削剥阳气，所以卦名是剥。若相反，一卦中只有最上面的一爻是阴爻，其他五爻都是阳爻，即䷪，象征阳气的势力强大，能够决去阴，所以卦名是夬，刚决柔之义。一卦中只有第五爻是阳爻，其他五爻都是阴爻，即䷇，可以表示这些阴爻都与九五爻亲比，所以卦名是比。一卦中只有第二爻是阳爻，其他五爻都是阴爻，即䷆，可以表示九二爻是主爻，有将帅之象，所以卦名是师。一卦六爻的排列，阴阳交替，井然有序，即䷾，表示事情已经完成了，所以卦名是既济。反之，表示事情还没有完成，即䷿，卦名就是未济。

《周易》古经有取卦体的象形意义来命名的，比如鼎、节、颐、噬嗑等卦。卦画䷱，是鼎卦，初六爻像鼎的两足，九二、九三、九四像鼎的腹，六五像鼎的两耳，上九像横贯鼎两耳用来举鼎的器具。卦画䷻，是节卦，自下至上，为两阳两阴、一阳一阴，很有节度。卦画䷚，是颐卦，口之义，初、上为阳为刚，象征牙齿，中间四爻为阴为柔，象征舌头。卦画䷔，是噬嗑卦，像口中含有食物，咬之而后合。

《周易》古经还有取一卦的内外卦所象征的自然物象来名卦的。乾、坤、震、巽、坎、离、艮、兑八个经卦分别对应天、地、雷、风、水、火、山、泽这八种基本的自然物象，从这基本的自然物象出发，又可推导出其他物象。如乾，除了象征天之外，也可用来象征君、父、圆等；坤，除了象征地之外，也可以象征臣、母、方等；坎，除了象征水之外，也可以象征云、雨、沟等。《说卦》详细列举了八卦所取的物象，可供参考。卦画☷，内卦为震，外卦为坎，震为雷，坎为雨，雷雨满盈，体现造化初始之象，所以卦名为屯，表示万物初生时困难重重之义。卦画☷，内卦为坎，外卦为艮，艮为山，坎为水，有山下流出泉水，蒙昧初生之象，所以卦名为蒙。卦画☷，内卦为乾，外卦为坎，乾为天，坎为云，云上于天，尚未降而为雨，所以要需待以守，所以卦名为需。卦画☷，乾天在上，坎水在下，天与水一上一下、运行相反，所以卦名为讼，争讼之义。卦画☷，内卦为坎，外卦为坤，地能含容积蓄水，能容众所以卦名为师。卦画☷，上坎下坤，地上有水，水亲比地，无有间隙，所以卦名为比。卦画☷，内乾外巽，乾为天，巽为风，风行于天之上，能蓄却不能长久，所以卦名为小畜。卦画☷，内兑外乾，兑为泽，乾为天，天在上，泽在下，上下有别，各当其分，所以卦名为履，礼之义。这种取内外卦所象征的自然物象来命名卦的情况最常见，《周易》传文中大《象》就是这样来分析六十四卦卦名之义的。

再看卦辞与卦象的关系。从《周易》古经有些卦的卦辞中，我们可以看出卦辞也与观象有密切的关联。例如☰乾，卦辞为"元亨，利贞"。六爻都是阳爻，说明有刚健之义，所以占问者遇此卦，一开始就亨通而利于占问。☷泰，卦辞为"小往大来，吉，亨"。小，谓阴；大，谓阳。坤往居上，乾来居下，天地相交而二气感通，所以占问者遇此卦，吉祥而亨通。☷否，卦辞为"否之匪人，不利君子贞，大往小来"。否，闭塞之义。乾往居外，坤来居内，君子居于外而小人居于内，所以此卦不利于君子占问。在《周易》传文中，《彖》对于卦辞与卦象的关系多有阐发，可以参考。

再看看爻辞与爻象的关系。《周易》古经中初爻的爻辞多取象于事物的下体，而上爻的爻辞多取象于事物的上体，例如乾初九称"潜龙"，上九称"亢龙"；噬嗑初九称"灭趾"，而上九称"灭耳"；剥初六称"剥床以足"，上九称"小人剥庐"；大过初六称"藉用白茅"，上六称"过涉灭顶"；咸初六称"咸其拇"，上六称"咸其辅、颊、舌"；离初九称"履错然"，上九称"折首"；鼎初六称"颠趾"，上九称"玉铉"；既济初九称"濡其尾"，上六称"濡其首"；未济初六称"濡其尾"，上九称"濡其首"。这种情况在经文中出现，说明《周易》的作者在系爻辞时，充分考察了爻象在一卦中所处的时与位。

《周易》中还有一些卦，取一物为象，我们可以看到爻辞所叙述的象随着爻位的变化而变化：

艮䷳，爻辞以人身取象，初六云"艮其趾"，六二云"艮其腓"，九三云"艮其限"，六四云"艮其身"，六五云"艮其辅"，取象的部位自下至上分别是止于脚趾、止于腿肚子、止于腰胯、止于身（中上称身）、止于面颊。

咸䷞，爻辞也以人身取象，初六云"咸其拇"，六二云"咸其腓"，九三云"咸其股"，九五云"咸其脢"，上六云"咸其辅、颊、舌"，取象的部位自下至上分别是感其脚拇指、感其腿肚子、感其大腿、感其背脊肉、感其辅颊舌。

剥䷖，以床取象，初六云"剥床以足"，六二云"剥床以辨"，六四云"剥床以肤"，至于上九云"小人剥庐"，床为人身休憩之所，所以自下至上分别表示剥落床腿、剥落至床干、剥落至身体肤表、剥掉居室。

再如乾卦，爻辞自下而上，初九云"潜龙"，九二云"见龙在田",九四云"或跃在渊",九五云"飞龙在天",上九云"亢龙有悔"。爻辞借助龙象的变化,从潜隐、在田、跃起、飞龙,直至亢龙,把乾卦六爻的变化形象地表达出来。

历代易学家为了解释《周易》古经卦爻辞的来源,孜孜不倦,苦心求索,虽然观点不同,存在分歧,但有一点是公认的,那就是都认为易辞乃是据象而出。这一点早在战国时代成书的《系辞》中就有记载,照《系辞》的说法,"易者,象也","象者,言乎象者也","圣人设卦观象,系辞焉而明吉凶","立象以尽意,设卦以尽情伪",这说明战国时代人们就认为《周易》的基础是易象,离开象就无从谈论《周易》,易辞是圣人考察卦爻象之后所系的辞。

四、《周易》古经的思维方法和人文智慧

《周易》古经产生于殷末周初,性质上它是一本占筮之书,却也真实地反映了当时人们对于自然、社会以及日常生活的观察与认识,体现了他们朴素的世界观、人生观与价值观,凝聚着人类早期的思维方法和人文智慧。

(一)《周易》古经的思维方法
1. 辩证思维

最能直观体现《周易》古经辩证思维的,就是阴阳爻象,即 — 与 -- 两个基本元素符号。这两个符号代表了性质正好相反的元素,由这两个基本元素符号的不同排列组合而形成六十四卦的卦象符号。这两个基本元素符号,与早期人类揲蓍运算以求数的占筮活动相关,当以两种性质相反的基本元素符号呈现在《周易》古经时,正反映了

人类抽象认识水平的提高。

《周易》古经六十四卦的排列，遵循着"二二相耦，非覆即变"[①]的规则。覆，指的是一卦的卦象颠倒过来，正好是另一卦，例如屯☳☷与蒙☶☵、需☰☵与讼☵☰、师☷☵与比☵☷、小畜☰☴与履☱☰等互为覆卦。变，指的是一卦与另一卦六爻的爻性正好相反，例如乾☰与坤☷、泰☷☰与否☰☷、随☱☳与蛊☶☴、颐☶☳与大过☱☴、坎☵与离☲、渐☴☶与归妹☳☱、中孚☴☱与小过☳☶、既济☵☲与未济☲☵。其中，泰与否、随与蛊、渐与归妹、既济与未济，既互为覆卦又互为反卦。我们通观《周易》古经六十四卦的排列，就是这样两个为一组，或者互为覆卦，或者互为反卦，或者兼而用之的方法排列。这说明《周易》古经六十四卦的排列，绝非杂乱无章，而是遵循着"观象"这一原则，两两为一组而展开。而且，有些卦的卦名本身也相反相成，如乾坤、泰否、损益、既济未济等。

《周易》古经的易辞中，也不乏辩证思维的成分。例如泰九三："无平不陂，无往不复"，"平"与"陂"、"往"与"复"两两对应，其间的辩证关系是凡平坦都离不开倾斜，凡常往则必有返回。再如泰上六："城复于隍，勿用师，自邑告命，贞吝。"说明上六处于泰卦之极则反入于否，所以此爻有"城墙倾覆于护城壕"之象，告诫占问者不可用武力相争。与之相反，否卦上九爻："倾否。先否后喜。"上九以阳刚居于否极，能倾覆时之否，所以占问的结果是开始不顺利后来则欢喜。泰卦上六称"吝"，否卦上九称"喜"，说明了否极泰来、泰极将入于否的辩证关系。

2. 连续的、动态的发展观

《周易》古经的作者具有一种连续的、变化的发展观，最明显的

[①] （魏）王弼注，（唐）孔颖达疏：《周易正义》，《十三经注疏》整理委员会整理，李学勤主编：《十三经注疏》，北京大学出版社 1999 年版，第 334 页。

表现是它以乾为六十四卦之首,以未济作为六十四卦之终。乾为刚,表现事情开始,未济为终,表示事情的发展是一个连续的、不断变化的过程。未济之前是既济卦,说明事情已经办成了,但《周易》不以既济为终,说明在作易者的思维中,世间万物的发展连续不断,永无止境。

《周易》的这种动态发展观,还通过易辞体现出来。例如乾卦爻辞,初九曰"潜龙勿用",九二曰"见龙在田",九四曰"或跃在渊",九五曰"飞龙在天",上九曰"亢龙有悔",易辞选取了龙这一具有象征变化意义的物象,将龙从潜、见、跃、飞直至亢的变化过程完整地表现出来,体现了作易者对于自然事物的观察是动态而连续的。这样的易卦,还见于艮、咸、剥等爻辞之中。

(二)《周易》古经的人文精神
1. 君子与小人对举
《周易》古经中"君子"一词共出现了 20 次,其含义如下:

(1)表示君子立身处世能够做到勤勉不懈、警惕小心,虽然处于危险之地,但能免于灾祸,如乾卦九三"君子终日乾乾,夕惕若,厉,无咎"。

(2)表示君子的行为能够安守正道所以吉祥,如坤卦辞"君子有攸往,先迷后得,主利。西南得朋,东北丧朋。安贞吉"。

(3)表示君子明智决断,善于应时而动,其结果是君子不会陷入羞吝,如屯六三"即鹿无虞,惟入于林中,君子几不如舍,往吝"。

(4)表示君子在阴气即将盈满之时,不可前往,前往必然凶,如小畜上九"既雨既处,尚德载。妇贞厉,月几望,君子征凶"。

(5)表示闭塞不通之时,不利于君子之道,如否卦辞"否之匪人，不利君子贞，大往小来"。

（6）表示君子以至诚之心与远方结交，所以利于涉险渡大河，如同人卦辞"同人于野，亨，利涉大川，利君子贞"。

（7）表示君子具有谦逊的品德，必然亨通而有好结果，如谦卦辞"亨，君子有终"。

（8）表示君子具有谦逊德行，必然能够承担大任而获吉，如谦初六"谦谦君子，用涉大川，吉"。

（9）表示君子具有谦逊德行，一定会亨通而有好结果，如谦九三"劳谦，君子有终，吉"。

（10）表示君子以坦荡、大度为荣耀，以心胸狭隘为羞吝，如观初六"童观，小人无咎，君子吝"。

（11）表示君子能观察自己所行，能行中正，所以没有过失，如观九五"观我生，君子无咎"。

（12）表示君子能观察自己所行，能行中正，所以没有过失，如观上九"观其生，君子无咎"。

（13）表示君子能为众阴之主，为众阴所负载，所以获吉，如剥上九"硕果不食，君子得舆，小人剥庐。小人若如此，则为不祥"。

（14）表示君子能克己，小人则做不到，所以君子吉，小人凶，如遁九四"好遁，君子吉，小人否"。

（15）表示君子与小人不同，小人用壮，君子则不会极刚而过于勇猛，如大壮九三"小人用壮，君子用罔，贞厉。羝羊触藩，羸其角"。

（16）表示君子重视时机和道义，不得已而回避，所到之处，主人不能理解，如明夷初九"明夷于飞，垂其翼，君子于行，三日不食。有攸往，主人有言"。

（17）表示君子能解除、退避小人，所以吉，如解六五"君子维有解,吉。有孚于小人"。解卦有四爻为阴爻,其中六五爻为君位,六五唯有解去其余三阴同类之人,方能吉祥。

(18)表示君子果敢而决去小人,不心系自己所私爱,无所过咎,如夬九三"壮于頄,有凶。君子夬夬,独行遇雨,若濡有愠,无咎"。

(19)表示良善的君子变革犹如豹之彬蔚,小人也能洗心革面而听从教令,如革上六"君子豹变,小人革面,征凶,居贞吉"。

(20)表示君子有光辉之盛,真诚守信,所以占问的结果吉祥,如未济六五"贞吉,无悔。君子之光,有孚,吉"。

总体而言,在《周易》古经作者的心中,君子具有正直坦荡、勤勉谨慎、动静随时、德行谦逊、刚柔并济、诚信笃实、文质彬彬、心胸豁达等品性,人格上为世人典范。同时他们亦能成就大事业,行为无不亨通而获吉。古经的作者还从反面指出,君子也有否闭退藏之时,这是因为阴气过盛、小人得势,君子退避以免凶咎。

再看"小人"。《周易》古经中"小人"共出现了10处,如下:

(1)表示品性不好的人,如师卦上六"大君有命,开国承家,小人勿用"。小人即便有功,也不能重用。

(2)与大人相对,表示地位低的人。如否卦六二:"包承,小人吉,大人否,亨。"阴能包阳,小人能包容顺承君子,所以小人占遇此爻吉。

(3)表示品性不正的人。如大有九三:"公用亨于天子,小人弗克。"此爻有"王公朝见天子贡献方物"之象,小人没有刚正之德,即使占得此爻,也不能承受。

(4)指幼稚浅薄之人。如观初六:"童观,小人无咎,君子吝。"初六阴柔在下,所观瞻者狭隘而不广大,所以其象为"童观",占筮的结果是小人没有灾咎,若君子如此则足以羞吝。

（5）与君子相对，指品性差的人。如剥上九："硕果不食，君子得舆，小人剥庐。"一阳在上，剥落未尽而能复生，所以有"硕大的果实不被吃掉"之象。君子遇此爻，则为众阴所负载，有"君子得到马车"之占，如果小人遇此爻，就有被剥掉居室之灾。

（6）与君子相对，指品性差的人。如遯九四："好遯，君子吉，小人否。"九四虽然下应初六，但乾体刚健，心有所好所以能弃绝初六。唯有君子能克己，小人做不到，所以占问的结果是君子吉，小人凶。

（7）指鲁莽刚壮的人，与君子相对。如大壮九三："小人用壮，君子用罔，贞厉。羝羊触藩，羸其角。"九三以刚处刚且不中，当大壮之时，小人用壮，君子不会如此，小人过刚勇猛，占问的结果为危险。

（8）与君子相对。如解六五："君子维有解，吉。有孚于小人。"君子有所解除，以小人退避为验证。

（9）与君子相对。如革上六："君子豹变，小人革面，征凶，居贞吉。"上六表示革道已成，所以良善的君子变革如豹文采斐然，小人也能洗心革面以听从教令。

（10）阴柔无能之人。如既济九三："高宗伐鬼方，三年克之，小人勿用。"既济之时，九三以刚居刚，所以此爻有高宗讨伐鬼方国，历时三年之久方能攻克之象，阴柔小人不能轻举妄动。

总体而言，《周易》古经中的小人，指品德不正、浅薄无能、鲁莽刚壮、地位低下的人。在这10处出现"小人"的地方，有6次是将君子与小人对举。小人占问的结果，以"勿用""征凶"为主，而且主张小人应该接受君子的教化。

《周易》古经对君子多断以"吉""利"而小人多断以"凶""勿用"，这说明在古经作者的心目中，德行高尚的人行事多吉利，德行低下的人行事多不利。这一褒扬君子而贬抑小人的思想，是《周易》

古经作为占筮之书而孕育着人文精神的重要体现。

2. 对事理的理解和趋吉避凶的价值选择

通过前面介绍可知,《周易》古经卦爻辞一般由象辞与断辞两部分组成,对这两部分进行分析,我们发现它们并不是彼此孤立、互不联系的,实际上,这两部分构成了一条完整的逻辑思维之链。

例如乾初九爻辞"潜龙,勿用"。其中"潜龙"是象辞,取象于潜藏的龙,表示处于潜隐之时,"勿用"是所下的断语,指示占问者值此情势之下,不要有所作为。

这里,象辞和断辞是密切关联的。正因为处在潜隐阶段,所以断辞才说"勿用"。这里面本来就包含了立身处世的道理,即时机尚未成熟之时,不要轻率而为。只不过易辞里的这个道理,它依附在卜筮上说,潜藏在"勿用"的判断中。那么,我们是不是可以这样说,《周易》古经作为卜筮之书,其中内在包含了人们立身处世的道理,只不过作易者没有对此做专门阐发,因为古经作者的目的,在于指示人们预知吉凶,不在于讲论道理。

而且,"潜龙,勿用"这是从正面言说,对于读者而言,还意味着有从反面去理解的一层意思,即身处潜龙之时,如果做不到"勿用",结果就不好。古经的作者虽然没有讲出这一层意思,但它却以潜在的方式存在于易辞之中。于是,这里面就内在包含了指示人们如何趋吉避凶的价值选择,也就有了警示的意思,提醒人们要顺从事理而动,否则就会有灾咎。

再如乾九二爻辞:"见龙在田,利见大人。"其中"见龙在田"是象辞,取象龙出现在田野,比喻事物崭露头角。"利见大人"是占辞,指示占问者此时宜于见到居上位的大人。正因为处在了出潜离隐、才能为世人所见的阶段,所以断辞才是"利见大人"。这里面所包含的立身处世的道理是：在才能形成之时，宜于见大人以发挥才干。易辞里的这个道理，它是依附在卜筮上说的，是通过指示占问者宜于干什么而潜存着的。同样，"见龙在田，利见大人"，对于读者而言，也意味着可以从反面去理解的一层意思，即才能可为世人所观见之时，见不到居于上位的大人，结果就会不利。

再看乾卦九三："君子终日乾乾，夕惕若，无咎。"乾卦发展至九三爻，由于居于下体之上，又以刚居刚（阳爻居于一卦的第三位），所以九三处在凶险之位。于是爻辞指示占者，能如君子白天勤勉不懈，晚上戒惧小心，就不会有灾咎。同样，此句占辞还可以从反面去理解，如果占者不能如君子白天勤勉且晚上戒惧，那就会有灾祸发生。这里面所包含的事理是，当事情小有所成之时，要认识到危险存在，要防止骄纵，要更加努力并小心谨慎才能避免灾祸。

由此可见，《周易》古经卦爻辞作为观象所系的辞，内在包含了事物之理，只不过古经作者没有对于理做出阐发，因为《周易》古经的主要功能是为了预测吉凶，指示占问者如何趋利避害，而不在于讲论道理。但无论如何，事理是存在的，只不过以潜在的方式存在，而且发挥着重要作用。因为如果缺失了这一层含义，《周易》古经的合理性就将受到质疑，它也就不可能在人类文化史上产生这么深远的影响。在这个意义上，我们说在古经作为卜筮之书的背后，潜存着作易者的理性思维与价值选择。

第二章 《周易》大传研究

《周易》传文，古人又称"易大传"或"十翼"。照《易纬·乾坤凿度》的记载，"孔子……五十究《易》，作十翼"[1]。翼，附翼、辅助之义，共10篇，所以称"十翼"。这10篇文章从不同的角度对《周易》古经进行阐发，是古人解释、阐扬《周易》古经的权威著作，分别是《彖》上、《彖》下、《象》上、《象》下、《系辞》上、《系辞》下、《文言》、《说卦》、《序卦》与《杂卦》。旧说是孔子所作，现在学术界倾向是孔子后学的作品，体现了儒家思想。文中多用"子曰"字样，可能是后来儒家学者在孔子易学的基础上进一步解释和阐发的作品。

一、《彖》的思想与义理

《彖》集中阐发了《周易》六十四卦卦辞所蕴含的义理。我们知道，卦辞是断一卦吉凶的文辞，如《乾》卦的卦辞"元亨，利贞"，意思是占问者遇乾卦，一开始就亨通，利于占问。这句占断之辞，被《彖》的作者发挥如下："大哉乾元，万物资始，乃统天。云行雨施，品物流形。大明终始，六位时成，时乘六龙以御天。乾道变化，各正

---

[1] 林忠军：《〈易纬〉导读》，齐鲁书社2002年版，第139页。

性命，保合太和，乃利贞。首出庶物，万国咸宁。"

这段文字是赞美天道的元亨、利贞，并由天道的元亨、利贞引申到圣人明于天道，参赞化育而成就事业。《彖》文的含义是，伟大啊，天道之始，万物皆资天道以始生，所以"乃统天"。云气流行，雨泽施布，万物在流动中成形，各得亨通。圣人大明晓乎天道的终始，看到乾卦六爻之位各以时而成，所以依时而乘此六阳以行天道，此圣人之"元亨"。天道变化，无所不利，既能使万物各自得其性命，又能保有聚合万物的中和之气，以使万物得利而正固。圣人为君在众物之上，效法乾道，生养万物，所以万国各得其所而安宁，此是圣人之"利贞"。

经过《彖》作者的发挥，本来用以筮占的卦辞，具有了哲学义理的含义。这就是《彖》作者的目的，即超脱《周易》古经筮占的层面，发展出哲学义理的思想。

与之相应，坤卦的卦辞也被《彖》的作者加以发挥，变成了赞美地道。《坤》卦的卦辞是："元亨，利牝马之贞。君子有攸往，先迷，后得，主利。西南得朋，东北丧朋。安贞吉。"意思是占问者遇到坤卦，一开始就亨通，宜于乘雌马。如果前往，开始迷路后来有所得，主于得利。往西南方向会得到朋友，往东北方向则丧失朋友，能安守正道则吉。

《彖》发挥说："至哉坤元，万物资生，乃顺承天。坤厚载物，德合无疆。含弘光大，品物咸亨。牝马地类，行地无疆，柔顺利贞。君子攸行，先迷失道，后顺得常。西南得朋，乃与类行；东北丧朋，乃终有庆。安贞之吉，应地无疆。"

《彖》文的含义是，至极啊地道之始，万物都资取地而生，地和顺奉承天之所施。地广厚载物，其生成万物的品德，可以与天相匹配。地道包含宏厚，德行盛大，众物皆得以亨通。母马是行走于地上的动物，其德行既柔顺又刚健，所以能行于地上而无有穷尽。地体柔顺安静而贞正，君子所行如坤之德，居于先则失去为阴之道，若能居后，顺承阳，则能够恒久。西南为阴位，所以往西南则得到朋友，这是与阴类同行的缘故；东北为阳位，所以往东北则丧失朋友，虽然失去朋友，但最终吉善。君子安静守正所以吉祥，这正是应和了地的德行啊。

《彖》的作者先赞美地道的生成之德，再由此写君子效法地道，柔顺安静而且守正，所以德行广大。

再看屯卦，卦辞云："元亨，利贞。勿用有攸往，利建侯。"意思是占者遇此卦，一开始就亨通而利于占问，但是不可以贸然前往。如果卜问建国立诸侯之类的事情，得此卦有利。再看《彖》作者的阐释："屯，刚柔始交而难生。动乎险中，大亨贞。雷雨之动满盈。天造草昧，宜建侯而不宁。"屯，内卦为震，外卦为坎，以震遇坎，乾坤刚开始交感（指震）必然会遭遇险难（指坎）。震动在下，坎险在上，所以说"动乎险中"，大亨而利于守正。阴阳交而雷雨作，杂乱冥晦，塞乎天地之间。天下未定、名分未明，王者宜立国君以统治，不得谓天下已经安宁了。

《彖》的作者先结合屯卦的卦体，说"刚柔始交而难生"，又结合内外卦的卦德，即内震为动，外坎为险，所以说"动乎险中"，以此来解释屯卦卦名的含义，接着指出处于此屯难之际，应该做什么，即所谓处屯之道：宜于守正与封建立诸侯。

类似的，经过《彖》作者的发挥，蒙卦的卦辞变成了讲论处蒙之道。蒙卦卦辞云："亨。匪我求童蒙，童蒙求我。初筮告，再三渎，渎则不告，利贞。"《彖》解释说："蒙，山下有险。险而止，蒙。蒙亨,以亨行,时中也。'匪我求童蒙,童蒙求我',志应也。'初筮告',以刚中也。'再三渎,渎则不告',渎蒙也。蒙以养正,圣功也。"蒙,内卦为坎,为险难,外卦为艮,为山,以坎遇艮,所以说"山下有险"。外卦艮,一阳止于二阴之上,其德为止。内险而外止,有蒙之义,所以其卦名为蒙。蒙昧而能亨通,是因为九二作为内卦的主爻,以刚居中,能启发他人之蒙昧,而且与六五爻相应,有亨道。"不是我去求幼稚蒙昧之人,是幼稚蒙昧之人来求我",九二与六五志向自然相应。"初始占筮时可以告诉卜问者",九二爻以阳刚居中,告之而有节度。"如果反反复复占筮就是轻慢不敬,轻慢不敬则不告诉占者",如果此时告诉占者,告者也是轻慢不敬,所以蒙能够培养正道,是学而至于圣人的工夫。

这里《彖》的作者先结合卦体(山下有险)与卦德(险而止)解释蒙卦的卦义,接着解释处蒙之道。经过《彖》的发挥,处蒙之道就是:发蒙者要有刚中之德;应该蒙者求问发蒙者,而不能反过来;蒙者与发蒙者都要守敬专一。

这样,经过《彖》的申发,需则为处需之道,讼则为处讼之道,师为用兵之道,比为亲比之道,小畜为处小畜之道,履变成了处履之道,泰变成了处泰之道,否变成了处否之道,等等。每一个卦依其卦名,从卦体与卦德的角度,都可提炼出确定的卦义,由此有了一个相应的主题,《彖》就是围绕这个主题去阐发道理。

二、《象》的思想与义理

《象》阐发的是六十四卦卦象、爻象的思想与义理。各卦的《象》都由大《象》与小《象》组成。

大《象》与《象》不同之处在于，《象》是对卦辞所作的义理发挥，大《象》是从一卦的内外卦所象征的自然物象出发，分析一卦卦名的由来，在点出卦名之后，进而探讨君子或者先王观此卦象，如何立身处世、进德修业、齐家治国等，并且只从正面立言。试举几例：

《象》曰：天行健，君子以自强不息。

其义为：天的运行刚健不息，君子效法天德，自强不息。

《象》曰：地势坤，君子以厚德载物。

其义为：地势高下相因，至顺极厚无所不载。君子效法地之德，德行深厚，承载万物。

《象》曰：云雷，屯。君子以经纶。

上坎为云，下震为雷，为屯卦。屯难之世，君子有所作为，筹划、处理国家大事。

《象》曰：山下出泉，蒙，君子以果行育德。

上艮为山，下坎为水，山下流出泉水，蒙昧初生之象，所以其卦为蒙。君子观此卦之象，则知当如山下之泉水，果决其行为、培育其德行。

《象》曰：云上于天，需。君子以饮食宴乐。

上坎为云，下乾为天，云上于天，尚未降而为雨，所以当需待以守，故其卦为需。君子观需卦之象，则知应当饮食宴乐，安心以等待。

《象》曰：天与水违行，讼。君子以作事谋始。

上乾下坎，乾为天，坎为水，天运行于上，水流动于下，运行相反，所以其卦为讼。君子观讼卦之象，则知凡事一开始就应该仔细谋划，这样后面就不会发生争讼。

《象》曰：地中有水，师。君子以容民蓄众。

上坤下坎，坤为地，坎为水，地能含容蓄水，所以其卦为师。

君子观师卦之象，则知包容蓄养民众，如此能够得民。

《象》曰：地上有水，比。先王以建万国，亲诸侯。

上坎下坤，坎为水，坤为地，地上有水，水亲比地，无有间隙，所以其卦为比。君子观此象，则知先王分封建国，亲比诸侯而心无间隙。

《象》曰：风行天上，小畜。君子以懿文德。

上巽下乾，巽为风，乾为天，风行于天上，能蓄而不能长久，所以其卦为小畜。君子观此卦之象，则知未能积厚而广施，所以退而修习文章才德。

《象》曰：上天下泽，履。君子以辩上下，定民志。

天在上，泽在下，上下分明，各安其位，故其卦为履。君子观履卦之象，则知明于上下之别，使各当其分，以定民众之心志。

以上略举几例，可知大《象》的作者认为，《周易》六十四卦是由八卦两两相重而形成，卦名的含义，就在两两相重的内外卦所呈现的自然事物之间的关系中得以确立。大《象》作者的立言宗旨，不在于陈说此六十四卦所表现的自然物象间的关系，而在于由观物取象出发，进而引申到人类社会的活动，上升到人道的要求，所以该篇极力阐扬君子能从此六十四卦的卦象中体察到或领悟到立身处世、德行修养、家国治理等方面的道理，并以此作为行为的指导。

再看小《象》。各卦的小《象》是用来解释六爻爻辞的，分别陈说各爻辞所包含的思想与义理。小《象》最常用的句式是"……也"，即在句子的结尾，使用"也"字，这是一种说明与解释的语气。我们以乾卦为例：

初九爻辞云：潜龙勿用。

小《象》云："潜龙勿用"，阳在下也。

这里，小《象》的作者明白地指出，初九爻辞说"潜龙勿用"，是因为初九所处的时、位是"阳在下"。

九二爻辞云："见龙在田，利见大人。"

小《象》云："'见龙在田'，德施普也。"

小《象》的作者在此明白地指出，九二爻辞说"见龙在田"，是因为九二之时，德行已经惠及万物。

九三爻辞云："君子终日乾乾，夕惕若，厉无咎。"

小《象》云："'终日乾乾'，反复道也。"

小《象》的作者在此指出，九三爻辞说"终日乾乾"，是指反复践行以从道。

九四爻辞云："或跃在渊，无咎。"

小《象》云："'或跃在渊'，进'无咎'也。"

小《象》的作者在此指出，九四爻辞"或跃在渊"，说明能够随时进退，所以没有灾祸。

九五爻辞云："飞龙在天，利见大人。"

小《象》云："'飞龙在天'，大人造也。"

小《象》的作者指出，九五爻辞说"飞龙在天"，是指大人居尊位以治理天下。

上九爻辞云："亢龙有悔。"

小《象》云："'亢龙有悔'，盈不可久也。"

小《象》的作者指出，上九爻辞说"亢龙有悔"，是因为盈满则不能长久。

用九云："见群龙无首，吉。"

小《象》云："用九，天德不可为首也。"

小《象》的作者指出，阳刚不可以居首位，宜刚而能柔。

再来看噬嗑卦。

初九爻辞云:"屦校灭趾,无咎。"

小《象》云:"'屦校灭趾',不行也。"

小《象》作者指出,爻辞云"屦校灭趾",其结果导致不能行走,无法行恶。

六二爻辞云:"噬肤灭鼻,无咎。"

小《象》云:"'噬肤灭鼻',乘刚也。"

小《象》的作者指出,六二爻辞有"噬肤灭鼻"之象,是因为六二以阴柔乘于初九阳刚之上。

六三爻辞云:"噬腊肉,遇毒,小吝,无咎。"

小《象》云:"'遇毒',位不当也。"

小《象》的作者指出,六三爻辞云"遇毒",是因为六三阴柔不当位。

九四爻辞云:"噬乾胏,得金矢。利艰贞,吉。"

小《象》云:"'利艰贞,吉',未光也。"

小《象》的作者指出,九四爻辞云"利艰贞,吉",因为九四不能光大其德行。

六五爻辞云:"噬乾肉,得黄金,贞厉,无咎。"

小《象》云:"'贞厉,无咎',得当也。"

小《象》的作者指出,六五爻辞云:"贞厉,无咎",是因为六五所行适当。

上九爻辞云:"何校灭耳,凶。"

小《象》云:"'何校灭耳',聪不明也。"

小《象》的作者指出,上九爻辞云"何校灭耳",是因为上九聋暗不明。

概言之，小《象》是为了解释、说明各卦的爻辞而作。

小《象》的作者，多用到"中"字。如坤六五"文在中也"，需九二"衍在中也"、九五"以中正也"，讼九五"以中正也"，师六五"以中行也"，比九五"位正中也""上使中也"，小畜九二"在中"，履九二"中不自乱也"，泰六五"中以行愿"，同人九五"以中直也"等，说明小《象》作者认为，一卦的第二爻和第五爻处于内外卦的中位，居中则意味着无过无不及，恰到好处，所以爻辞多言吉。

细看上面所举的几例，九五多言"中正"或"正中"，如需九五"以中正也"，讼九五"以中正也"，比九五"位正中也"，意思是既中又得正。得正，指的是一卦六爻中，如果阳爻居于初、三、五位，这称为"当位"或"得位"或"得正"。反之，如果阴爻居于初、三、五位，则为"不当位""失位"或"失正"。如果阴爻居于二、四、上，这也称为"当位"或"得位"或"得正"。反之，如果阳爻居于二、四、上，则为"不当位""失位"或"失正"。

小《象》中多次出现"位不当"，如履九四"位不当也"，否六三"位不当也"，豫六三"位不当也"，临六三"位不当也"，噬嗑六三"位不当也"，大壮六五"位不当也"，晋九四"位不当也"，睽六三"位不当也"等。"位正当"的情况，如履九五"位正当也"，否九五"位正当也"，临六四"位当也"等。小《象》的作者，通过运用"当位""不当位"，即爻所处的位是否适当来解释爻辞的吉凶，一般而言，"当位"吉，"不当位"则凶。

另外，小《象》的作者还运用了爻象之间"乘""承"等来解释爻辞，"乘"指的是阴爻乘于阳爻之上，如小《象》屯六二"乘刚也"，噬嗑六二"乘刚也"，这种情况多半不吉利。"承"，指阴爻在下承托阳爻，如小《象》节六四"'安节'之'亨'，承上道也"，指六四上承九五。

　　总体而言，小《象》的作者，比较重视各爻的时与位，比较重视探讨卦中爻象与爻象间的关系，关注对于爻辞理论上的解释，重视中的意义和价值，重视对于各爻爻象义理的分析，这是小《象》解释《周易》爻辞的特色。

三、《系辞》的核心思想

　　在"十翼"诸篇中，《系辞》的地位最重要，该篇的特点是通论《周易》的宗旨、性质以及其他一些基本问题，极富理论性与思辨性。"十翼"的其他各篇，都只是从某一特定的角度进行研究，如《彖》解释的是六十四卦卦辞的思想与义理，小《象》解释的是六十四卦爻辞的思想与义理，《文言》是对于乾、坤两卦思想与义理的阐述，《说卦》主要解释八卦的德业及其法象，《序卦》陈说六十四卦卦次的内在关联，《杂卦》则打乱六十四卦卦次，两两为一组，断定各卦的含义，都没有对《周易》全书做出总的理论概括，涉及《周易》的宗旨、性质和体系的内容甚少。

　　《系辞》对于《周易》的理论阐发，集中体现在以下方面，一是明确了乾坤在《周易》中的地位；二是提出了天地人三才之道；三是阐明了《周易》的性质与内容。

　　（一）明确了乾坤（即阴阳）在《周易》中的地位。《系辞》的作者对乾坤两卦给予了高度肯定，认为《周易》以乾坤为诸卦之首有其内在必然性，乾、坤对应阳、阴，所以对于乾坤的肯定，也就是对于阴、阳这两种力量在万物发生与形成过程中作用的肯定。

　　首先，就乾坤在万物生成中各自的功用看，《系辞》的作者提出

"乾知大始，坤作成物"，即认为在阴阳两种力量中，阳先阴后，阳施阴受，阳气轻清未形，阴气重浊有迹。乾的作用在于促成万物之发生，坤的作用在于确保万物以长成。就乾坤生成万物的方式看，"乾以易知，坤以简能"，乾刚健而动，始生万物而无有困难，所以以易而知大始。坤顺而静，所为皆顺从于阳而不自作，所以以简而能成物。

《系辞》关于乾坤化生万物的德业有很多表述，如说："夫乾，其静也专，其动也直，是以大生焉。夫坤，其静也翕，其动也辟，是以广生焉。广大配天地，变通配四时，阴阳之义配日月，易简之善配至德。"认为乾一而实，所以静止时能够做到专一，行动时能够做到直遂，所以大生万物。坤二而虚，所以静止时能够收合，行动时能够打开，所以广生万物。又说："是故阖户谓之坤，辟户谓之乾，一阖一辟谓之变，往来不穷谓之通。"闭藏称作坤，开户称作乾，开闭循环，阴阳递相而至，称作变；阴阳往来无有穷尽，常得通流，称作通。这些都是对乾坤化育之功的阐述。

其次，《系辞》将乾坤变化上升到了道的高度，由此提出了关于乾坤或阴阳最为经典的表述："一阴一阳之谓道。继之者善也，成之者性也。……显诸仁，藏诸用，鼓万物而不与圣人同忧，盛德大业，至矣哉！富有之谓大业，日新之谓盛德。生生之谓易。"照《系辞》所言，阴阳迭相运行，其间变化之理即是道。发此化育之功是善，物所禀受称为性。"显诸仁"，指阴阳由内至外彰显其化育之德；"藏诸用"，指由外向内去推考其成就事业之本。在《系辞》的作者看来，乾坤是《周易》的门户和根本，对乾坤的理解实质上就是对于阴阳化育之功的认识与肯定，《系辞》由此而提出了"一阴一阳之谓道"，"生生之谓易"等高度凝练的命题，认为阴阳变易之道，生生不息，这就是"易"字的含义，也是《周易》的根本。

最后，正是因为乾坤的重要意义，《系辞》归纳说："乾坤，其易之缊邪？乾坤成列，而易立乎其中矣。乾坤毁，则无以见易。易不可见，则乾坤或几乎息矣。"《系辞》的作者在这里明确指出，《周易》之所立，在于乾坤。如果乾坤不存，那么易道就无从兴起，所以乾坤是易道蕴积的根源，为《周易》之奥府。乾坤列，则易得以兴，乾坤毁，则易道消失，所以说"无以见易"。

（二）提出了天地人三才之道。《系辞》讨论乾坤、天地、阴阳，最终是要归向人道。人能参赞化育天地之道，便是圣人。立于这一思想，《系辞》又提出了"三才之道"的理论。《系辞》云："《易》之为书也，广大悉备。有天道焉，有人道焉，有地道焉，兼三才而两之，故六。六者非它也，三才之道也。"照《系辞》作者的理解，《周易》这部书，广大无所不备，有天道，有人道，有地道，三画之中已具三才，重之所以为六画。六画体现的就是三才之道，上二爻为天，中二爻为人，下二爻为地。《系辞》又云："天地设位，圣人成能，人谋鬼谋，百姓与能。"天地设上下之位，圣人立于其中以参赞天地自然的造化，从而与天地相参。圣人还通过制作《周易》，指导教化民众，谋事与人，谋事与鬼神，所以即使愚笨如百姓，也得以参与其能。在《系辞》看来，圣人能够体会天地生养万物的大德，于是制作《周易》以为津梁，沟通天、地、人，在三者间建立起一种有机的、整体的联系。

《系辞》多处谈到了人道与天地之道的关系。从乾坤易简之道可以为人所效法的角度，《系辞》说："易则易知，简则易从。易知则有亲，易从则有功。有亲则可久，有功则可大。可久则贤人之德，可大则贤人之业。"人道效法天地之道，则可以成就贤人之德与贤人之业。人之所为，如乾容易不难，则容易被民众所知晓；如坤之简约不繁，则其事业要约而易从。"易知"则与之同心之人多,所以"有亲"。"易从"则与之共心协力者众,所以"有功"。亲者众则事业能够长久,功业著则受益面广。使事业长久是贤人之德,能够推而广之,使民众受益则是贤人之事业。《系辞》又说:"易简而天下之理得矣。天下之理得,而成位乎其中矣。"圣人通晓乾坤易简之理,于是可以与天地参。

从圣人之德合于天地的角度,《系辞》指出:"知周乎万物而道济天下,故不过。旁行而不流,乐天知命,故不忧。安土敦乎仁,故能爱。范围天地之化而不过,曲成万物而不遗,通乎昼夜之道而知,故神无方而易无体。"圣人的智慧足以周全万物,圣人的德行足以化成万物,周全万物为智,化成万物为仁,既智且仁,所以合于中道。"旁行而不流",指圣人既能权变,又能守正。"乐天知命",指圣人既乐天道,又知天命,所以无忧。"安土敦乎仁",指圣人能够随其所处而安定其心,做到无一息之不仁,所以仁德益发深厚。天地变化无穷,圣人能合乎天地变化,不使其言行过于中道,裁成万物而不使有任何遗失,其智慧能够通晓幽明、昼夜、死生、鬼神之道,如此,然后可见至神之妙,无有方所,易之变化,无有形体。据此,《系辞》的作者赞叹云:"夫《易》,圣人所以崇德而广业也。知崇礼卑,崇效天,卑法地。"《周易》中蕴含了圣人崇高的品德和伟大的功业。智慧崇高如天,循礼而谦卑如地,所以事业广大。

关于性与命,《系辞》云:"天地设位,而易行乎其中矣。成性存存,道义之门。"将本成之性存而又存,这就是道义的门径。将本成之性存而又存的过程,就是人对于天命的理解与领悟,这就是穷理尽性以至于天命的过程。

(三)明确了《周易》一书的性质和内容。在《系辞》作者看来，《周易》不仅是一本卜筮之书，更是一部讲天道性命与人事之理的书，在《周易》卦爻象辞的背后，实质蕴含了圣人对于万物之理、人物之性以及天命的理解和体悟。正是在这个意义上，《系辞》云："《易》有圣人之道四焉，以言者尚其辞，以动者尚其变，以制器者尚其象，以卜筮者尚其占。"意思是《周易》中圣人所用之道，从四个方面体现出来：出言而施政教，则推崇卦爻之辞；兴动作为，则推崇随时而变；制造器物，则推崇卦爻之象；用以卜筮，则推崇卦爻变动之占，即认为《周易》融合辞（理）、象、占于一体。

1. "以言者尚其辞"

《系辞》认为，《周易》卦爻象与卦爻辞是圣人对于天地万物运动变化情况的模拟与思考，所以说："圣人设卦观象，系辞焉而明吉凶。刚柔相推，而生变化。是故吉凶者，失得之象也。悔吝者，忧虞之象也。变化者，进退之象也。刚柔者，昼夜之象也。六爻之动，三极之道也。"此段先言圣人观卦爻之象而系以卦爻辞，易辞指示人们吉凶变化。再言《周易》中卦爻阴阳迭相推荡，或阴变为阳，或阳化为阴，圣人所以观象而系辞。再言吉凶悔吝等占断之辞，是圣人观卦爻之中，或有失得、忧虞之象，于是系以占辞。得则为吉，失则为凶。忧虞虽然未至于吉凶，然而足以令人后悔而取羞。吉凶相对、悔吝居于中间。最后则特别指出，卦中六爻，初二为地，三四为人，五上为天，六爻的变化，体现的是天、地、人之至理，所以《周易》是圣人因象以系辞，因辞以明理。

相应的，《系辞》列举了大量卦爻辞，并通过引用圣人的讲解，将这些易辞所包含的人事道理阐发出来，如云：

"鸣鹤在阴，其子和之。我有好爵，吾与尔靡之。"子曰：

"君子居其室，出其言善，则千里之外应之，况其迩者乎！居其室，出其言不善，则千里之外违之，况其迩者乎！言出乎身，加乎民；行发乎迩，见乎远。言行，君子之枢机。枢机之发，荣辱之主也。言行，君子之所以动天地也，可不慎乎！"

"鸣鹤在阴，其子和之。我有好爵，吾与尔靡之"，这是中孚九二爻辞。孔子的阐发是，君子居于室内，其言善，即便千里之外人们也听从他，更何况是近处的人呢？居于室内，其言不善，即便千里之外人们也反对他，更何况是近处的人呢？言语虽然出于自身，却施加到民众；行为虽然近在己身，却发见于远方。所以言行是君子的枢机。枢机的发动，是荣耀侮辱的主宰啊。正因为言行是君子感动天地民人的原因，怎么能够不谨慎呢？这是《系辞》从中孚九二爻辞申发出君子谨言慎行的道理。

又如，"同人先号咷而后笑"，子曰："君子之道，或出或处，或默或语。二人同心，其利断金；同心之言，其臭如兰。""同人先号咷而后笑。"这是同人九五爻辞。孔子的阐发是，君子所行，有的选择出，有的选择入，有的沉默不语，有的善于言谈，初看上去像是有所不同，然而实质上没有什么不同。君子莫不是以善为本，所以其心相同，不能离间，其坚固程度可以断金；心心相印的言谈，香味如兰花，沁人心脾。这是从同人九五爻辞申发出君子同心同德的道理。

又如，"初六，藉用白茅，无咎"。子曰："苟错诸地而可矣。藉之用茅，何咎之有？慎之至也。夫茅之为物薄，而用可重也，慎斯术也以往，其无所失矣。"

"初六，藉用白茅，无咎。"这是大过初六爻辞。孔子的阐发是，如果将祭品放置于地上那也是可以的。现在用白色的茅草垫在下面以行祭，有什么过错呢？这是谨慎之至的行为。茅草虽然不贵重，但可以用在重要的场合，谨慎去做事，就不会有过失了。这是从大过初六爻辞申发出敬慎则不会败亡的道理。

再如，"劳谦君子，有终，吉"。子曰："劳而不伐，有功而不德，厚之至也。语以其功下人者也。德言盛，礼言恭。谦也者，致恭以存其位者也。"

"劳谦君子，有终，吉。"这是谦九三爻的爻辞。孔子对此的阐发是，有功劳却不自我夸耀，有功绩却不求回报，这是德行深厚至极啊。这是说有功劳而又谦逊下人。说到德行，则欲盛大；说到礼节，则欲谦恭。谦卦，说的就是能致其谦恭而保有其位，这是从谦九三爻辞申发谦逊必然能够长久的道理。

再如，"亢龙有悔"。子曰："贵而无位，高而无民，贤人在下位而无辅，是以动而有悔也。"

"亢龙有悔"，这是乾卦上九爻爻辞。孔子对此的阐发是，乾卦上九爻，处于一卦之上，身份尊贵却居无位之地，高高在上却没有民众拥戴，贤能之人居于下位所以不能辅佐，所以一旦有行动就会后悔。这是从乾上九爻辞阐发穷极必然导致后悔的道理。

再如，"不出户庭，无咎"，子曰："乱之所生也，则言语以为阶。君不密则失臣，臣不密则失身，几事不密则害成，是以君子慎密而不出也。"

"不出户庭，无咎。"这是节卦初九爻爻辞。孔子对此的阐发是，言语是祸乱的阶梯，所以不可以妄出。君王说话不谨慎周密，就会失掉忠臣。臣子说话不谨慎周密，就会带来灾祸。几微之事须当慎密，否则就会祸害交起。因此君子谨慎周密，不妄出言语，这是通过节卦初九爻辞申发谨慎周密则没有灾害的道理。

又如，解卦六三爻辞。"子曰：'作《易》者，其知盗乎？'《易》曰：'负且乘，致寇至。'负也者，小人之事也。乘也者，君子之器也。小人而乘君子之器，盗思夺之矣。上慢下暴，盗思伐之矣。慢藏诲盗，冶容诲淫。《易》曰：'负且乘，致寇至。'盗之招也。"

孔子对此的阐发是，"作《周易》的圣人，一定知道招致盗贼的道理啊！《周易》解卦六三爻辞说：'负且乘，致寇至。'挑担行走，是小人做的事情；车马，是君子乘坐的工具。今挑担之人乘坐于君子之器，盗贼必然想要抢夺他。小人而乘坐君子之器，就会凌慢上位之人、侵暴下位之人，强盗就会乘其恶行而抢夺他。有货财而看守不严，就是教诲盗贼，使来取此物；女子妖冶其容，又持身不正，就是教诲淫者，使来淫己。解卦说：'负且乘，致寇至'，一定会招致盗贼抢夺财物"。这是通过申发解卦六三爻辞说明小人而乘君子之器，必然招致贼寇的道理。

上述这些对于爻辞义理的阐发，出现在《系辞》上篇。在《系辞》下篇中，也有一大段文字集中阐发爻辞的义理，与《系辞》上如出一辙，其云：

> 《易》曰："困于石，据于蒺藜，入于其宫，不见其妻，凶。"子曰："非所困而困焉，名必辱；非所据而据焉，身必危。既辱且危，死期将至，妻其可得见邪？"《易》曰："公用射隼于高墉之上，获之，无不利。"子曰："隼者，禽也；弓矢者，器也；射之者，人也。君子藏器于身，待时而动，何不利之有？动而不括，是以出而有获，语成器而动者也。"子曰："小人不耻不仁，不畏不义，不见利不劝，不威不惩。小惩而大诫，此小人之福也。《易》曰：'屦校灭趾，无咎'，此之谓也。"子

曰:"善不积不足以成名,恶不积不足以灭身。小人以小善为无益而弗为也,以小恶为无伤而弗去也。故恶积而不可掩,罪大而不可解。《易》曰:'何校灭耳,凶。'"子曰:"危者安其位者也,亡者保其存者也,乱者有其治者也。是故君子安而不忘危,存而不忘亡,治而不忘乱,是以身安而国家可保也。《易》曰:'其亡其亡,系于苞桑。'"子曰:"德薄而位尊,知小而谋大,力小而任重,鲜不及矣。《易》曰:'鼎折足,覆公餗其形渥,凶。'言不胜其任也。"子曰:"知几其神乎?君子上交不谄,下交不渎,其知几乎?几者,动之微,吉之先见者也。君子见几而作,不俟终日。《易》曰:'介于石,不终日,贞吉。'介如石焉,宁用终日?断可识矣!君子知微知彰,知柔知刚,万夫之望。"子曰:"颜氏之子,其殆庶几乎?有不善未尝不知,知之未尝复行也。《易》曰:'不远复,无祗悔,元吉。'"子曰:"天地絪缊,万物化醇;男女构精,万物化生。《易》曰:'三人行则损一人,一人行则得其友。'言致一也。"子曰:"君子安其身而后动,易其心而后语,定其交而后求。君子修此三者,故全也。危以动则民不与也,惧以语则民不应也,无交而求则民不与也,莫之与则伤之者至矣。《易》曰:'莫益之,或击之,立心勿恒,凶。'"

"《易》曰"后面的易辞,分别是困卦六三爻辞、解卦上六爻辞、噬嗑卦初九爻辞、噬嗑卦上九爻辞、否卦九五爻辞、鼎卦九四爻辞、豫卦六二爻辞、复卦初九爻辞、损卦六三爻辞及益卦上九爻的爻辞。《系辞》的作者认为,正是因为《周易》卦爻辞中蕴含了极为丰富而又深刻的人事之理,所以研习卦爻辞成为君子日常学习的重要内容,"是故君子所居而安者,易之序也;所乐而玩者,爻之辞也。是故君子居则观其象而玩其辞,动则观其变而玩其占,是以'自天祐之,吉无不利'"。序,指《周易》卦爻所体现的阴阳动静之条理次第。玩,细细观详。君子依循《周易》体现的阴阳动静之理而居处,仔细观详体味《周易》的卦爻辞,既知道闲居时如何观象和体察玩味卦爻辞,也知道行动时如何观察阴阳刚柔的变化及卦爻的吉凶结果,通过学习《周易》,君子就能明白世间万物之理,行动就会没有过错,做到无往而不利。可见照《系辞》作者的理解,易辞本质上就是阐发义理的言辞。

2. "以卜筮者尚其占"

《系辞》的作者将《周易》看成是一本阐发圣人之意的典籍,那么什么是圣人的心意呢?据《系辞》的记载:"子曰:'夫易,何为者也?夫易,开物成务,冒天下之道,如斯而已者也。'是故圣人以通天下之志,以定天下之业,以断天下之疑。"照《系辞》作者的理解,《周易》的功用就在于它能够开通天下民众的志愿,成就天下的事务,覆冒天地万物的道理。所以圣人制作《周易》,用来通达天下的志愿,用来成就天下的事业,用来占断天下的疑问。可见在圣人的意愿中,包含了指导民众如何预判吉凶,如何趋利避害。蓍草、卦爻象、卦爻辞就是为了预测吉凶而设。"是故蓍之德圆而神,卦之德方以知,六爻之义易以贡。圣人以此洗心,退藏于密,吉凶与民同患。"蓍草的性质运转而无穷,即所谓神;卦爻的性质静止而有定体,即所谓知。六爻变易以告人吉凶。圣人具有"圆神""方知""易以贡"三德,心灵湛然纯一,退藏不发,与民众共同忧患吉凶。"是以明于天之道,而察于民之故,是兴神物以前民用。圣人以此斋戒,以神明其德夫!"圣人明于天道,体察民众关心的事,知道蓍龟可兴,以前民众之所用。圣人之心湛然纯一、肃然警惕,其心神明不测,如鬼神能知将来。《系辞》的种种说法，足以说明以蓍草卦爻占筮是圣人神明之德的体现。正是在这个意义上，《系辞》肯定了占筮的意义，并详细叙述了运蓍求卦的方法。《系辞》云：

> 天一，地二；天三，地四；天五，地六；天七，地八；天九，地十。天数五，地数五，五位相得而各有合。天数二十有五，地数三十。凡天地之数五十有五，此所以成变化而行鬼神也。
>
> 大衍之数五十，其用四十有九。分而为二以象两，挂一，以象三。揲之以四，以象四时。归奇于扐，以象闰，五岁再闰，故再扐而后挂。乾之策二百一十有六，坤之策百四十有四。凡三百有六十，当期之日。二篇之策，万有一千五百二十，当万物之数。是故四营而成易，十有八变而成卦，八卦而小成。引而伸之，触类而长之，天下之能事毕矣。显道神德行，是故可与酬酢，可与佑神矣。

先看"天一，地二；天三，地四；天五，地六；天七，地八；天九，地十。天数五，地数五，五位相得而各有合。天数二十有五，地数三十。凡天地之数五十有五，此所以成变化而行鬼神也"。《系辞》的作者认为，"易与天地准"，所以用来演算的大衍之数与天地之数一致。天地之数，阳为奇，阴为偶，从一至九，分别是天一、地二、天三、地四、天五、地六、天七、地八、天九、地十。其中天数有五个，地数有五个。"五位"，按秦汉人的说法，指东、西、南、北、中五方之位。"五位相得而各有合"，指天一与地六相得而生水于北方，地二与天七相得而生火于南方，天三与地八相得而生木于东方，地四与天九相得而生金于西方，天五与地十相得而生土于中位。天数一、三、五、七、九,积而为二十有五;地数二、四、六、八、十,积而为三十。天地之数阳奇阴偶,合而言之共五十有五,这五十五数体现了天地万物的阴阳变化与屈伸往来。

古人为什么要用五十根蓍草进行演算呢?对于这个问题,自汉至今众说不一。如据《汉书·律历志》记载,"是故元始有象一也,春秋二也,三统三也,四时四也,合而为十,成五体。以五乘十,大衍之数也,而道据其一,其余四十九,所当用也"[1]。按此说法,大衍五十是由元始以象一,春秋以象二,三统以象三,四时以象四相加而得十,再将十与此五体(元始,春秋,三统,四时,合而成十,共五体)相乘而得。五十根蓍草中留一根不用,象征道,这样参与揲蓍的就只有四十九根了。

若照京房之说,五十是由十日加十二辰,再加二十八宿而得,不用的那一根,象征"天之生气,将欲以虚来实,故用四十九焉"[2]。而照马融之说,五十是由太极、两仪、日月、四时、五行、十二月、二十四气相加而得,不用的那一根,象征北极星,"北辰居位不动,其余四十九转运而用也"[3]。若照荀爽之说,五十是由六爻乘以八卦得四十八,再加上乾卦"用九"与坤卦"用六",于是合而为五十。由于"乾初九'潜龙勿用',故用四十九也"[4]。若照崔憬之说,五十是由八卦阴阳老少之数相加而成,其中艮为少阳数三,坎为中阳数五,震为长阳数七,乾为老阳数九,兑为少阴数二,离为中阴数十,巽为

---

[1] (汉)班固撰,(唐)颜师古注:《汉书》第4册,中华书局1962年版,第983页。
[2] 见(魏)王弼注,(唐)孔颖达疏:《周易正义》,《十三经注疏》整理委员会整理,李学勤主编:《十三经注疏》,北京大学出版社1999年版,第279页。
[3] 见(魏)王弼注,(唐)孔颖达疏:《周易正义》,《十三经注疏》整理委员会整理,李学勤主编:《十三经注疏》,北京大学出版社1999年版,第279页。
[4] 见(魏)王弼注,(唐)孔颖达疏:《周易正义》,《十三经注疏》整理委员会整理,李学勤主编:《十三经注疏》,北京大学出版社1999年版,第279页。

长阴数八,坤为老阴数六,这些数相加正好为五十。

到了宋代,易学家们又引入了河图、洛书来解释大衍之数。南宋时朱熹就以河图、洛书为基础,提出大衍五十是由河图、洛书中间的五个小白圈推衍所成。与汉代易学家们的理解不同,朱熹很重视河图、洛书,将它们看成是天地自然之象,是《周易》筮法的哲学根据。至于"其用四十有九",照朱熹的理解,那不用的一根象征太极,这样真正参与揲蓍的就只有四十九根了。

具体演算的程序,即"分而为二以象两……"以下,可参见本书解义部分,总之要经过"四营",才能出来一变。要经过三变之后,才能得出一爻。一卦有六爻,所以须十八变才能成一卦。

通过大衍筮法求得一卦,爻象有老阴、老阳、少阴、少阳之别,依据《周易》筮法"老变少不变"的规则,卦中老阳爻变为少阴爻,老阴爻变为少阳爻,据此,一卦可变为六十四卦以定吉凶,《周易》共有六十四卦,所以能变为四千零九十六卦。照《系辞》作者的理解,《周易》筮法体现了阴阳变化的原理,足以应对天下万事万物,亦可以助神化之功。《系辞》引孔子为证,指出精通阴阳变化原理的人,是能够知道神化之功的。

《系辞》这段解释揲蓍求卦的方法,看似很神秘,其实支撑它的内在原理还是阴阳之道,因为大衍之数来源于天地之数,而天地之数就是阴阳奇偶之数,是所以"成变化行鬼神"者,实质不离阴阳。

3. "以制器者尚其象"

照《系辞》作者的理解,圣人所画的卦象,包含了世间万物的情状,《系辞》讲"古者包牺氏之王天下也,仰则观象于天,俯则观法于地,观鸟兽之文与地之宜,近取诸身,远取诸物,于是始作八卦,以通神明之德,以类万物之情",认为伏羲氏在创制八卦之前,仰观天象，如日月星辰之类，俯察地理，如山川动植之类，这说明了取象之大。又观察鸟兽的纹理与动植物的属性，这说明了取象之细。又"近取诸身"，如耳目鼻口之类，"远取诸物"，如雷风山泽之类。既举近又举远，所以万事都在其中。在作了这些考察之后，伏羲开始创作八卦。所以观八卦，可以通晓天地万物阴阳变化之理，可以知道世间万物的情状。

正因为如此，八卦与六十四卦统括了人类社会方方面面的情状。《系辞》讲"作结绳而为罔罟，以佃以渔，盖取诸离。包牺氏没，神农氏作，斫木为耜，揉木为耒，耒耨之利，以教天下，盖取诸益。日中为市，致天下之民，聚天下之货，交易而退，各得其所，盖取诸噬嗑。神农氏没，黄帝、尧、舜氏作，通其变，使民不倦，神而化之，使民宜之。易穷则变，变则通，通则久"，是以"自天祐之，吉，无不利"。

照《系辞》作者的理解，伏羲结绳而为网罟，用以捕捉鸟兽鱼鳖，大概是取自离卦。离☲，上下卦皆为离，离为目，如网之状。伏羲氏之后，神农氏亦取卦造器。一则取益卦以制造耒耜，益☳，上巽下震，巽为入，震为动，上入下动，耒耜以益天下。二则取噬嗑卦以为市集而交易天下之货物。噬嗑☲，上离下震，离为日，震为动，日中为市，上明下动，"噬"字通"市"字，"嗑"义为"合"，聚合天下之物，设法物物相合。神农氏之后，黄帝、尧舜氏兴起，因时而变，量时而制器，使民用日新，无有懈倦。微妙而更化，民众各得其宜。《周易》因时而变，知事物有穷竭之患则变，变则能够开通，开通所以能长久。正因为能够通变，所以无所不利。

自此之后，"黄帝、尧、舜垂衣裳而天下治，盖取诸乾、坤。刳木为舟，剡木为楫，舟楫之利，以济不通，致远以利天下，盖取诸涣。

服牛乘马，引重致远，以利天下，盖取诸随。重门击柝，以待暴客，盖取诸豫。断木为杵，掘地为臼，臼杵之利，万民以济，盖取诸小过。弦木为弧，剡木为矢，弧矢之利，以威天下，盖取诸睽。上古穴居而野处，后世圣人易之以宫室，上栋下宇，以待风雨，盖取诸大壮。古之葬者，厚衣之以薪，葬之中野，不封不树，丧期无数，后世圣人易之以棺椁，盖取诸大过。上古结绳而治，后世圣人易之以书契，百官以治，万民以察，盖取诸夬。是故易者，象也。象也者，像也。彖者，材也。爻也者，效天下之动者也。是故吉凶生而悔吝著也"。

自此以下，凡有九事，皆为黄帝、尧舜取易卦以制象。"垂衣裳而天下治"，指圣人顺变化而无为，盖取自乾坤易简之理。舟必用大木，刳凿其中，所以说"刳木为舟"，楫必须纤长，故当剡削，所以说"剡木为楫"。舟楫乘水以载运，涣卦有木在水上之象，所以说盖取自涣。负载用牛，乘则用马，服牛以引拉重物，乘马以到达远处，人之所用，各得其宜，故取自随卦。设置重重门，夜间打更，加强警惕，防范盗贼，盖取自豫卦。豫，预备之义。杵须短木，所以"断木为杵"；臼须凿地，所以"掘地为臼"。杵臼之利，在于农业生产。小过☳☶，有上动下止之象，所以取自小过。睽，乖离之义。弯曲木而制造弓弦，剡削木而制成弓箭，弦和箭用以威服天下，取自睽☲☱。上火下泽为睽，有相乖离之义。大壮，壮固之义。上古之时，人们居住在洞穴，生活在野外，后世圣人建造宫殿房屋，结构为"上栋下宇"，足以遮风避雨，所以取自大壮。古时人们去世，用木柴盖于尸首之上，埋尸首于野地，不积土为坟，不植树以标识埋葬处，丧期没有时间规定，后世圣人代之以棺椁，盖取自大过卦。表示送死乃是大事所以要过厚，以示重视。上古之时，人们结绳记事，事情大则结以大，事情小则结以小，后世圣人代之以文字竹简，用以决断万事。夬，决之义。

照《系辞》的说法,《周易》的卦象模写天下之物,比拟万物之象,所以人类社会各方面的情状,都可以在易卦中找到根据,此即所谓"以制器者尚其象"。

四、《文言》的思想与义理

"文言",即"文饰乾、坤两卦之言",是专门针对乾坤两卦的解释,因为乾坤两卦是《周易》的门户,在六十四卦中意义重大、地位突出,所以古人特别加以解说。

《文言》与《彖》《象》关系密切。朱熹说:"此篇申《彖传》《象传》之意,以尽乾、坤二卦之蕴。"[①] 今读《文言》,确实可以发现与《彖》《象》相似的表达,如乾《彖》云:

大哉乾元,万物资始,乃统天。云行雨施,品物流形。大明终始,六位时成,时乘六龙以御天。乾道变化,各正性命,保合大和,乃利贞。首出庶物,万国咸宁。

乾《文言》云:

"乾元"者,始而亨者也;"利贞"者,性情也。乾始能以美利利天下,不言所利,大矣哉!大哉乾乎!刚健中正,纯粹精也。**六爻**发挥,旁通情也。时乘六龙,以御天也。云行雨施,天下平也。

上文中,《彖》云"大哉乾元",《文言》云"大哉乾乎"。《彖》云"云行雨施,品物流形",《文言》云"云行雨施,天下平也"。《彖》云"六位时成",《文言》云"六爻发挥"。《彖》云"时乘六龙以御天",《文言》云"时乘六龙,以御天也"。《彖》云"乾道变化,

---

① (宋)朱熹:《周易本义》,《朱子全书》第1册,上海古籍出版社、安徽教育出版社2002年版,第146页。

各正性命，保合大和，乃利贞"，《文言》云"利贞者，性情也"。

再看坤《彖》：

至哉坤元，万物资生，乃顺承天。坤厚载物，德合无疆。含弘光大，品物咸亨。牝马地类，行地无疆。柔顺利贞，君子攸行。先迷失道，后顺得常。"西南得朋"，乃与类行；"东北丧朋"，乃终有庆。安贞之吉，应地无疆。

坤《文言》云：

坤至柔而动也刚，至静而德方。后得主而有常。含万物而化光。坤道其顺乎！承天而时行。

上文中，《彖》云"乃顺承天"，《文言》云"坤道其顺乎！承天而时行"。《彖》云："含弘光大"，《文言》云"含万物而化光"。《彖》云"先迷失道，后顺得常"，《文言》云"后得主而有常"。

《文言》的作者显然是发挥了《彖》的说法。

再如，乾小《象》云：

"潜龙勿用"，阳在下也。

"见龙在田"，德施普也。

"终日乾乾"，反复道也。

"或跃在渊"，进无咎也。

"飞龙在天"，大人造也。

"亢龙有悔"，盈不可久也。

"用九"，天德不可为首也。

《文言》云：

"潜龙勿用"，下也。

"见龙在田"，时舍也。

"终日乾乾"，行事也。

"或跃在渊",自试也。

"飞龙在天",上治也。

"亢龙有悔",穷之灾也。

乾元"用九",天下治也。

《文言》又云:

"潜龙勿用",阳气潜藏。

"见龙在田",天下文明。

"终日乾乾",与时偕行。

"或跃在渊",乾道乃革。

"飞龙在天",乃位乎天德。

"亢龙有悔",与时偕极。

乾元"用九",乃见天则。

这里,乾《文言》与小《象》的表达十分相似,《文言》的作者按照小《象》的格式分了两段,前一段讲人事,后一段讲天道运行。

至于《文言》剩余的部分,其内容也不出乎小《象》传,主要讲解了乾坤两卦所蕴含的关于君子进德修业、为人处世、修齐治平方面的道理。如乾小《象》说:"'飞龙在天',大人造也",《文言》发挥说:"夫大人者,与天地合其德,与日月合其明,与四时合其序,与鬼神合其吉凶,先天而天弗违,后天而奉天时。"认为大人的德行与天地相合,其光辉璀璨如同日月之明,其行动如四季更替合于条理,其预见吉凶的能力如同鬼神。先于天而行,能够与天默契;后于天而行,能够依循天时。再如坤小《象》说:"'履霜','坚冰',阴始凝也。驯致其道,至坚冰也",《文言》发挥说:"积善之家,必有余庆;积不善之家,必有余殃。臣弑其君,子弑其父,非一朝一夕之故,其所由来者渐矣。由辩之不早辩也。《易》曰'履霜,坚冰至',

盖言顺也。"认为积累善行的家庭，一定有后福惠及子孙；积累不善之行的家庭，一定有灾殃祸及子孙。臣子弑杀君主，儿子弑杀父亲，这些弑逆之祸都不是朝夕所成，这是缓慢积累而形成的，问题就在于没有在坏事刚刚出现之时及早分辨。

五、《说卦》的核心思想

照孔颖达的理解，"《说卦》者，陈说八卦之德业变化及法象所为也"[1]，认为《说卦》用来陈说八卦的德行、功业及其所象征的事物。这个评价大体不错，但不够全面。其实在《说卦》的开篇有两段文字，这两段文字并不是阐发八卦的德业变化及其法象所为，而是《说卦》的作者叹美圣人作易的功业，论说《周易》的内容、性质与意义。这两段文字比较重要，录之如下：

> 昔者圣人之作易也，幽赞于神明而生蓍，参天两地而倚数，观变于阴阳而立卦，发挥于刚柔而生爻，和顺于道德而理于义，穷理尽性以至于命。
>
> 昔者圣人之作易也，将以顺性命之理，是以立天之道，曰阴与阳；立地之道，曰柔与刚；立人之道，曰仁与义。兼三才而两之，故易六画而成卦。分阴分阳，迭用柔刚，故易六位而成章。

第一段文字指出，上古圣人创制《周易》，幽赞于天地神明之道而运用蓍草。揲蓍之法，取奇数于天，取偶数于地，而立七、八、

---

[1] （魏）王弼注，（唐）孔颖达疏：《周易正义》，见《十三经注疏》整理委员会整理，李学勤主编：《十三经注疏》，北京大学出版社 1999 年版，第 323 页。

九、六之数。七、九为阳数，六、八为阴数。七为少阳，九为老阳，八为少阴，六为老阴。观阴阳老少之变而画卦，于刚柔两画而生变动之爻，从容和顺于道德而随事得其条理，穷万物之理，尽人物之性，而合于天命。从这段文字可以看出，《说卦》的作者认为，《周易》一书包含了占、数、道德理义、天道性命几个层面的内容，其中，对天道性命之理的探求是《周易》的归旨。所以《说卦》的第二段文字，重点阐发了圣人所作的《周易》，是如何顺应天道性命之理的，即立天之道，为阴与阳，这是说气有两种：成物者阴与施生者阳。立地之道，为柔与刚，这是说形有两种：顺承之柔与负载之刚。立人之道，有两种：爱惠之仁与裁断之义。三才之道已具备，又皆两之，所以《周易》六画而成一卦。阴阳之位，间杂而成文章。所以《周易》一书包含了天道性命之理。

这两段文字之后，才是孔颖达所说的"陈说八卦之德业变化及法象所为也"。《说卦》的作者分三个部分展开：

一、总论八卦的德行功业。八卦代表了自然界八种不同的现象，即以乾坤象天地，艮兑象山泽，震巽象雷风，坎离象水火，相互错杂而成。八卦所代表的这八种自然现象具有化育万物的功业，雷能震动万物，风能发散万物，雨能滋润万物，日能干燥万物，艮能终止万物，兑能悦乐万物，乾能统领万物，坤能含藏万物。《说卦》的作者还以八卦的化育作用为基础，构想了一个由八卦组成的宇宙方位图。在这个宇宙模型图中，震是东方之卦，代表春季万物出生。巽是东南之卦，代表万物欣欣向荣，洁净整齐。离是南方之卦，离为日，日出而万物皆相见，所以圣人取法南面而听天下，向明而治。坤是地之卦，地能生养万物，有其劳役，所以说"致役乎坤"。兑是西方卦，代表了正秋八月，此时万物悦乐而成熟。乾是西北方之卦，西北是阴地，乾纯阳而居之，是阴阳相薄之象，所以说"战乎乾"。坎是正北方之卦，于时为冬，冬时万物闭藏，纳受为劳，故坎为劳卦。又坎象征水，水行不舍昼夜，所以为劳卦。艮是东北方之卦，万物以艮为终始之际。而且，《说卦》的作者认为，八卦运行化生万物，不知其所以然，所以其化育之功称为神。照《说卦》所言，鼓动万物，没有比雷更迅疾的。挠动万物，没有比风急速的。使万物干燥，没有比火更炎热的。使万物悦乐，没有能超过泽的。滋润万物，没有能超过水的。能终止万物而始生万物，没有比艮更盛大的。所以水火虽然不相入而能相资，雷风各自动而彼此迫近，山泽虽然异体而能通气，所以八卦能变化而生成万物。

二、合论八卦的性情，远取诸物、近取诸身之象以及乾坤父母生三子三女。照《说卦》的说法，八卦性情是指八卦分别代表了健、顺、动、入、陷、丽、止、悦等特性。乾象天，运转不息，故为健。坤象地，顺承天，故为顺。震象雷，雷奋动万物，故为动。巽象风，风行无所不入，故为入。坎象水，水处坎陷，故为陷。离象火，火必附着于物，故为丽。艮象山，山体静止，故为止。兑象泽，泽水润万物，故为万物所悦乐。

所谓"远取诸物"之象，指乾为马，坤为牛，震为龙，巽为鸡，坎为豕，离为雉，艮为狗，兑为羊。所谓"近取诸身"之象，指乾为首，坤为腹，震为足，巽为股，坎为耳，离为目，艮为手，兑为口。所谓"乾坤父母生三子三女"，指乾为天、为阳，故为父；坤为地、为阴，故为母。坤以初爻求得乾阳为震，故称长男。坤以第二爻求得乾阳为坎，故称中男。坤以第三爻求得乾阳为艮，故称少男。乾以初爻求得坤阴为巽，故称长女。乾以第二爻求得坤阴为离，故称中女。乾以第三爻求得坤阴为兑，故称少女。

三、分论八卦各自所取象之物。比如乾卦，照《说卦》所言："乾为天，为圜，为君，为父，为玉，为金，为寒，为冰，为大赤，为良马，为老马，为瘠马，为驳马，为木果。"孔颖达《周易正义》注释说："此一节广明乾象。"[①] 乾为天，天动而运转，所以为圜。天尊而为万物之始，所以为君为父。乾刚清明，所以为玉为金。乾卦居西北寒冰之地，所以为寒为冰。取乾盛阳之色，所以为大赤。取行健之义，所以为良马。取其行健之长久，所以为老马。骨多而瘦，取其行健之甚，所以为瘠马。取其毛色斑驳，所以为驳马。取其性质坚硬，所以为木果。《说卦》的作者，就是这样来阐述乾所代表的事物。推而广之，八卦能够尽揽天下之物，足以应对一切自然与社会现象。

六、《序卦》的思想与义理

前面我们说，从"观象系辞"的角度看，《周易》六十四卦的排列，是以每两卦为一组，或者是覆卦，或者是变卦，或者既覆又变。覆卦，即将一卦六爻上下颠倒过来看，就成为另一个卦，如屯与蒙、需与讼、师与比。变卦，即两个卦六爻的爻性完全相反，如乾与坤、坎与离、大过与颐、中孚与小过。《序卦》与此不同，它试图从卦义出发，将六十四卦看成是一个前后相继的整体，以揭示卦与卦前后相继的道理为主旨。我们略引几句："有天地，然后万物生焉。盈天地之间者唯万物，故受之以屯。屯者，盈也；屯者，物之始生也。物生必蒙，故受之以蒙。蒙者，蒙也，物之稚也。物稚不可不养也，故受之以需。需者，饮食之道也。饮食必有讼，故受之以讼。讼必有众

[①] （魏）王弼注，（唐）孔颖达疏：《周易正义》，见《十三经注疏》整理委员会整理，李学勤主编：《十三经注疏》，北京大学出版社1999年版，第330页。

起，故受之以师。师者，众也。众必有所比，故受之以比。比者，比也。比必有所畜，故受之以小畜……"这里面有些地方能够自圆其说，但是有些地方就显得附会牵强了，如说"饮食必有讼，故受之以讼"，引起诉讼的原因，不必定就是饮食，还可能是其他原因，如为了财产而打官司。"讼必有众起，故受之以师"，引起出兵的原因，不必定就是诉讼，如可能是为了土地。"众必有所比，故受之以比"，人多的地方，也不一定就彼此亲近，也可能产生矛盾。《序卦》应该是后人为了论证《周易》六十四卦的排列具有内在的道理，刻意构造而成，其结果不仅达不到预期结果，反而让读者心生疑惑。

不过《序卦》也有可取之处，如提出："有天地，然后有万物；有万物，然后有男女；有男女，然后有夫妇；有夫妇，然后有父子；有父子，然后有君臣；有君臣，然后有上下；有上下，然后礼义有所错。"这里《序卦》的作者提出社会的等级制度和礼义文明是随着人类社会的形成而后起的，人类社会早期是自然原始的状态，制度文明的兴起是出于稳定政体的需要。《序卦》还有一种发展的世界观，指出"物不可穷也，故受之以未济终焉"，认为万物不可以穷尽，所以《周易》以未济作为六十四卦之终。

1973年马王堆帛书《周易》出土，其排列次序与今本《周易》不同，这说明即使到了西汉，尚有不同编次的《周易》文本在社会上流行。高亨先生说："古代《易经》之六十四卦顺序当有几种不同之编次。"[①]刘大钧先生提出，当时传授《周易》的经学大师们正是为宣扬与提高今本《周易》的位置，以区别于社会上别种编次的《周易》传本，因而写《序卦》，其目的是为今本《周易》的编次张目，以制

---

① 高亨：《周易大传今注》，齐鲁书社1998年版，第4页。

造理论根据，扩大其声望。①

七、《杂卦》的思想与义理

《杂卦》，韩康伯注释说："《杂卦》者，杂糅众卦，错综其义，或以同相类，或以异相明也。"②照韩康伯的看法，《杂卦》就是打乱六十四卦的排列次序，交错综合其含义，两两一组，或者其义相似，或者其义相反而相明。韩康伯的这个理解是很准确的。《杂卦》也是对六十四卦卦义的解释，但它与《序卦》确定的顺序很不同，它把六十四卦分成三十二对组合，两两一组进行说明，语言简洁，多用一两个字断卦义，形式上很整饬，音节上也很和谐，并非杂乱无章。《杂卦》不长，其文字如下：

> 乾刚坤柔，比乐师忧。临、观之义，或与或求。屯，见而不失其居，蒙，杂而著。震，起也。艮，止也。损、益，盛衰之始也。大畜，时也。无妄，灾也。萃聚而升不来也。谦轻而豫怠也。噬嗑，食也，贲，无色也。兑见而巽伏也。随，无故也，蛊则饬也。剥，烂也，复，反也。晋，昼也。明夷，诛也。井通而困相遇也。咸，速也。恒，久也。涣，离也。节，止也。解，缓也。蹇，难也。睽，外也。家人，内也。否、泰反其类也。大壮则止，遁则退也。大有，众也。同人，亲也。革，去故也。鼎，取新也。小过，过也。中孚，信也。丰，多故也。亲寡，旅也。

---

① 刘大钧：《周易概论》，巴蜀书社 2008 年版，第 17 页。
② （魏）王弼注，（唐）孔颖达疏：《周易正义》，见《十三经注疏》整理委员会整理，李学勤主编：《十三经注疏》，北京大学出版社 1999 年版，第 339 页。

离上而坎下也。小畜，寡也。履，不处也。需，不进也。讼，不亲也。大过，颠也。姤，遇也，柔遇刚也。渐，女归待男行也。颐，养正也。既济，定也。归妹，女之终也。未济，男之穷也。夬，决也，刚决柔也，君子道长，小人道忧也。

我们略举几卦看看《杂卦》的排列。乾坤为一组，卦象☰与☷，六爻爻性正相反，其义亦相反，乾为刚健坤为柔顺。比师为一组，卦象☵与☳，正为颠倒之象，其义为亲比则乐，用兵则忧。临观为一组，卦象☱与☴，正为颠倒之象，其义相反，以我临物，故称"与"；物来观我，故称"求"。屯蒙为一组，卦象☵与☶，正为颠倒之象，屯，利建侯，君子经纶之时；蒙，虽杂然而处但能启发蒙昧而向明。震艮为一组，卦象☳与☶，正为颠倒之象，其义相反，震为动而起，艮为停而止。损益为一组，卦象☶与☴，正为颠倒之象，其义相反，损为衰之始，益为盛之始。大蓄无妄为一组，卦象☶与☰，正为颠倒之象，大畜，因时而畜，所以能大；无妄，灾自外来。萃与升为一组，☱与☷，正为颠倒之象，萃则聚合，升则上往所以不来。

据此，《杂卦》似乎就应该这样，按照两两一组、非覆即变的顺序排列至于文末。但令人困惑的是，今本《杂卦》从"大过，颠也"而下至于文末，按照大过—姤—渐—颐—既济—未济—夬的次第排列，打乱了前面非覆即变的排列，变得杂乱。这很可能是错简所致，今按照非覆即变的顺序，调整如下：

大过，颠也。颐，养正也。姤，遇也，柔遇刚也。夬，决也，刚决柔也，君子道长，小人道忧也。渐，女归待男行也。归妹，女之终也。既济，定也。未济，男之穷也。

第三章 《周易》大传的学术思想归属

《周易》大传从整体看，反映了战国中后期思想文化日益走向融合汇通的时代特点，正如《系辞》所说"子曰：天下何思何虑？天下同归而殊途，一致而百虑"，思虑虽然有百种，必归于一致。这句话借孔子之口而出，表明了《系辞》以儒家为本、统合各家的学术立场。毫无疑问，《周易》传文体现儒家思想的内容最为丰富。儒学的宗旨，据陈来先生的概括，包括"宗本五经孔子，倡导王道政治，重视德性修身，强调家庭伦理，注重社会道德，崇尚礼乐教化"[①]。这些内容在《周易》传文中都有充分的体现。

1. 宗本孔子

《周易》传文除了引用孔子的言辞外，再没有明确引用其他任何一位思想家的言辞，且"子曰"出现的次数多达30处，其中《系辞》24次，《文言》6次，这充分说明了易传对于孔子思想的推崇。这30处引文中的大多数是孔子从思想义理上申发《周易》卦爻辞的含义，结合马王堆汉墓出土的孔子与弟子研究《周易》的文献，说明孔子生前确实曾对《周易》卦爻辞作过详细的研究，有过系统的讲解，所以保留在了《系辞》和《文言》中。

[①] 陈来：《郭店楚简与儒学的人性论》，见《儒林》第一辑，山东大学出版社2005年版，第34页。

2. 倡导王道政治

王道政治是指儒家所表彰的西周时期文武周公所推行的政治制度，其本质是仁政，是儒家向往的最佳的社会形态。王道政治的理想在《周易》传文中也得到了充分的彰显。例如《彖》贲："文明以止，人文也。观乎天文，以察时变。观乎人文，以化成天下。"人文化成思想的提出，体现了《彖》作者对于社会文明制度的向往。《彖》颐："天地养万物，圣人养贤以及万民。颐之时，大矣哉！"颐，养之义。在《彖》作者心中，颐养之道的核心体现在圣人顺应天道，畜养贤者以及万民。再如《彖》咸："天地感而万物化生，圣人感人心而天下和平。观其所感，而天地万物之情可见矣。"圣人之心与天下民众之心相通感应，所以能致天下和平，由感应而致相通和谐，这是天地万物的自然之情。再如《彖》兑："说以先民，民忘其劳；说以犯难，民忘其死。"以悦道率领民众，民众就会忘记劳累；以悦道克服困难，民众就会忘记生死。再如《彖》节："节以制度，不伤财，不害民。"圣人立制度以为节，所以不伤财害民。《彖》中孚"说而巽，孚乃化邦也"，下兑悦而上巽顺，圣人以诚信感化一国。《彖》革："天地革而四时成，汤武革命，顺乎天而应乎人。"阴阳升降，温暑凉寒，迭相变革，所以形成四时更替，汤武革命，上顺天命，下应民心。《彖》鼎："圣人亨以享上帝，而大亨以养圣贤"，圣人贡献祭品给上帝，广其烹饪以养圣贤。《系辞》也指出："乐天知命，故不忧。安土敦乎仁，故能爱。"圣人既乐天道，又知天命，所以无忧；能够随处皆安而无片刻不仁，所以所到之处皆能仁民爱物。由此可见，《周易》传文中的王道政治包括了仁民爱物，尚贤节用，诚信感化，顺天应人等多方面内容。

3. 重视德性修身

《周易》传文中涉及德性修养的内容很多，如《象》就提到了"独立不惧，遁世无闷"，"恐惧修省"，"思不出其位"，"居贤德善俗"，"惩忿窒欲"，"反身修德"，"非礼弗履"等等。而且，《象》的某些说法，与《论语》几乎一致。据《论语》记载："曾子曰'君子思不出其位'"[①]，这是说君子思虑所及，应该做到止其所当止，防止私欲萌生。《象》曰："兼山，艮。君子以思不出其位。"艮☶，上下皆艮，所以称"兼山"，君子观艮止之象，则知思其所当思，所以能做到不出其位。《象》的说法，与《论语》所记载曾子的思想完全一致。

重视德性修身的思想，在《系辞》《文言》等也大量出现。如《系辞》引孔子言："颜氏之子，其殆庶几乎？有不善未尝不知，知之未尝复行也。"《论语》记载说"有颜回者好学，不迁怒，不贰过"[②]。这两处思想也一致，都是赞赏颜回好学深思，任道而行，同样的错误不会出现两次。《文言》涉及君子进德修业、居敬涵养的内容也很多，在此就不一一列出了。

4. 强调家庭伦理

家庭是社会最基本的单位，儒家认为，齐家才能治国，家道正则国家正。《周易》中家人卦、渐卦、归妹卦、咸卦等，都与家道有关。《周易》大传在解释古经时，对于家庭伦理也给予了充分阐发。如《彖》家人："家人，女正位乎内，男正位乎外。男女正，天地之大义也。家人有严君焉，父母之谓也。父父子子，兄兄弟弟，夫夫妇

---

① （魏）何晏注，（宋）邢昺疏：《论语注疏》，见《十三经注疏》整理委员会整理，李学勤主编：《十三经注疏》，北京大学出版社1999年版，第196页。
② （魏）何晏注，（宋）邢昺疏：《论语注疏》，见《十三经注疏》整理委员会整理，李学勤主编：《十三经注疏》，北京大学出版社1999年版，第71页。

妇，而家道正。正家而天下定矣。"在《彖》作者看来，家人卦六二、九五都得正，所以有女正位于内，男正位于外之象。男女各自得正，符合天地之大义。一家之中有严格的君长，即父母。父子、兄弟、夫妇，上下尊卑有常于是家道正固。家道正固则推而广之天下就可以安定了。家人《象》云："'家人嗃嗃'，未失也；'妇子嘻嘻'，失家节也。"治家严厉，所以有嗃嗃之象，却不至于失礼；治家宽松，妻儿恣意无节，就会因为失礼而导致灾祸。

再如归妹，《彖》云："归妹，天地之大义也。天地不交而万物不兴。归妹，人之终始也。说以动，所归妹也。'征凶'，位不当也。'无攸利'，柔乘刚也。"照《彖》作者的理解，少女出嫁、阴阳感通，这是天地大义。天地如果不感应，万物就不能繁兴。少女出嫁，对女子而言是人生的归宿又是新生活的开始。归妹䷵，下兑上震，兑为悦，震为动，其情为悦而动。一卦之中，九二、六三、九四、六五四爻都不当位，所以说"征凶"。六三、六五以阴柔乘于阳刚之上，所以"无攸利"。从归妹《彖》文可知，女子出嫁是天地之大义，同时又警戒女子应该恪守妇德，做到当位、柔顺。

5. 注重社会道德

《周易》传文的作者不仅重视个体的道德修养，而且重视全社会的道德培育与化成。大《象》对此多作阐发。如大《象》蛊云："山下有风，蛊。君子以振民育德。"山之下有风，事物被扰乱而有待治理之象，所以为蛊卦。君子观此象，则知需要振济民众培育德行。大《象》晋："明出地上，晋。君子以自昭明德。"光明出自地上，为晋卦。君子观此则昭示明德于天下。临："泽上有地，临。君子以教思无穷，容保民无疆。"泽上有地，地临于泽，所以为临卦。君子观此，则知以至诚之心教导民众，以宽广之心包容保护民众。观："风行地上，观。先王以省方观民设教。"风行于地上，周览万物，所以为观卦。先王观此，则知巡视四方、观民风俗，从而教化民众。节："泽上有水，节。君子以制数度，议德行。"泽上有水，容量有限，所以为节卦。君子观节之象，于是制立数度，商度德行。综合大《象》所言，社会道德的养成，一是要依靠统治者以身垂范，以至诚之心感化民心，二则需要制定对应的社会制度加以规范。

6. 崇尚礼乐教化

《周易》传文的作者也很重视礼乐的教化作用，认为礼乐能够移风易俗，改良社会风气。如《象》豫曰："雷出地奋，豫。先王以作乐崇德，殷荐之上帝，以配祖考。"震雷出于地面，奋发向上，音声和畅，所以为豫卦。先王观此，则知作声乐以褒扬功德，其盛大至于祭祀上帝，配以祖考。又《序卦》曰："有上下，然后礼义有所错。"《文言》曰"嘉会足以合礼"等。

所以《周易》传文整体上反映了儒家的学术观念，除了孔子本人的思想外，也包括曾子、思孟学派的一些观点。震《象》的"君子以恐惧修省"与蹇《象》"君子以反身修德"，与《论语》所记载的曾子自我省察的内省论一致。

另外，《周易》传文大量赞誉"中"[1]，与《论语》中孔子对于"中"的肯定与赞扬是一致的。《论语·雍也》云："中庸之为德也，其至矣乎！"[2] 子思、孟轲也都称誉"中道"。在《中庸》里，"中"

---

[1] 虽然《周易》古经也谈到了"中"，但出现的次数少，如《讼》卦辞"有孚，窒惕。中吉，终凶。利见大人，不利涉大川"，《师》九二"在师中，吉，无咎。王三锡命"，《泰》九二"包荒，用冯河，不遐遗，朋亡，得尚于中行"。讼卦辞"中吉"与"终凶"对应，不是赞赏中。后面两处可理解为居中。这与后来易大传大量运用"中"、赞誉"中"是很不同的。

[2] （魏）何晏注，（宋）邢昺疏：《论语注疏》，见《十三经注疏》整理委员会整理，李学勤主编：《十三经注疏》，北京大学出版社1999年版，第82页。

的思想被更加强化了:"中也者,天下之大本也。和也者,天下之达道也。致中和,天地位焉,万物育焉。"[1]有关"诚"的表达,《文言》乾:"庸言之信,庸行之谨,闲邪存其诚。"又说:"修辞立其诚",这些与《中庸》论"诚"的思想也完全一致。

---

[1] (汉)郑玄注,(唐)孔颖达疏:《礼记正义》,见《十三经注疏》整理委员会整理,李学勤主编:《十三经注疏》,北京大学出版社1999年版,第1422页。

第四章 《周易》经传的编排

在谈论这个问题之前，我们先比较下孔颖达本的《周易》和朱熹本的《周易》。

孔颖达本《周易》共11卷，第一卷从乾至蒙。我们先看第一卷中乾卦和坤卦的编排次序。乾卦：卦辞、初九至上九爻辞、乾《彖》、乾《象》、乾《文言》。坤卦：卦辞、坤《彖》、坤大《象》、初六爻辞、坤初六小《象》、六二爻辞、坤六二小《象》、六三爻辞、坤六三小《象》、六四爻辞、坤六四小《象》、六五爻辞、坤六五小《象》、上六爻辞、坤上六小《象》、坤《文言》。可知孔颖达本乾卦的编排是先《周易》古经，接下来才是传文。坤卦的编排是将《彖》《象》《文言》打散，附在经文之后。屯以后各卦同坤（只是无《文言》），一直到未济卦。在卷次上，从需至豫为第二卷，从随至离是第三卷，从咸至益是第四卷，从夬至归妹是第五卷，从丰至未济是第六卷。第七卷《系辞》上，第八卷《系辞》下，第九卷《说卦》，第十卷《序卦》，第十一卷《杂卦》。

再看朱熹的《周易本义》本。从乾至于未济卦，各卦的编排次序是一样的，都是先卦辞再爻辞，以上下经为准，共两卷，接下来是《彖》上、《彖》下、《象》上、《象》下、《系辞》上、《系辞》下、《文言》、《说卦》、《序卦》、《杂卦》，各为1卷，这样一共有12卷。朱熹《周易本义》是将《周易》古经与传文分开编排，经是经，传是传,古经之后是传文。这就与《周易正义》所用的王弼本《周易》不一样。王弼本的《周易》是将《彖》《象》《文言》与经文合在了一起,其中乾卦的《彖》《象》《文言》被放在乾卦的卦爻辞之后。而到了坤卦直至未济卦,《彖》被直接放在了卦辞之后,《象》也按照六爻的次序被打散,依次分别附在了六爻爻辞之后。如果说乾卦还多少有点经传分开的痕迹话,那么到了坤卦以后,各卦的编排就完全将传与经融合为一。

问题是《周易》文本的原貌,据《汉书·艺文志》记载:"《易经》十二篇,施、孟、梁丘三家。"[1]颜师古注云:"上下经及十翼,故十二篇。"[2]可见,那时经分为上下2篇,传为10篇,经传分开,不相附属。一直到东莱人费直研究《周易》,"治易为郎,至单父令。长于卦筮,亡章句,徒以《彖》《象》《系辞》10篇文言解说上下经"[3],由此可知,费直以《彖》《象》《系辞》等10篇解说上下经,但并未将《彖》《象》传文分附经文之后。至东汉,郑玄继承费直以传解经的思维,开始将经传合于一书。据《三国志·高贵乡公传》记载:"帝又问曰:'孔子作《彖》《象》,郑玄作注,虽圣贤不同,其所释经义一也。今《彖》《象》不与经文相连,而注连之,何也?'俊对曰:'郑玄合《彖》《象》于经者,欲使学者寻省易了也。'帝曰:'若郑玄合之,于学诚便,则孔子曷为不合以了学者乎?'"[4]郑玄为《周易》作注,"欲便学者寻省易了",也就是说为了方便读者理解,将《彖》和《象》与经文合在了一起。到了王弼注解《周易》,又在

---

[1] (汉)班固撰,(唐)颜师古注:《汉书》第6册,中华书局1962年版,第1703页。
[2] (汉)班固撰,(唐)颜师古注:《汉书》第6册,中华书局1962年版,第1704页。
[3] (汉)班固撰,(唐)颜师古注:《汉书》第11册,中华书局1962年版,第3602页。
[4] (晋)陈寿著,(南朝宋)裴松之注:《三国志》,浙江古籍出版社2000年版,第89页。

郑玄易注的基础上，更进一步将《彖》《象》按六十四卦拆开，分别配于每卦的卦辞和爻辞后面，《文言》也分散附于《乾》《坤》二卦之后，这是第三步。王弼本《周易》正是朱熹当时广为流传的经本，所以朱熹说："盖古易，《彖》《象》《文言》各在一处，至王弼始合为一，后世诸儒遂不敢与移动。"[①]

从研究《周易》的角度看，利用传文以帮助理解晦涩难懂的古经，显然是一种较为便捷的选择，历史上就有很多易学家以此种方式理解经文，如郑玄、荀爽、虞翻、王弼、孔颖达、胡瑗、程颐等，他们都主张将经传齐同，认为传就是解释经的权威释本，经与传本质上没有任何区别。但事实是，《周易》古经性质上是一本占筮之书，占筮是它的主题，《周易》大传不同，以阐发思想义理、人事道理为主旨。从这个角度看，以传合经存在很大的弊端，对此，南宋理学家朱熹说："熹尝以谓《易经》本为卜筮而作，皆因吉凶以示训诫，故其言虽约，而所包甚广。夫子作传，亦略举其一端，以见凡例而已。然自诸儒分经合传之后，学者便文取义，往往未及玩心全经，而遽执传之一端，以为定说。于是一卦一爻，仅为一事，而易之为用，反有所局，而无以通乎天下之故。若是者，熹盖病之。"[②] 此是说，《周易》最初是为卜筮而作，其间经历了三圣或四圣几个阶段，经传本来分开，各自成书，后世儒者将经与传附属，致使后来的学者望文生义，认为《周易》就是一部讨论具体的人事和讲道理的书籍，其弊端是对《周易》的理解拘于一端，三百八十四爻仅限于三百八十四件事（如

[①] （宋）朱熹：《朱子语类》，《朱子全书》第16册，上海古籍出版社、安徽教育出版社2002年版，第2221—2222页。
[②] （宋）朱熹：《晦庵先生朱文公文集》，《朱子全书》第24册，上海古籍出版社、安徽教育出版社2002年版，第3890页。

程颐），没有发挥出易教"洁净精微"的特点。所以朱熹特意撰写《周易本义》一书，该书采用吕祖谦《古周易》的本子，以上下经为两卷，《彖》上、《彖》下、《象》上、《象》下、《系辞》上、《系辞》下、《文言》、《说卦》、《序卦》、《杂卦》各为 1 卷，共 12 卷。这个本子和普通本子的不同，是后者经郑玄、王弼等的变改，以《彖》上下、《象》上下、《文言》5 篇分别附于经文各卦之间，而这个本子则依据考证原来形式的结果，使《彖》上下，《象》上下，《文言》5 篇各自独为一篇。朱熹在《周易本义》开篇指明："经则伏羲之画，文王、周公之辞也。并孔子所作之传十篇，凡十二篇。中间颇为诸儒所乱。近世晁氏始正其失，而未能尽合古文。吕氏又更定，著为经二卷、传十卷，乃复孔氏之旧云。"①

其实在朱熹之前，北宋的吕大防（1027—1097）、晁说之（1059—1129），南宋的程迥（约 1173 年前后）、吕祖谦（1137—1181）等，他们也对王弼本的《周易》有所不满，各有古易的编订，相互考订，亦互有异同，其意皆在于恢复战国、西汉时代《周易》的本来面目。如吕大防《周易古经》序云："《周易》古经者，《彖》《象》所以解经，始各为一书。王弼专治《彖》《象》以为注，乃分缀卦爻之下，学者于是不见完经，而《彖》《象》辞次第贯穿之意亦缺然不属，予因案古文而正之。"②所以他的《周易古经》篇目为经二篇，《彖》《象》《系辞》各二篇，《文言》《说卦》《序卦》《杂卦》各一篇，总计十二篇。之后，晁说之亦注古文《周易》，只不过他合并十二篇为八篇：卦爻第一（不分上下经），《彖传》第二（不分上下彖），《象

---

① （宋）朱熹：《周易本义》，《朱子全书》第 1 册，上海古籍出版社、安徽教育出版社 2002 年版，第 30 页。
② （宋）吕祖谦：《古周易》，文渊阁四库全书本。

传》第三（亦不分大小象，上下象），《文言》第四，《系辞》第五（不分上，下系），《说卦》第六，《序卦》第七，《杂卦》第八。后来吕祖谦又对晁说之作了更订，他在《古周易自序》中说："近世嵩山晁氏编《古周易》，将以复于其书，而其刊补离合之际，览者或以为未安"[1]，于是"因晁氏书，参考传记，复定为十二篇。篇目卷帙，一以古为断"[2]。又在晁氏书的基础上，参考费氏易，因"惟费氏经与古文同，然则真孔氏遗书也"[3]，恢复到古易十二篇的篇目上。朱熹深受吕祖谦的影响，"古文易经传十二篇，亡友东莱吕祖谦伯恭父之所定"[4]，又云"是以三复伯恭父之书而有发焉，非特为其章句之近古而已也"[5]。朱熹认同吕祖谦分《周易》经传为12篇，主要原因不在于《古周易》章句近古，而是取其将经传分开，可以扭转当时学者以传释经，执传文以为定说的弊端。

据白寿彝考证，《周易本义》流传至今的最早本子，只有南宋咸淳乙丑年（公元1265年）的吴革刊本。此本在南宋与元朝的流传情形无从考证，明清两朝则间有吴革本的覆刊本、缩印本、摹刊本、仿刊本等流行。这些刊本都是12卷本，即《周易》上下经2卷、《彖传》2卷、《象传》2卷、《系辞》2卷、《文言》《说卦》《序卦》《杂卦》各一卷，共计12卷，较真实地反映了《本义》依据《古周易》所编定的次第，维持经传相分的原貌。

---

[1] （宋）吕祖谦：《古周易》，文渊阁四库全书本。
[2] （宋）吕祖谦：《古周易》，文渊阁四库全书本。
[3] （宋）吕祖谦：《古周易》，文渊阁四库全书本。
[4] （宋）朱熹：《晦庵先生朱文公文集》，《朱子全书》第24册，上海古籍出版社、安徽教育出版社2002年版，第3890页。
[5] （宋）朱熹：《晦庵先生朱文公文集》，《朱子全书》第24册，上海古籍出版社、安徽教育出版社2002年版，第3890页。

在吴革本问世后不久，宋咸淳年间，董楷著《周易传义附录》14卷，因程颐《伊川易传》用王弼本，朱熹《周易本义》用吕祖谦本，于是董楷割裂《周易本义》散附于《伊川易传》之后。至明永乐年间，明成祖修《五经大全》，因《周易大全》采用程颐、朱熹二本，仍依此例，割裂《周易本义》卷次，附于程传之后，后来士子们觉得程颐的易传太繁，于是弃去不读，专用《周易本义》，而《周易大全》乃是朝廷所颁，其次第不敢随意变动，于是便依照大全本的次第，刊去程颐的《伊川易传》，而以程书之次序为朱之次序。自此，这个被窜改了的朱熹的《本义》，相传达数百年之久，以至现在，还有很多人误认为它就是《周易本义》原书。这种情况的出现，是朱熹没有想到的，他苦心经营未经几年便被变乱，完全抹杀了当初他的努力，违背了他的本意。明清之儒虽多宗《周易大全》本，但明儒何楷撰《古周易订诂》，仍将经传分开，以复古本之义；至清代，李光地撰《周易折中》，又将经传分开，进一步纠正了《周易大全》在编次上造成的混乱。

所以，现在我们学习《周易》，要清楚此书实分两部分：一部分是《周易》古经上下篇，一部分是"十翼"，即《周易》大传10篇。

下篇 《周易》经传解义

《周易》上经

☰（乾下乾上）乾：元亨，利贞。

释义 占遇此卦，一开始就亨通，利于占问。

扩展 六画，相传为伏羲所画之卦。一为奇，表示阳。"乾下乾上"，三画卦之名，指内卦为乾，外卦为乾。经文乾字，六画卦之名。占遇此卦，一开始就亨通，宜占问。

初九，潜龙勿用。

释义 潜伏之龙，不可妄动。

扩展 初九，卦下阳爻之名。《周易》中每一个卦都由六个爻象组成，其中阳爻称九，阴爻称六。每一个爻象对应一个爻位，自下而上，分别称初、二、三、四、五和上。六个爻象组成一卦。乾卦的初爻是阳爻，故称初九。初阳在一卦之下，不可以有所作为，所以此爻有"潜龙"之象，其占为"勿用"。

九二，见龙在田，利见大人。

释义 龙出现在田野，宜见大人。

扩展 九，谓阳爻；二，指自下而上，第二爻。阳为刚健，二是内卦之中位。九二居于内卦乾之中位，刚健而居中不偏，与初爻相比，已经离开了潜伏状态，惠泽可以遍及万物，为万物所利见。所以此爻有"见龙在田"之象，其占为"利见大人"。

九三，君子终日乾乾，夕惕若，厉，无咎。

释义 占者能如君子白天勤勉不懈，晚上又警惕小心，即使有危险，也能免于灾祸。

扩展 九，谓阳爻；三，指自下而上，第三爻。九三以阳爻居阳位且不像二、五爻居中位，正是《文言》所说"重刚而不中"。又居于内卦的最上爻，居下之上，是危险之地。占者能如君子白天勤勉不懈，晚上又警惕小心，虽然处于危险之地，但能免于灾祸。

九四，或跃在渊，无咎。

释义 龙有时跃起有时退入深渊，能够随时进退，则没有灾祸。

扩展 九，谓阳爻；四，指自下而上，第四爻。九四爻居于外卦最下爻，居上之下，改革之际，进退未定，所以进退犹疑，有时跃起有时退入深渊，其占为能够随时进退，则没有灾祸。

九五，飞龙在天，利见大人。

释义 龙飞在天，宜于见大人。

扩展 九，谓阳爻；五，指自下而上，第五爻。九五居于外卦乾之中位，刚健中正而居尊位，有圣人之德而居圣人之位，所以此爻有"飞龙在天"之象，其占为"利见大人"。

上九，亢龙有悔。

释义 龙飞得过高，有后悔之事发生。

扩展 九，谓阳爻；上，指自下而上最上一爻。阳刚过于上而不能下，所以一有行动必会后悔。

用九，见群龙，无首吉。

释义 可见群龙，如果群龙没有首领则吉。

扩展 用九，指占筮中凡得阳爻，皆用九（老阳）而不用七（少阳），这是《周易》称呼阳爻的通例。因为乾卦六爻皆阳，且居于六十四卦之首，特于乾卦发明此例。乾为纯阳之卦，戒在只知刚而不知柔，如果刚而能柔，不居首位，则占筮结果为吉。

☷（坤下坤上）坤：元亨，利牝马之贞。君子有攸往，先迷后得，主利。西南得朋，东北丧朋。安贞吉。

释义 占遇此卦，一开始就亨通，利于乘母马。君子如有所往，开始迷路后来有所得，主于得利。往西南方向将得到朋友，往东北方向将丧失朋友。能安守正道则吉。

扩展 --者，偶也，表示阴之数。"坤下坤上"，三画卦之名，指内卦为坤，外卦为坤。经文坤字，六画卦之名。马行于地而性刚健，称母马，表示刚健且顺从。占遇此卦，一开始就亨通，利于以顺健为正。如有所往，则开始迷路后来有所得，主于得利。往西南则得朋，往东北则丧朋。能安守正道则吉。

初六，履霜，坚冰至。

释义 脚踏霜，则知严寒将会来临。

扩展 六，阴爻之名。阴气始生于下，虽然细微但发展势头强大，所以此爻取象为脚踏霜，则知严寒将会来临。戒占者应该见微知著，谨慎行事。

六二，直、方、大，不习无不利。

释义 内直外方而又盛大，不熟习也没有任何不利。

扩展 六二柔顺中正，其德内直外方而又盛大，所以其占为不待熟习而无所不利。

六三，含章可贞，或从王事，无成有终。

释义 内含章美，坚守正道，随从大王做事情，虽然一开始没有成功，但最终会有好结果。

扩展 六，阴爻之名；三，阳位。六三以阴居阳，内含章美，能坚守正道。居于下卦最上爻，所以不会始终含藏，有时出现而随从君王做事情，一开始虽然没有成功，最终会有好结果。

六四，括囊，无咎无誉。

释义 扎紧口袋而不出，既没有过错也不会获得赞誉。

扩展 六四以阴居阴而不中，其占为扎紧口袋而不出，谨慎严密如此，则没有过错也没有赞誉。

六五，黄裳，元吉。

释义 穿黄色下服，一开始就吉祥。

扩展 五，外卦的中位，又兼一卦的尊位。五本阳位，六五以阴居之。六五以阴而居中处尊，有中顺之德，所以取"黄色的下服"为象，黄，代表中色。其占为一开始就吉祥。

上六，龙战于野，其血玄黄。

释义 龙相战于田野，其血染土，青黄混杂。

扩展 阴盛达到至极，与阳相争，结果两败俱伤，所以此爻取"龙战于野，其血玄黄"为象，占遇此爻必然凶险。

用六，利永贞。

释义 宜恒久守正。

扩展 用六，指占筮中凡得阴爻，皆用六（老阴）而不用八（少阴），此为《周易》称呼阴爻的通例。坤六爻皆为阴，与乾共居诸卦之首，古经特于坤卦发明此例。坤为纯阴之卦，戒在不能恒久地固守正道，若能守正不移，则必然得利。

䷂（震下坎上）**屯：元亨，利贞，勿用有攸往，利建侯。**

释义 一开始就亨通，利于贞问，但是不可以贸然前往，若占问建国立诸侯之事,得此卦有利。

扩展 震、坎,皆三画卦之名。震,动也,其象为雷;坎,险、陷也,其象为云、为雨、为水。屯,六画卦之名,其义为险难,表示万物刚刚出生尚未通达之时。震动在下,坎险在上,能动乎险中。遇此卦,一开始就亨通,利于贞问,但是不可以贸然前往,如果占问分封、建立国君之事,得此卦有利。

初九,盘桓,利居贞,利建侯。

释义 徘徊难进,宜以正道处此屯难之初,利于分封,建立诸侯国。

扩展 初九居于屯难之初,阳在下而居震体,上应六四阴柔险陷之爻(六四是坎卦初爻),所以有徘徊难进之貌。占遇此爻,能以正道居处则得利。屯难之初,利于分封,建国立君。

六二,屯如邅如,乘马班如,匪寇婚媾。女子贞,不字,十年乃字。

释义 遭遇困难不能前进,乘马回旋,对方不是盗寇而是欲求婚配。女子贞静自守,不嫁人,十年之后才许嫁。

扩展 六二阴柔中正,上有九五与之相应,但因为乘于初九之上,所以被初九所阻拦而徘徊不进。初九不是盗寇,而是欲与自己结为婚姻。己能守正而拒绝,以至于十年。十年之后,妄求者离去,则自己与九五相合而许之。

六三,即鹿无虞,惟入于林中,君子几不如舍,往吝。

释义 追逐鹿却没有虞人带路,就会陷入林中不得出,君子见时机不好,就舍弃不追,如果继续追赶就会陷入困难。

扩展 六三阴柔居下,不中不正,上又无应,妄自行动就会陷入困境,所以此爻有"逐鹿而没有虞人带路,陷入林中"之象。君子见时机如此，则知不如舍弃。如果继续追赶，就会陷入困难。

六四，乘马班如，求婚媾，往吉，无不利。

释义　乘马回旋，为求婚姻，前往则吉祥，无所不利。

扩展　居屯难之时，阴柔不能上进，所以有乘马徘徊之象。初九守正居下，与已相应，所以其占为下求婚姻则吉。

九五，屯其膏，小贞吉，大贞凶。

释文　囤积膏润，询问小事则吉，询问大事则凶。

扩展　九五阳刚中正且居尊位，然而当屯难之时，陷于坎险之中，有膏润而不得施用，所以此爻有"屯其膏"之象，占问者询问小事则吉，询问大事则凶。

上六，乘马班如，泣血涟如。

释义　乘马回旋不已，极其悲伤泪水不断。

扩展　阴柔居上，下无正应，处屯之终，忧惧而已，所以此爻有"乘马徘徊不前，极其悲伤"之象，占问者遇此爻，必然困难重重。

☶（坎下艮上）蒙：亨。匪我求童蒙，童蒙求我。初筮告，再三渎，渎则不告。利贞。

释义　占者遇此卦，有亨道。不是我去求幼稚蒙昧的人，而是幼稚蒙昧的人前来求我。初次占筮，告之吉凶。如果反复占筮，就是亵渎，亵渎则不告诉其吉凶。宜于守正。

扩展　蒙，蒙昧之义。万物初生之时，蒙昧未明。九二为内卦之主，以刚居中，能发他人之蒙，且与六五相应，所以占者遇此卦有亨道。我，指九二。童蒙，指六五。不是我去求幼稚蒙昧之人，而是幼稚蒙昧之人前来求我。前来求我，若其心精诚专一，则告之吉凶。若不能精诚专一，则不告诉其吉凶。当蒙之时，明者、蒙者都宜守正。

初六，发蒙，利用刑人，用说桎梏，以往吝。

释义 启发蒙昧的人，宜于用刑罚（以示警诫），使其最终脱去刑具，但是如果专用刑罚（不施教化），就会陷入困难。

扩展 初六阴柔居下，蒙昧至深。占问者遇此，当发其蒙昧。发蒙之道，宜于用刑罚警示，使其最终脱去刑具、去除蒙昧。但是如果专用刑罚而舍弃教化，就会陷入困难。

九二，包蒙，吉。纳妇，吉。子克家。

释义 包容蒙昧，占之吉祥，娶媳妇吉，儿子能治家。

扩展 九二阳刚为内卦之主，统治群阴，担当发蒙之任。阳刚居中而不过，有包容之象。又以阳刚应六五之柔，有迎娶妇人之象。居下位而能承担上位之事，有儿子能治家之象。占问者有其德而当其事，则结果为吉。

六三，勿用取女，见金夫，不有躬，无攸利。

释义 不要娶这样的女子，见到有钱的男子，就屈身前往。娶这样的女子，没有什么好处。

扩展 六三阴柔不中不正，占遇此爻，则告诫其不要娶这样的女子。见到有钱的男子，就屈身前往。娶这样的女子，一定没有什么好处。

六四，困蒙，吝。

释义 困于蒙昧之中，有悔吝。

扩展 六四距离九二发蒙之主位置较远，又无应，所以有困于蒙昧之象，占者遇此爻，必有悔吝。

六五，童蒙，吉。

释义 孩童蒙昧，吉。

扩展 六五以柔居中而处于尊位，下应九二发蒙之主，其心纯一未发,听于九二,所以此爻有"童蒙"之象,其占为吉。

上九,击蒙,不利为寇,利御寇。

释义 惩治蒙昧,不宜侵犯,宜抵御侵犯。

扩展 阳刚居上,惩治蒙昧过于刚强,所以有"击蒙"之象。攻治过于刚强,反而不利,如果是抵御侵犯而保全自己,过于刚强是有利的。

☷(乾下坎上)需,有孚,光亨,贞吉。利涉大川。

释义 有诚信,光明而亨通,守正则吉。利于渡越大河。

扩展 需,等待之义。内乾外坎,以刚遇险,不贸然前行以避免陷入危险,所以有需待之义。九五阳刚中正而居尊位,有诚实守信之象。其占为光明而亨通,能守正所以吉利。不贸然前行、小心谨慎以避险,所以利于渡过大河。

初九,需于郊,利用恒,无咎。

释义 在旷野等待,宜守恒不变,如此则没有过错。

扩展 初九阳刚,距离外卦坎险最远,所以此爻取象为"在旷野之地等待",其占为能够守恒不变,就没有过错。

九二,需于沙,小有言,终吉。

释义 在沙地等待,虽有言语之伤,但灾害轻微,最终结果为吉。

扩展 九二逐渐接近外卦坎险之地,所以此爻有"能在沙地等待"之象,占者虽然有言语之伤,但灾害轻微,最终结果为吉。

九三,需于泥,致寇至。

释义 陷入沼泽泥泞之地,招来盗寇。

扩展 九三已经邻近外卦坎险之地,所以此爻取象为"陷入沼泽泥泞之地",其占为自己招来盗贼。

六四，需于血，出自穴。

释义　陷入沟洫之中，能逃出险陷。

扩展　六四已经进入坎险之地，所以其象为陷入灾祸之中，然而六四以柔居阴位，得正，所以又有逃出险陷之象。

九五，需于酒食，贞吉。

释义　在酒食宴乐中安心以等待，守正则吉。

扩展　九五阳刚中正而居尊位，所以其象为能在酒食宴乐中安心以等待，其占为守正故吉。

上六，入于穴，有不速之客三人来，敬之，终吉。

释义　陷入危险，有三个不速之客前来，若能恭敬待之，则最终结果为吉。

扩展　上六居坎险之极，有陷入危险之象。下应九三，九三与初九、九二并进，所以有"不速之客三人来"之象。占问者若能以柔顺之道敬之，则最终结果为吉。

䷅（坎下乾上）讼：有孚，窒惕，中吉，终凶。利见大人，不利涉大川。

释义　诚信而陷入滞塞，心有忧惧，居中则吉，将诉讼进行到底则凶。遇此卦宜见大人，不利于渡大河。

扩展　讼，争辩之义。内坎外乾，内险而外健，争讼之义。九二阳刚居坎险之中，心有诚信而陷入滞塞，能忧惧以居中则吉。上九过于刚健，居争讼之极，终极诉讼则凶。遇此卦，利见九五在上位的大人。此卦以乾刚乘于坎险之上，不利于渡大河。

初六，不永所事，小有言，终吉。

释义　不永久与人争讼，小有口舌，最终结果吉。

扩展 居讼之初而以阴柔居下,能停止争讼,虽然有言语上的过失,最终结果吉。

九二,不克讼,归而逋,其邑人三百户无眚。

释义 没有打赢官司,返回要逃窜,其城内三百户没有灾祸。

扩展 居坎险之中,为争讼之主,以刚居柔,没有打赢官司,返回要逃窜,其城内三百户没有灾祸。

六三,食旧德,贞厉,终吉。或从王事,无成。

释义 享用旧有恩德,虽然危险但最终结果吉。有时跟从君王做事情,但是没有成功。

扩展 六三阴柔不当位,享用旧德,虽然危险但最终结果吉。有时跟从君王做事情,但是没有成功。

九四,不克讼,复即命,渝,安贞,吉。

释义 没有打赢官司,返回认命,能转变心意,安于正道,则吉。

扩展 九四刚而不中,本有争讼,然而九四以刚居柔(四是一卦的阴位),所以其象为没有打赢官司而返回认命,占者能转变心意安于正道,则吉。

九五,讼,元吉。

释义 争讼,开始就吉。

扩展 九五阳刚中正而居尊位,为听讼的大人。占问者遇之,凡事能够得其平正,所以大吉。

上九,或锡之鞶带,终朝三褫之。

释义 被赐给了玉带,但是一天之内多次被夺走。

扩展 上九以阳刚而居争讼之极,争讼而能最终获胜,所以有"被赐给玉带"之象,但以争讼而得到的奖赏,必然不能够长久,所以爻辞又言"一天之内多次被夺走"。

☷ (坎下坤上) 师：贞，丈人吉，无咎。

释义 占问军队的统率，任用老成之人则吉，无灾。

扩展 师，将帅领兵出征之义。内卦为坎，外卦为坤，坎险坤顺，坎水容蓄于地中。师卦唯有九二为阳爻，居于下卦之中，为将帅之象。上下共五阴顺从于九二，为众人之象。九二以刚居下而用事，六五以柔居上而任用之，为君王任命将帅出师之象，所以卦名为师。用师而行正道，并任用老成之人，如此吉而无咎。

初六，师出以律，否臧凶。

释义 出兵应该严明军纪，如果做不到，虽善，结果也会凶。

扩展 初六居于师卦之始，所以爻辞告诫出师一开始就应该严格遵守纪律，不这样即使善也会导致灾祸。

九二，在师中，吉，无咎。王三锡命。

释义 在军队的中心，吉而无咎。君王多次嘉奖。

扩展 九二在下，有刚中之德，上应六五之君，深受君王信任，所以爻辞说：在军队的中心，其占为吉而无咎。君王多次奖赏以褒扬其功。

六三，师或舆尸，凶。

释义 出兵而至于用车载尸，其占为凶。

扩展 六三以阴爻居阳位，才能不足，做事刚硬，不中不正，所以有出兵失败，用车载尸之象，其占为凶。

六四，师左次，无咎。

释义 军队退却不进，其占为没有灾害。

扩展 六四阴柔不中，以阴居阴而得正，所以有知难而退之象，占问者能如此则没有过咎。左次，退舍之义。

六五，田有禽，利执言，无咎。长子帅师，弟子舆尸，贞凶。

释义 田地来了禽兽，宜于捕捉它们，如此则无咎。任用长子为统率，如果任用众弟子则以车载尸，结果凶险。

扩展 六五为任命将帅的君主，柔顺而居中，不主动发起战争，敌人侵犯我，不得已而应战，所以有"田地来了不速之客"之象。利于义正严词地揭露其罪恶行径，如此则无咎。任用九二刚中之长子为帅，不能三心二意再任用其余众弟子，否则就会打败仗而导致凶险。

上六，大君有命，开国承家，小人勿用。

释义 君王下令，或封之为诸侯，或封之为卿大夫。小人即便有功，也不能重用。

扩展 上六居于师卦之终，处于外卦坤顺之极，正值论功行赏之时，所以爻辞说"大君有命，开国承家，小人勿用"。

䷇（坤下坎上）比：吉。原筮，元永贞，无咎。不宁方来，后夫凶。

释义 占遇此卦，吉。推原卜筮，一开始就恒久守正，则无咎。不安宁者也将归顺，如果姗姗来迟，就有灾祸。

扩展 比，亲比之义。九五以阳刚居上而得中得正，上下五阴，亲比而顺从，以一人而抚万邦，以四海而敬仰一人之象，所以占问者遇比卦则吉。推原卜筮之义，比道贵在一开始就恒久守正，如此才能无咎。没有前来亲比而内心不安宁者，也将归顺而亲比。如果姗姗来迟，就有灾祸。

初六，有孚比之，无咎。有孚盈缶，终来有它，吉。

释义 以诚信相亲比则无咎，诚信如罐中充满酒浆，结果虽有意外，仍然吉。

扩展 初六为比之始。亲比之道贵在诚信，以诚信相亲比则无咎。占问者如果诚信充实于内心，如罐中充满酒浆，虽然有意外，但占筮的结果仍然吉。

六二，比之自内，贞吉。

释义 亲比来自内部，占问则吉。

扩展 六二柔顺中正，上应九五。自内亲比而能中正，所以吉。

六三，比之匪人。

释义 所亲比的人并非是应当亲比的人。

扩展 六三阴柔不中不正，上乘六二，下承六四，与上六无应，占问的结果必然不吉。

六四，外比之，贞吉。

释义 向外亲比，占问则吉。

扩展 六四以柔居柔，外比于九五，得正所以吉。

九五，显比。王用三驱，失前禽。邑人不诫，吉。

释义 彰显亲比。君王用三驱之礼，舍弃最前面的禽兽，国都内的人不加以告诫，吉祥。

扩展 九五刚健中正而居尊位，上下五阴顺从于它，九五能显示其亲比之情。君王狩猎时，并不四面合围，而是留下一面，舍弃迎面而来的禽兽（表示归顺），猎取背对于我逃跑的禽兽（表示不肯归顺），不猎杀面前的禽兽，犹如国都内的人不加以告诫，结果吉祥。

上六，比之无首，凶。

释义 无人可亲比，其占凶险。

扩展 阴柔居一卦之上，无人可亲比，所以其占为凶。

☰（乾下巽上）小畜：亨。密云不雨，自我西郊。

释义 占遇此卦，亨通。乌云密布尚未积聚成雨，来自于西南方向。

扩展 小畜，以阴畜阳，以小畜大，所以为小畜。小畜唯有六四一爻为阴，其余五爻皆为阳，五阳为一阴所畜，所以为小畜。内健外巽，二、五两爻皆为阳，各居内外卦之中，刚而能用事，志向得以推行，所以其占为亨通。乌云密布尚未蓄积成雨，来自于西南方向，说明蓄积还没有到达极处，亦小畜之义。

初九，复自道，何其咎？吉。

释义 自己返回道路，又有什么过错呢？吉。

扩展 初九居下得正，虽然与六四为正应，但能自守正道，不为六四所畜，能返而回归正道，又有什么过错呢？所以其占为吉。

九二，牵复，吉。

释义 牵手返归道路，吉。

扩展 内卦三阳志向一致，九二虽然逐渐接近六四，但以刚居中，能与初九牵手返归于正道，不为阴所畜，所以其占为吉。

九三，舆说辐，夫妻反目。

释义 车轮上的辐条掉了，车子不能前进，夫妻怒目而视。

扩展 九三志向刚强本想上行，因为临近六四，阴阳相悦，于是止而不前，所以有"车轮上的辐条掉了，车子不能前进"之象。九三志行刚健，内心不能平于是与六四相争，所以又有"夫妻反目"之象。此爻虽然没有占辞，但从象辞推断，占筮结果一定不好。

六四，有孚，血去惕出，无咎。

释义 有诚信，危险去除、忧惧消失，无灾。

扩展 六四以一阴而畜五阳，本有伤害忧惧，但能以柔居柔而得正，另有九五、上九二阳相助，所以有"内守诚信，危险去除、忧惧消失"之象，其占为无咎。

九五，有孚挛如，富以其邻。

释义 以诚信相系恋,与邻居共富裕。

扩展 九五刚健中正而居尊位,与六四同心相连,以富厚之力而为六四之邻。

上九,既雨既处,尚德载。妇贞厉,月几望,君子征凶。

释义 天下雨而又停止,阴德积聚已满。妇人占问则凶险,月将盈满,君子前往必然凶。

扩展 蓄极成雨而止,阴德蓄积已满。阴盛阳,不合常理,所以妇人占问凶险。阴即将盈满之时,君子不可以前往,前往必会凶险。

☰(兑下乾上)履:履虎尾,不咥人,亨。

释义 踩到老虎尾巴,不被老虎所咬,其占为亨。

扩展 履,践履之义。兑下乾上,以兑遇乾,和悦以践履刚强之后,有"踩到老虎尾巴,不被老虎所咬"之象,处于危险之中却不受到伤害,其占为亨。

初九,素履,往,无咎。

释义 穿素色的鞋子前往,没有灾害。

扩展 阳刚居一卦之下,为履之初,心志坚定,不为外物所移,所以其象为"穿质朴的鞋子",其占为前往则没有灾害。

九二,履道坦坦,幽人贞吉。

释义 践履之道平坦,幽居之人占问吉。

扩展 九二刚中在下,与上无应,所以有"践履之道平坦"之象,其占为"幽居之人占问则吉"。

六三,眇能视,跛能履。履虎尾,咥人,凶。武人为于大君。

释义 瞎了一只眼睛,跛了一只脚。踩了老虎尾巴,被老虎咬了,非常危险。刚武之人居上。

扩展　六三不中不正，柔居阳位，柔而志向刚强，所以有"瞎了一只眼睛，所以视物不明；跛了一只脚，所以走得不远。踩了老虎尾巴，被老虎咬了，非常危险"之象。如刚武之人居上，必会以其躁动暴肆而陷入险境。

九四，履虎尾，愬愬，终吉。

释义　踩老虎尾巴，恐惧而最终吉。

扩展　九四不中不正而履九五之刚，所以有"履虎尾"之象。然九四以刚居柔，能戒惧小心，最终结果吉。

九五，夬履，贞厉。

释义　决然而行，占问结果凶险。

扩展　九五刚健中正而居尊位，果决其履，自任刚决，占问的结果为危险。

上九，视履考祥，其旋元吉。

释义　审视其所履，考察吉凶祸福，只有返回则开始获吉。

扩展　上九居履之终，能审视其所履，考察吉凶祸福，结果必然吉。

☰（乾下坤上）泰：小往大来，吉，亨。

释义　小者往，大者来，吉而亨通。

扩展　泰，通达之义。小，谓阴；大，谓阳。坤往居上，乾来居下，天地相交而二气感通，占问者遇此卦，吉而亨通。

初九，拔茅茹，以其汇，征吉。

释义　拔茅草连着根，同类牵连而进，前行则吉。

扩展　三阳在下，同类牵连而进，所以初九有"拔茅草连着根，同类牵连而进"之象，其占为前行则吉。

九二，包荒，用冯河，不遐遗，朋亡，得尚于中行。

释义 包容荒秽，果敢勇决，不因为远而遗弃，不亲昵朋党，合乎中道之行。

扩展 九二以刚居柔，处内卦之中而得中道，上有六五与之相应。占问者能包容荒秽，果敢勇决，不遗弃远处的人，不亲昵朋党，合乎中道之行。

九三，无平不陂，无往不复，艰贞无咎。勿恤其孚，于食有福。

释义 没有只平坦而不倾斜的，没有只前往而不返回的，艰难守正则不会有过失。占问者无须担忧，必能得心中所求，福禄可得。

扩展 居泰之时，九三处于天地交接之地，所以爻辞说"没有只平坦而不倾斜的，没有只前往而不返回的"，占问者明白物无常泰的道理，在艰难中持守正道，就不会有过失。不要担忧，必能得心中所求，福禄可得。

六四，翩翩，不富以其邻，不戒以孚。

释义 来往翩翩，与邻人同不富，不待告诫而诚意交合。

扩展 六四、六五、上六三阴翩然而至，同为阴类而不富，不待告诫而诚意交合，君子应当提防小人交合而侵害正道。

六五，帝乙归妹，以祉元吉。

释义 帝乙嫁妹，占问者因之受福而大吉。

扩展 六五以柔中之德下应九二，所以此爻有"帝乙嫁妹，降其尊贵，顺从其夫"之象，占问者因之受福而大吉。

上六，城复于隍，勿用师，自邑告命，贞吝。

释义 城墙倾覆于护城壕，不可出兵，自城邦内发布告令，占问的结果为羞吝。

扩展 上六泰极而入于否，所以此爻有"城墙倾覆于护城壕"

之象，占问者不可用武力相争，自城邦内发布告令，结果不免羞吝。

☷（坤下乾上）否：**否之匪人，不利君子贞，大往小来。**

释义 阻隔的不是应该阻隔的人，占遇此卦，君子不利，大者往，小者来。

扩展 否，闭塞之义。阻隔的不是应该阻隔的人。乾往居外，坤来居内，君子居于外而小人居于内，不利于君子之道。

初六，**拔茅茹，以其汇。贞吉，亨。**

释义 拔茅草连着根，同类牵连而进，守正则吉而亨通。

扩展 三阴在下，同类牵连而进，所以有"拔茅草连着根，同类牵连而进"之象。初六在下而力量尚小，其占为能守正道则吉而亨通。

六二，**包承，小人吉，大人否，亨。**

释义 包容承顺，小人占之则吉，大人安守否闭，然后亨通。

扩展 阴柔中正，小人能包容承顺君子之象，小人占之则吉，大人则当安守否闭而后亨通。

六三，**包羞。**

释义 包藏羞吝。

扩展 六三以阴居阳而不中正，小人志于侵犯君子，羞吝在其中。

九四，**有命无咎，畴离祉。**

释义 受天命而没有过错，三阳同类共享福祉。

扩展 否已过中，事情开始向好的方向发展，九四以刚居柔，刚而能柔，不极其刚健，其占为顺受天命而没有过失，三阳同类共享福祉。

九五，**休否，大人吉。其亡其亡，系于苞桑。**

释义 休止否闭，大人占之吉。不忘危亡，则根基坚固好似苞桑。

扩展 阳刚中正而居尊位,能休止天下之否,大人占之则吉。占得此爻,又当戒惧警醒,时刻不忘危亡之患,所以"不忘危亡,则根基坚固若苞桑"。

上九,倾否,先否后喜。

释义 倾覆否闭,其占为开始不顺利后来则欢喜。

扩展 以阳刚居否极,能倾覆时之否。其占为开始不顺利后来则欢喜。

☰(离下乾上)同人:同人于野,亨,利涉大川,利君子贞。

释义 与人和同亲辅能到达于旷远之地,其占为亨,利于涉险渡大河,利于君子占问。

扩展 同人,与人和同亲辅之义。离下乾上,火燃烧向上同于天,为同人之义。此卦唯有六二一个阴爻,其余五阳与之和同,也为同人之义。与人和同亲辅能到达于旷远之地,至诚没有偏私,则占问的结果亨通。内文明而外刚健,利于涉险渡大河,利于君子占问,若小人占问则不利。

初九,同人于门,无咎。

释义 与人和同亲辅达于家门之外,没有过错。

扩展 同人之初,没有私心所系的人,所以其象为"同人于门外",其占为没有过错。

六二,同人于宗,吝。

释义 只在宗族内和同亲辅,羞吝。

扩展 六二虽然居中而得位,但正值同人之际,与九五相应,不能大同而有所偏系,所以其象为"同人于宗党",其占为"羞吝"。

九三,伏戎于莽,升其高陵,三岁不兴。

释义　埋伏兵戎于林莽之中，从高地上升起环顾，三年不敢轻举妄动。

　　扩展　九三刚而不中，与上九不相应，欲与六二同，然而六二与九五相应，九三以刚居二、五之间，欲伺机夺取六二而同之，因此有"埋伏兵戎于林莽之中，从高地上升起环顾"之象，用心不正，所以即便三年也不敢轻举妄动。

　　九四，乘其墉，弗克攻，吉。

　　释义　占据城墙，不能进攻，吉。

　　扩展　九四以阳刚居阴位而不中正，欲与六二同，然而被九三所阻隔，所以有"登上城墙想要进攻"之象，最终能够审时度势，不去进攻，所以其占为吉。

　　九五，同人，先号咷而后笑，大师克，相遇。

　　释义　与人和同亲辅，先大哭而后喜悦，用大师克敌，相遇。

　　扩展　九五阳刚中正而处尊位，下有六二与之相应，然而六二被九三、九四所阻隔，不能与九五同。九五用大军讨伐，战胜九三、九四而与六二相遇。

　　上九，同人于郊，无悔。

　　释义　与人和同亲辅达于郊外荒僻之地，其占为无悔。

　　扩展　上九是同人卦的最外一爻，所以此爻有"与人和同亲辅达于郊外荒僻之地"之象，占问者能如此则没有什么后悔之事发生。

　　☰（乾下离上）大有：元亨。

　　释义　一开始就亨通。

　　扩展　大有，盛大富有之义。内乾外离，火在天上，无所不照。六五一爻为阴，居中而得尊位，上下五阳与之相应，也是大有之义。

乾，刚健；离，文明。刚健而文明，所以其占为大亨。

初九，无交害，匪咎，艰则无咎。

释义 没有涉及利害，自然就没有过失。能自处于艰难之中，没有过失。

扩展 虽然正值大有之时，但是初九居于一卦之下，无爻与之相应，处于事情开始之际，没有利害，自然就没有过失。占问者能自处于艰难之中，则没有过失。

九二，大车以载，有攸往，无咎。

释义 用大车载物，其占为有所前往，没有过失。

扩展 九二以刚处柔而居中，与六五爻相应，所以此爻有"用大车载物"之象，其占为有所前往，没有过失。

九三，公用亨于天子，小人弗克。

释义 公侯朝见天子贡献方物，小人做不到。

扩展 九三居于下卦之上，所以有公侯之象。刚而得正，上有六五之君谦逊礼贤，所以此爻有"公侯朝见天子贡献方物"之象，小人没有刚正之德，即使占得此爻，也不能承受。

九四，匪其彭，无咎。

释义 不以盛大自居，无咎。

扩展 居大有之时，九四已过中（内外卦各为一半），有非常盛大之象。彭，盛多之貌。九四以刚处柔（四为阴位），能谦虚自损，不处盛大，如此则得无咎。

六五，厥孚交如，威如，吉。

释义 以真诚无私相交往，又能威严，占问吉。

扩展 大有之世，六五柔顺中正以居尊位，谦逊以应九二，上下五阳归顺，真诚无私交往。然而君道贵在刚健，太柔则不行，当用威严相济，占问者如此则吉。

上九，自天祐之，吉，无不利。

释义 有上天保佑，吉祥，无所不利。

扩展 居于大有之极，又处离卦之上，表示文明之至，所以其占为"得到天命保佑，吉，没有任何不利"。

☷（艮下坤上）**谦：亨，君子有终。**

释义 占遇此卦亨通，君子有好结果。

扩展 谦，有功劳而不居之义。艮为止，坤为顺，艮止于内，坤顺于外，止而顺，谦之义。又艮为山，坤为地，山高而地卑，山屈尊而处于地下，亦谦之义。占者遇此卦，亨通而有好结果。

初六，谦谦君子，用涉大川，吉。

释义 谦而又谦的君子，用以涉越大河，吉。

扩展 处谦之时，初六以柔处下，谦之又谦，君子以此谦逊之德渡大河，必然吉。

六二，鸣谦，贞吉。

释义 以谦逊之德闻名，占问吉利。

扩展 六二柔顺中正，以谦逊之德闻名，占问吉利。

九三，劳谦，君子有终，吉。

释义 有功劳而能谦，君子必然有好的结果，遇事吉利。

扩展 谦卦唯九三一阳，居下卦之上，刚而得正，为上下五阴所归顺，有功劳而能谦，君子必然有好结果，遇事吉利。

六四，无不利，撝谦。

释义 无不顺利，发挥其谦。

扩展 六四柔而得正，上而能下（居外卦坤的最下爻），其占为无不利。然而六四居于九三之上,所以告诫其应该发挥其谦,以示不敢自安。

六五,不富以其邻,利用侵伐,无不利。

释义 施恩惠给邻居而自己不富,宜于讨伐不服者,所到之处都有利。

扩展 六五以柔居尊,在上而能谦,所以有"施恩惠给邻居而自己不富"之象,如此处事则顺从者多,出兵讨伐不归顺的人,所到之处皆有利。

上六,鸣谦,利用行师,征邑国。

释义 以谦逊闻名,利于讨伐自己属地内的小国。

扩展 处一卦之上,谦虚至极而闻名,众人归顺,利于讨伐自己属地内的小国。

☷ (坤下震上) 豫:利建侯、行师。

释义 宜于建立诸侯国、行师作战。

扩展 豫,和乐之义。豫卦唯有九四一个阳爻,上下五个阴爻与之相应,志向得以实行。又以坤遇震,顺以动,也是豫乐之义。占者遇此卦,宜于建立诸侯国、行师作战。

初六,鸣豫,凶。

释义 因豫乐而自鸣得意,凶。

扩展 阴柔小人,上有九四强力援助,得此时机而主事,不胜其豫而自鸣得意,浅薄至此,必然导致凶咎。

六二,介于石,不终日,贞吉。

释义 坚如磐石,无须一整天,占问吉利。

扩展 六二居中得正,上下皆溺于豫乐,而自己独能以中正自守，坚定不移如磐石，如此则思虑明晰而精审，无须一整天就能洞察到事情的几微变化，占问者吉祥。

六三，盱豫，悔，迟有悔。

释义 仰视谄媚沉湎于豫乐，将有悔，延迟则有悔。

扩展 六三阴柔不中正而接近四，四为卦主，六三上视九四，下沉溺于豫乐，如此则有后悔之事发生。占问者当后悔之时若迟迟不悔，悔必深。

九四，由豫，大有得。勿疑，朋盍簪。

释义 由之而豫，占遇此爻将大有得。不必疑虑，朋友聚合如发簪。

扩展 豫之所以成，由于九四一爻。上下五阴与之相应，所以其占为"大有得"。又应该做到至诚不疑，则朋友聚合如发簪。

六五，贞疾，恒不死。

释义 有疾病发生，但能常不死。

扩展 当豫之时，六五以柔居尊，沉溺于豫，又乘于九四之上，众人皆不依附所以形势危险，占问结果为"疾"，然而因为得中，所以有"常不死"之象。

上六，冥豫，成有渝，无咎。

释义 昏昏然沉醉于豫乐，（事情）虽然办成了但有变化，无灾祸。

扩展 上六以阴柔居豫之极，昏昏然沉醉于豫乐之中，事情虽然办成，但是有变化，占问者若能补过则无咎。

䷐（震下兑上）随：元亨，利贞。无咎。

释义 一开始就亨通，宜于占问。没有灾。

扩展 随，随从、跟从之义。以上下两卦言之，下震为动，上兑为悦，此动而彼悦，所以为随。占遇此卦，一开始就亨通，宜于贞问，没有灾祸。

初九，官有渝，贞吉。出门交有功。

释义 主守有变，守正则吉。出门交往有功。

扩展 初九以阳居下，为震之主，居随卦之初，震动有所随，负责守护有变，唯有守正才能吉。又应当出门交往，不私心于所随，如此则有功。

六二，系小子，失丈夫。

释义 系于小子，失掉丈夫。

扩展 初阳在下而靠近六二，九五在上而正应六二。六二阴柔不能自守以待正应，系于初阳所以失掉丈夫（指九五）。爻辞虽然没有说到吉凶，然而其凶咎可知。

六三，系丈夫，失小子。随有求得，利居贞。

释义 系于丈夫，失掉小子。有求而必得，宜于守正。

扩展 六三靠近九四于是随系于九四，远离初六于是舍弃初六。六三阴柔随从九四阳刚，有求而必得，然而六三、九四毕竟不是正应，所以爻辞告诫占者唯有居处守正才能得利。

九四，随有获，贞凶。有孚在道以明，何咎？

释义 跟随而有收获，贞问结果凶。以至诚之心守道而显明，又有什么过错呢？

扩展 九四以阳刚居上卦之下，与九五同德，所以其占为随从九五而有收获，然而九四以刚居下，其势凌逼于九五，所以贞问结果为凶。如果九四能以至诚之心守道而显明，又有什么过错呢？

九五，孚于嘉，吉。

释义 诚心于善，吉。

扩展 九五阳刚中正而居尊位,下应六二中正之阴,诚心于善,其占为吉。

上六,拘系之,乃从维之,王用亨于西山。

释义 拘押限制而又维系,其占为君王在西山祭祀神灵。

扩展 上六居随之极,有"束缚限制又加以维系"之象,诚意至极,可通神明,所以其占为君王在西山祭祀神灵。

☶(巽下艮上)蛊:元亨,利涉大川。先甲三日,后甲三日。

释义 大亨,利于涉越大河。先甲三日(即辛日),后甲三日(即丁日)为宜。

扩展 蛊,坏到极处而治理之义。艮刚居上,巽柔居下,上下不交。下卑巽而上苟止,所以为蛊卦。坏事发展到极处,必将得到治理,所以遇此卦,其占为"大亨,利于涉险渡大河"。先甲三日,为辛;后甲三日,为丁。辛时事情过中已坏但是尚未到达极处,此时需要为治理坏事做好准备;丁时事情处于开始阶段则叮咛嘱咐,使不至于变坏。

初六,干父之蛊,有子,考无咎,厉终吉。

释义 匡正父亲的过失,有这样的儿子,父亲无咎,凶险但最终吉。

扩展 初六居蛊之初,坏未深而容易治理之时,治理父亲的过错,有这样的儿子,父亲得以无咎,虽然凶险但是最终结果为吉。

九二,干母之蛊,不可贞。

释义 匡正母亲的过失,不能过于坚确。

扩展 九二刚中以应六五,有儿子治理母亲过错之象,但要注意不能过于坚确,否则伤及母子之情。

九三，干父之蛊，小有悔，无大咎。

释义 匡正父亲的过错，占者稍有后悔，不会犯大错。

扩展 九三阳刚而不中，治理父亲遗留的坏事，其占为稍有后悔，但能当位得正，所以不会犯下大错。

六四，裕父之蛊，往见吝。

释义 以宽裕的态度治理父亲的过错，长此以往则有凶吝。

扩展 六四以阴居阴，不能有为，以宽裕的态度治理父亲的过错，如此则坏事日益加深而不能得到治理，所以其占为长此以往则有凶吝。

六五，干父之蛊，用誉。

释义 匡正父亲的过错，有好声誉。

扩展 六五居中而处尊位，下有九二刚中之德相应，以此治理父亲的过失，必然会有好声誉。

上九，不事王侯，高尚其事。

释义 不侍奉王侯，高尚其行事。

扩展 阳刚居上，在治蛊之极，坏事已经得到治理，所以此爻有不侍奉王侯，高尚其行事之象。

☷（兑下坤上）临：元亨，利贞。至于八月，有凶。

释义 一开始就亨通，宜于贞问。至于八月，占问有凶。

扩展 临，朱熹说："进而凌逼于物也"[1]，前进而逼近他物之义。二阳浸长以逼近四阴，所以为临。下悦而上顺，九二刚中以应六五，

---

[1] （宋）朱熹：《周易本义》，《朱子全书》第1册，上海古籍出版社，安徽教育出版社2002年版，第48页。

所以其占为一开始就亨通，宜于贞问。至于八月，阴气日盛阳气日衰，此时占问有凶。

初九，咸临，贞吉。

释义 以感化临人，其占为吉。

扩展 初九与九二爻辞皆云"咸临"，阳进而凌逼四阴。初九阳刚得正，以感化临人，所以其占为吉。

九二，咸临，吉，无不利。

释义 以感化临人，吉，无所不利。

扩展 九二阳刚居中，其势上行而凌逼四阴，以感化临人，其占为"吉，没有任何不利"。

六三，甘临，无攸利。既忧之，无咎。

释义 以喜悦临人，没有什么好处。占问者有所忧虑而纠正，则无咎。

扩展 六三阴柔不中不正，居下之上（下卦的最上一爻），以喜悦心情而凌逼他人，其占为没有什么好处。能有所忧虑而改正，则无咎。

六四，至临，无咎。

释义 下临初九，没有灾害。

扩展 六四以阴爻居阴位，得位而下应初九，以此相临，其占为没有过失。

六五，知临，大君之宜，吉。

释义 以睿智临民，大国君王得利，吉。

扩展 六五以柔居中，下应九二，所以此爻有"以睿智临民"之象，其占为"大国君王得利，吉"。

上六，敦临，吉，无咎。

释义 以敦厚临人，吉而无咎。

扩展 上六居一卦之上，处临之终，能以敦厚临人，其占为吉而无咎。

☷（坤下巽上）观：盥而不荐，有孚颙若。

释义 祭祀刚开始先清洁其手，不必等到供奉酒食以祭祀神灵之时，心存诚信，外貌庄敬。

扩展 观，为人所观仰之义。九五中正而居上，四阴在下仰而望之。祭祀刚开始，先清洁其手，以示庄敬，等到用酒食供奉神灵之时，心散乱而不能致其精诚，所以卦辞说"用盥而不用荐，诚信在心中，有庄敬尊严之貌"。

初六，童观，小人无咎，君子吝。

释义 幼稚地观察问题，占问者如果是小人则无咎，若是君子则足以羞吝。

扩展 初六阴柔在下，所观瞻者狭隘而不广大，所以其象为"童观"，占问者如果是小人则无咎，若是君子则足以羞吝。

六二，窥观，利女贞。

释义 偷偷窥视，宜于女子占问。

扩展 阴柔居内而观乎外，有偷偷窥视之象，仅仅利于女子占问。

六三，观我生，进退。

释义 观我之所行，随时进退。

扩展 六三居下卦之上，可进可退，所以爻辞说"观我之所行以随时进退"。

六四，观国之光，利用宾于王。

释义 观仰国家的光辉盛德，宜于用宾主之礼朝见君王。

扩展 六四近于九五，所以有观仰国家的光辉盛德之象，宜于朝见君王,进为宾客。

九五,观我生,君子无咎。

释义 观我之所行,占者若为君子则没有过失。

扩展 九五阳刚中正而居尊位,为下四阴所观仰,占者若为君子而行中正,则无咎。

上九,观其生,君子无咎。

释义 观其所行,占者为君子则没有过失。

扩展 上九阳刚而居尊位之上,为下四阴所观仰,观其所行,占者若为君子而行正道,则没有过失。

䷔(震下离上)噬嗑:亨,利用狱。

释义 亨通,利于刑狱之事。

扩展 噬嗑,其义指物体有间隔而不通,必待咬了之后才相合。从卦象看,噬嗑卦,上爻、初爻为两阳爻,象征上下两排牙齿,中间的阴爻为虚,所以有口之象,又九四阳爻间隔其中,必待咬了之后相合,所以为噬嗑。占者遇此卦,有间隔本来不通,咬之而后合,所以其占为亨通。从上下卦体看,下震而上离,下动而上明,能威而明,则利于刑狱之事。

初九,屦校灭趾,无咎。

释义 脚上戴着镣铐、脚趾毁伤,无灾祸。

扩展 初九在一卦之始,罪行轻而过错小,又在一卦之下,所以有脚上戴着镣铐、脚趾毁伤之象,占者遇此爻,虽有小伤而无大错。

六二,噬肤灭鼻,无咎。

释义 噬咬皮肤,伤及到鼻,没有灾祸。

扩展 六二居中得正,治理刑狱之事较容易,所以此爻有"噬咬皮肤"之象,但以阴柔乘于初九阳刚之上,虽然容易,不免伤及鼻,虽然有伤但没有灾祸。

六三,噬腊肉,遇毒,小吝,无咎。

释义 噬咬坚韧的腊肉而遇到毒,小有不适[①],但无灾。

扩展 六三阴柔不中不正,治理刑狱之事而人不服,所以有"噬咬坚韧的腊肉而遇到毒"之象。占者虽然小有不适,但最终无灾。

九四,噬干胏,得金矢。利艰贞,吉。

释义 噬咬带骨头的干肉,得到铜箭头,其占为利于攻克艰难,如此则吉。

扩展 九四以刚居柔,符合治理刑狱之道,有"噬咬带骨头的干肉,得到铜箭头"之象。占问者刚而能柔,合于治狱之道,所以其占为利于攻克艰难、固守正直,如此则吉。

六五,噬干肉,得黄金,贞厉,无咎。

释义 噬咬干肉,得到黄铜,其占凶险,最终无灾。

扩展 六五柔顺居中而得尊位,以此治理刑狱,人人皆服,所以此爻有"噬咬干肉,得到黄铜"之象,虽有凶险,但是最终无灾。

上九,何校灭耳,凶。

释义 头戴枷锁,耳朵毁伤,凶。

扩展 阳刚过极,处于一卦之上,罪极恶大,所以此爻有"头戴枷锁,耳朵毁伤"之象,其占为凶。

☲(离下艮上)贲:亨。小利有攸往。

释义 亨通,前往仅能有小利。

[①] "小有不适",参见刘大钧:《周易概论》,巴蜀书社2008年版,第330页。

扩展 贲，文饰之义。内离外艮，文明而止，所以为贲卦。占遇此卦亨通。文饰之道，仅能增耀其功绩，所以前往仅能有小利。

初九，贲其趾，舍车而徒。

释义 文饰脚趾，舍弃车子，徒步而走，占问者应当以此自处。

扩展 阳爻为刚，居于离卦之下，有阳刚之德而文明于下，所以其象为"文饰其脚趾，舍弃车子，徒步而走"，占问者应当以此自处。

六二，贲其须。

释义 文饰胡须。

扩展 六二阴柔中正，九三阳刚得正，六二、九三都无应，六二依附九三而动，所以其象为"文饰胡须"，占问者应当跟从在上位的阳刚而动。

九三，贲如濡如，永贞吉。

释义 文饰润泽，永守正道则吉。

扩展 九三处于六二、六四两阴之间，得其文饰而润泽。然而不可以沉溺其间，占者恒守正道则吉。

六四，贲如皤如，白马翰如，匪寇，婚媾。

释义 文饰以洁白，白马奔驰如飞，不是敌寇，而是求婚姻。

扩展 六四与初九相应，中间被九三所阻隔，不能相遇而文饰，所以有"贲如皤如"之象。皤，白色。但是六四往求初九之心，如白马奔驰如飞。九三不是敌寇，而是求婚姻于六四。

六五，贲于丘园，束帛戋戋，吝，终吉。

释义 文饰田园，一小捆锦帛，吝啬，最终吉。

扩展 六五阴柔居中，为贲卦之主。阴性吝啬，所以此爻有

"贲饰田园，一小捆锦帛，吝啬"之象。阴柔居中不偏，所以最终结果为吉。

上九，白贲，无咎。

释义　用白色装饰，其占为无灾。

扩展　上九居于贲卦之极，文饰至极而反于白色，其占为无咎。

☷（坤下艮上）剥：不利有攸往。

释义　占遇此卦，不利于前往。

扩展　剥，剥落之义。五阴在下，其势盛长，一阳在上，将被剥尽。阴盛而阳衰，小人壮而君子弱。又卦体坤下艮上，有顺而止之象。占遇此卦，不利于前往。

初六，剥床以足，蔑贞凶。

释义　剥落床腿，侵灭正道，占之必有大祸。

扩展　阴剥阳，自下而上，初六处于一卦之下，床为人身所安之处，所以此爻有"剥落床腿"之象，占遇此爻，则知侵灭正道，必有大祸。

六二，剥床以辨，蔑贞凶。

释义　剥落至床干，侵灭正道，必有大祸。

扩展　阴剥阳，进至六二，所以此爻有"剥落至床干"之象，占者遇此爻，则知侵灭正道，必有大祸。

六三，剥之，无咎。

释义　剥之，无灾。

扩展　众阴正剥，而六三独与上九相应，去同党而从正，所以其占为无灾。

六四，剥床以肤，凶。

释义 剥床以至于祸及身体之肤表，凶险可知。

扩展 六四以阴剥阳，力量逐渐增大，已经祸及身体之肤表，其凶险可知。

六五，贯鱼以宫人宠，无不利。

释义 受宠的宫人鱼贯而入，无所不利。

扩展 六五为众阴之长，能使众阴列好顺序，好似将鱼用绳子穿连成串，为上九之阳所宠幸，占遇此爻，无所不利。

上九，硕果不食，君子得舆，小人剥庐。

释义 硕大的果实不被吃掉，君子得到马车，小人遭遇剥掉居室之灾。

扩展 一阳在上，剥落未尽而能复生，所以有"硕大的果实不被吃掉"之象。君子遇此爻，则为众阴所负载，有"君子得到马车"之占，若小人而遇此爻，则有被剥掉居室之灾。

☷（震下坤上）**复：亨，出入无疾，朋来无咎。反复其道，七日来复，利有攸往。**

释义 亨通，出入皆无疾患，朋友前来也没有灾害。天道运行，历经七日而阳气复返，利于前往。

扩展 复，阳气复生于下之义。阳气被剥尽则为纯坤十月卦，随之阳气就开始萌生于地下。阳气积累至一个月，然后一阳始生而来复，所以《周易》以十一月为复卦。阳气既往而复返，所以有亨通之道。其占为自己出入皆无疾患，朋友前来，也没有灾害。自五月姤卦一阴始生，至遯二阴生、否三阴生、观四阴生、剥五阴生、坤全体皆阴，至于复卦一阳生，共经历七次变更，天道运行，既往而复，所以说历经七日而阳气复返。遇此卦，表示阳刚之德正生长，所以其占为利于前往。

初九，不远复，无祗悔，元吉。

释义 不远就返回，不会发展到后悔的程度，大吉。

扩展 初九为复卦之主，居于一卦之初，所以其象为"过错尚未达到深远就能够迷而知返，不会发展到后悔的程度"，其占为大善而吉。

六二，休复，吉。

释义 休止而返回正道，吉。

扩展 六二柔顺中正，比邻初九，所以其象为"休止而返回正道"，其占为吉。

六三，频复，厉，无咎。

释义 频繁地往复，有危险，能复则无咎。

扩展 六三以阴爻而居阳位，不中不正，又处于内卦震的最外爻，动而不牢固，所以其象为"频繁往复"，其占为"虽有危险，能复归正道则无咎"。

六四，中行独复。

释义 由道路正中独自返回。

扩展 六四处于群阴之间，能独自与初九相应，所以有"守中道而行，独自复于正道"之象，占之当吉。

六五，敦复，无悔。

释义 敦固于复，无悔恨。

扩展 六五柔顺居中，当复之时，能敦固于复道，所以其占为没有后悔。

上六，迷复，凶。有灾眚。用行师，终有大败，以其国君，凶。至于十年不克征。

释义 迷而不知复，凶，有灾祸。用以行师作战，最终大败，因为国君迷而不知复，故凶。以至于十年都不能出兵征战。

扩展 上六以阴居复卦之终，有终迷而不知复之象，所以其占为凶，有灾祸。用以行师作战，最终大败。因为国君迷而不知复，所以凶。以至于十年都不能出兵征战。

☰（震下乾上）无妄：元亨，利贞。其匪正，有眚，不利有攸往。

释义 占遇此卦，一开始就亨通，宜于守正。如果不能守正，则有灾难，不利于前往。

扩展 无妄，至诚而合乎理。震下而乾上，动而健，九五刚中与六二柔中相应，占遇此卦，一开始就亨通，宜于守正。如果不能守正，则有灾难，不利于前往。

初九，无妄，往吉。

释义 无妄而往，必然吉。

扩展 阳刚在内，至诚而守正，为震动之主，如是前往，必然吉。

六二，不耕获，不菑畬，则利有攸往。

释义 无须耕种而有收获，无须耕耘而有良田，利于前往。

扩展 六二柔顺中正，上有九五与之相应，居无妄之时，能因时顺理而无私心杂念，所以此爻有"无须耕种而有收获，无须耕耘而有良田"之象，占遇此爻，利于前往。

六三，无妄之灾，或系之牛，行人之得，邑人之灾。

释义 无故而有灾害，如同过路人将牛牵走，居住此地的人反而遭到逮捕之灾。

扩展 六三以阴居阳而不正，占遇此爻，无故而有灾害，如同过路人将牛牵走，居住此地的人反而遭到逮捕之灾。

九四，可贞，无咎。

释义 可以固守，无灾。

扩展 九四阳刚而在乾体，下无正应，可以固守，无灾。

九五，无妄之疾，勿药有喜。

释义 无妄而患疾病，无须用药而自然痊愈。

扩展 九五阳刚中正，下与六二中正之爻相应，至诚无妄至极，若有疾病，无须用药而自然痊愈。

上九，无妄，行有眚，无攸利。

释义 一行动就会有灾难，没有任何益处。

扩展 居无妄之时，上九穷极，其占为一行动就会有灾难，没有任何益处。

☰（乾下艮上）大畜：利贞。不家食，吉。利涉大川。

释义 占遇此卦，宜于守正。食禄于朝廷而不食于家，吉。利于涉险渡大河。

扩展 大畜，所畜甚大之义。内乾外艮，刚健而笃实，君子日新其德而蕴蓄至大。上艮为止，下乾为健，非大正则不能止健。占遇此卦，宜于守正。食禄于朝廷，而不食于家，以大德居上位所以吉。六五下应于乾，能够顺天命而行，所以其占又为利于涉险渡大河。

初九，有厉，利已。

释义 有危险，宜停止不前。

扩展 乾卦三阳为艮所止。初九为六四所止，所以其占为有危险，利于停止不前。

九二，舆说輹。

释义 车子的辐条脱落，车子不能前进。

扩展 九二为六五所畜，处中而停止不前，所以有"车子的辐条脱落，车子不能前进"之象。

九三，良马逐，利艰贞。日闲舆卫，利有攸往。

释义 良马驱驰，宜于艰难守正，若能每日熟习驾车与防卫之事，则利于前往。

扩展 九三以阳刚居乾体之上，有刚健至极之象；上九以阳刚居大畜之极，有积聚至极而离散之象。九三、上九不相畜，所以此爻有"良马驱驰"之象。九三阳盛而锐进，所以告诫占者"宜于艰难守正"。若能每日熟习驾车与防卫之事，则利于前往。

六四，童牛之牿，元吉。

释义 在小牛的角上绑上了不能抵人的横木，一开始就吉。

扩展 六四艮体而止畜初九之微阳，用力小而办事容易，所以此爻有"在小牛的角上绑上了不能抵人的横木"之象，其占为一开始就吉。

六五，豮豕之牙，吉。

释义 阉割过的猪的獠牙，吉。

扩展 六五畜止九二之阳不如六四畜止初九那么容易，不过六五柔中居尊位，能把握时机加以制止，所以此爻有"阉割过的猪的獠牙"之象，其占为吉。

上九，何天之衢，亨。

释义 天路豁达无碍，亨通。

扩展 畜极而通，如同天路豁达无碍，其占为亨通。

☷（震下艮上）颐：贞吉。观颐，自求口实。

释义 占遇此卦，守正则吉。观其所养，能自谋生路。

扩展 颐，养之义。颐卦的初九、上九为阳爻，中间四爻为阴爻，阳者为实，阴者为虚，外实内虚，上艮止而下震动，正是口之象，人口所以饮食养人。占遇此卦，守正则吉。观其所养，能自谋生路。

初九，舍尔灵龟，观我朵颐，凶。

释义 丢掉自己的灵龟，观看我朵动的颐颔，凶。

扩展 初九阳刚在下，足以自养，但其志向在上行以应六四，以阳而从阴，不能自守，迷于物欲而失去自我，所以有"丢掉自己的灵龟，观看我朵动的颐颔"之象，其占为凶。

六二，颠颐，拂经，于丘颐，征凶。

释义 颠倒以求养，违背常理。上行求养，前往则凶。

扩展 六二阴柔不能自养而求养于初九阳刚。在上反而求养于初九，颠倒而违背常理。上行求养于上九，非其所应而求，往则凶。

六三，拂颐，贞凶，十年勿用，无攸利。

释义 拂违于养道，占问结果凶，以至十年不能有所作为，无任何好处。

扩展 六三阴柔不中不正，又处震动之极，柔邪不正而动，拂违于养道，所以占问结果凶，以至于十年不能有所作为，无任何好处。

六四，颠颐，吉。虎视眈眈，其欲逐逐，无咎。

释义 颠倒以求养，吉。双眼威猛有神，继而不绝，无灾。

扩展 六四居上得正，下有初九与之相应，有赖于初九之养，虽然颠倒却吉祥。六四体质阴柔，所以此爻又告诫须专一严肃，继而不绝，如此则可以无咎。

六五，拂经，居贞吉，不可涉大川。

释义 拂违于养道，居而守正则吉，不可担当渡越大河之类的重任。

扩展 六五阴柔不正，居尊位而不能养人，反而有赖于上九之养，拂违于养道，其占为居而守正则吉，因为六五质性阴柔，不可担当渡越大河之类的重任。

上九，由颐，厉，吉，利涉大川。

释义 由之而养，危险但吉利，利于渡越大河。

扩展 六五有赖于上九之养以养人，所以物由上九而养。位高任重，虽然危险但是吉利。阳刚在上，所以利于涉大川。

☱（巽下兑上）大过：栋桡，利有攸往，亨。

释义 房屋的大梁脆弱曲折，其占为利于前行，亨通。

扩展 大过，阳过于强盛之义。大过卦四阳居中，过于强盛，上六、初六二阴，不胜其重，所以有"房屋的大梁脆弱曲折"之象。四阳虽然过盛但九二、九五二阳居中不偏，又内巽顺而外兑悦，所以有可行之道，其占为利于前行而能亨通。

初六，藉用白茅，无咎。

释义 用洁白的茅草垫在下面（以行祭），无灾。

扩展 当大过之时，初六以阴柔居巽体之下，所以此爻有"用洁白的茅草垫在下面，过于小心谨慎"之象，其占无灾。

九二，枯杨生稊，老夫得其女妻，无不利。

释义 枯萎的杨树发出了新根，老夫娶得一女子为妻，一切都顺利。

扩展 九二之阳居大过之始，下亲比初六，所以此爻有"枯萎的杨树发出了新根，老夫娶得一女子为妻，犹能生育"之象，其占为一切都顺利。

九三，栋桡，凶。

释义 房屋的大梁脆弱曲折，凶。

扩展 九三、九四两爻，居于六爻之中，为"栋"之象。九三以阳爻居刚强之位（卦之第三爻）而不中，无人相辅，不胜其任，所以有"房屋的大梁脆弱曲折"之象，其占为凶。

九四，栋隆，吉。有它，吝。

释义 房屋的大梁隆起，吉，若有其他心志，则羞吝。

扩展 九四以阳刚而居阴位（第四爻），当大过之时而能不过，所以此爻有"房屋的大梁隆起"之象，其占为吉。然而九四下应初六，以初六之柔辅助九四，九四则有过柔之患，所以爻辞又戒以"若有其他心志，则羞吝"。

九五，枯杨生华，老妇得其士夫，无咎，无誉。

释义 枯萎的杨树生发出繁盛的花叶，年老之妇得到强壮的男子，其占为没有过错，也没有值得称赞的。

扩展 九五阳刚盛极，又亲比上六过极之阴，所以此爻有"枯萎的杨树生发出繁盛的花叶，年老之妇得到强壮的男子"之象，其占为虽然没有过错，也没有什么可值得称赞的。

上六，过涉灭顶，凶，无咎。

释义 涉水而河水灭过头顶，凶，无所怨咎。

扩展 以阴柔处大过之极，才弱不足以成事，所以此爻有"涉水而河水灭过头顶"之象，其占为凶，灾祸乃自己招致，所以无所怨咎于他人。

☵（坎下坎上）习坎，有孚维心，亨。行有尚。

释义 重重险阻，有诚信维系心中，亨通。行必有嘉奖。

扩展 坎，险陷之义。上下皆为坎卦，称之重险。阳陷于阴中，外虚而中实，中实则有诚信系于心之象，其占亨通，以此而行，行必有赏。

初六，习坎，入于坎窞，凶。

释义 困难重重，入于险坑，凶。

扩展 以阴柔居于重险之下，其险益深，所以此爻有"入于险坑"之象，其占为凶。

九二，坎有险，求小得。

释义 未能出险，求而有小得。

扩展 九二处于重险之中，未能出险，但是阳刚居中，所以求而有小得。

六三，来之坎坎，险且枕。入于坎窞，勿用。

释义 来去皆险，险且深。入于深坑，不能有所作为。

扩展 履重险之时，阴柔不中不正，来下则入于险中，往上则遭遇重险，进退皆险，所以说"来之坎坎"。之，往上。险陷而且深重，所以有入于深坑之象，其占为不能有所作为。

六四，樽酒簋贰，用缶，纳约自牖，终无咎。

释义 一樽之酒，二簋之食，以瓦缶为器，自窗户纳勺（进结），最终无咎。

扩展 居险难之时，六四靠近九五，能用一樽之酒，二簋之食，以瓦缶为器，用此薄礼，加以诚心，自窗户进结九五之君。占问者开始虽然险阻，最终无咎。

九五，坎不盈，祗既平，无咎。

释义 处坎险之中而未平，将出险而抵于平，无灾。

扩展 九五在坎险之中而未平坦，然而九五以刚中之才居尊位，将出险而抵于平坦，占者由此无咎。

上六，系用徽纆，寘于丛棘，三岁不得，凶。

释义 犯人被黑色绳索系缚，囚禁于丛棘中，至于三年也不能免，凶。

扩展 以阴柔居坎险之极，其陷至深，所以此爻有"犯人被黑色的绳索所系缚，囚禁于丛棘之中，至于三年之久也不能免"之象，其占为凶。

䷝（离下离上）离：利贞，亨。畜牝牛，吉。

释义 占遇此卦，宜守正而致亨通。畜养母牛，吉。

扩展 离，丽之义。阴附丽于阳，其象为火。物之所丽，宜于守正，故占者遇此卦，能守正则亨通。能养柔顺之德，吉。

初九，履错然，敬之，无咎。

释义 足踏之处交错杂然，能敬慎小心，无灾。

扩展 初九以刚居下而处离体，离火之性炎上，初九志欲上进，所以此爻有"足踏之处交错杂然"之象，初九有刚明之才，能够敬慎而不妄动，所以无灾。

六二，黄离，元吉。

释义 丽于文明中正，大吉。

扩展 黄，中之色。六二居中得正，所以此爻有"丽于文明中正"之象，占者大吉。

九三，日昃之离，不鼓缶而歌，则大耋之嗟，凶。

释义 太阳偏西，不敲击瓦盆而唱歌，因为年老而嗟叹，凶。

扩展 九三居下体之终，为前明将尽、后明将继之时，所以此爻有"太阳偏西，离明即将消去"之象。通达之人，顺应常理，乐天知命，如果做不到，就会因为年老而嗟叹。占者做不到顺天知命，则凶。

九四，突如其来如，焚如，死如，弃如。

释义 突然到来，如火燃烧，如遇死亡，为人所弃绝。

扩展 九四离开下体而升至上体，继离明之初，以阳刚处阴位，刚躁而不中正，所以此爻有"突然到来"之象。又下承六五阴柔之君，刚盛的气焰如火燃烧，九四所行如此不善，必然会遭遇祸害，为众人所弃绝，所以又有"死如，弃如"之象。爻辞虽然没有说到吉凶，但其结果必然凶。

六五，出涕沱若，戚嗟若，吉。

释义 泪如雨下，忧戚叹息，吉。

扩展 六五居尊位而守中，有文明之德，然而以阴居阳，在上而无助，独附丽于上下刚强之间，故而忧戚畏惧，以至于泪如雨下，占者能忧惧如是，则能保其吉祥。

上九，王用出征，有嘉，折首，获匪其丑，无咎。

释义 君王征伐，有嘉美之功，用威刑，擒获作恶的匪首，无灾。

扩展 九以阳刚居上，在离明之极，有光明到达远处、威震四方之象，所以爻辞说"君王行其征伐，有嘉美之功，其明足以深察邪恶，断以威刑，擒获作恶的魁首"，占者如此，则无残暴之过咎。

《周易》下经

☷（艮下兑上）咸：亨，利贞，取女吉。

释义 亨通，宜守正，娶女吉。

扩展 咸，交感之义。艮为少男，兑为少女，兑柔在上，艮刚在下，少男少女相感应。又艮为止，兑为悦，止而悦。又艮以少男下于兑之少女，男先于女，得男女之正，当婚姻之时，所以其卦为咸。占者亨通，宜于守正，娶女吉。

初六，咸其拇。

释义 感应其脚拇指。

扩展 咸卦以人身取象。初六在一卦之下，与九四相应，感应发生在一卦最下，所以有"感其脚拇指"之象，不足以前进，此时感道尚浅，所以爻辞不言吉凶。

六二，咸其腓，凶，居吉。

释义 感应其腿肚子，凶，安居不动则吉。

扩展 六二爻以阴居下，与九五相应，所以有"感其腿肚子"之象。行走则腿肚先动，急躁妄动则凶，所幸六二有中正之德，能安其居而不妄动，等待九五之求，所以其占为吉。遇此爻，占者动则凶，静则吉。

九三，咸其股，执其随，往吝。

释义 感应其大腿，所执守者随于物，前往有困难。

扩展 九三有阳刚之才而居下体之上，感于上九兑悦之极，不能自主，随物而动，所以此爻有"大腿有感应，所执守者随于物"之象，占者动而前往，就会有困难。

九四，贞吉，悔亡。憧憧往来，朋从尔思。

释义 守正则吉，悔亡。往来心意不定，朋友们顺从你的想法。

扩展 初九有脚拇指之象，在下而动微；六二有腿肚子之象，动则先行；九三有股之象，随身而动。九四居股之上，脢之下，又在三阳之中，正当人心之位。心感于物，应当守正不移，如此则吉而悔亡。如今九四居于悦体，以阳居阴而不正，与初九有应则所感偏私浅狭，所以爻辞告诫说不能守正不移而以私心感物，所追随者仅为其朋类，感应之道不能通达。

九五，咸其脢，无悔。

释义 感应其背脊肉，无悔。

扩展 九五当位处中，所以其象为"感其背脊肉"，无所偏私则可以无悔。

上六，咸其辅、颊、舌。

释义 感应其牙床、面颊、舌头。

扩展 上六阴柔为兑悦之主，居感之极，不能至诚以感物，唯以言语感人而无至诚之心，所以其象为"感其辅、颊、舌"。

䷟（巽下震上）恒：亨，无咎，利贞。利有攸往。

释义 占遇此卦，亨通，无灾，宜于守正。利于前往。

扩展 恒，常久之义。震为长男，巽为长女。男动于外，女顺于内。又震刚在上，巽柔在下，刚上而柔下。雷风相与，巽而动。六爻刚柔皆相应。以上四条，皆为常理，所以为恒。占者遇此卦，有亨道，无灾，宜于守正，则能得常久之道，利于前往。

初六，浚恒，贞凶，无攸利。

释义 深求于恒，卜问结果凶，没有任何益处。

扩展 初六与九四正应，然因居下在初，不可以深有所求。九四在震体而阳性，志在于上而不在于下，又为九二、九三两阳爻所隔，所以无意与初六相应。然而初六柔暗，不能审时度势，又阴爻居于巽柔之下，为巽之主，固执于入，深于常理求应于九四，所以此爻有"深求于恒"之象，占者处此情形，卜问结果凶，没有任何益处。

九二，悔亡。

释义 后悔消失。

扩展 九二以阳居阴，本来有悔，然而能恒久于中道，后悔之事消失。

九三，不恒其德，或承之羞。贞吝。

释义 不能恒守其德，有时招致羞辱，占问的结果为羞吝。

扩展 九三以阳爻处阳位，本来应该恒守其位，但是其志向在于跟从上六，不能恒久守位，所以此爻有"不能恒守其德，有时招致羞辱"之象，卜问的结果为羞吝。

九四，田无禽。

释义 田猎没有任何收获。

扩展 九四以阳居阴，当恒之时，为恒久处于不当之位，虽久而无所得，所以此爻有"田猎而没有任何收获，徒劳而无功"之象。

六五，恒其德，贞妇人吉，夫子凶。

释义 恒守其德，占问妇人吉，占问男子凶。

扩展 六五以柔中应九二之刚中，居恒而长久不易，所以有恒守其德之象。然此为妇人之道，非男子之道，所以占问妇人吉，占问男子则凶。

上六，振恒，凶。

释义 恒常地振动不停，凶。

扩展 上六居于恒卦之极，处于震卦之终。恒发展至极则不能长久，处于震终则过于动。又阴柔不能固守，所以此爻有"恒常地振动不已"之象，其占为凶。

☰（艮下乾上）遯：亨，小利贞。

释义 亨通，小人宜于守正。

扩展 遯，退避之义。二阴浸长，阳当退避，故为遯。阳虽当退避，然而九五爻中正当位，下有六二爻与之相应，尚可以有所作为，但因二阴浸长于下，其势不可以不遯，九五身虽退而道犹亨。小人则宜于守正，不可因为阳遯去而侵迫阳，所以说"小利贞"。小，指阴，小人。

初六，遯尾，厉，勿用有攸往。

释义 逃遯其尾，危险，占者不可以前往。

扩展 当退避之时而落在最后，所以此爻有"尾"象，形势危险，占者不可以前往，隐晦自处而静候，可以免于灾祸。

六二，执之用黄牛之革，莫之胜说。

释义 以黄牛之皮捆绑，无法挣脱。

扩展 六二以中正自处，坚守志向不移易，所以此爻有"以黄牛之皮捆绑，无法逃脱"之象。

九三，係遯，有疾，厉，畜臣妾，吉。

释义 系恋于遯，有疾病，危险，畜养小人女子，吉。

扩展 九三下比初六、六二，当退避之时心有所系，退避贵在迅速远离，今九三有所系累，所以受伤而危险。系恋之私恩，用来畜养小人女子则得其心而吉。

九四，好遯，君子吉，小人否。

释义 喜以遯去，占问者为君子则吉，为小人则凶。

扩展 九四虽然下应初六，但是乾体刚健，心有所好所以能弃绝之。唯有君子能克己，小人做不到，故占问者为君子则吉，为小人则凶。

九五，嘉遯，贞吉。

释义 嘉美以遯，吉。

扩展 阳刚中正以居尊位，下应柔顺中正之六二，处遯而德行嘉美，占问结果吉。

上九，肥遯，无不利。

释义 宽裕以遯，其占为一切顺利。

扩展 阳刚居一卦之外，下无所应，退避甚远而宽裕自处，其占为一切顺利。

☲（乾下震上）大壮：利贞。

释义 宜于守正。

扩展 大壮，阳气壮盛之义。乾下震上，刚健以动。四阳并进而长，大者壮盛之义。雷之威震而在天上，也为大壮之义。阳气壮盛，占者亨通，然而必利于守正。

初九，壮于趾，征凶，有孚。

释义 壮于脚趾，出征凶，可信。

扩展 居大壮之时，阳刚居下而在乾体，为壮于前行之义。脚趾在下而行进，所以此爻有"壮于脚趾"之象，居下而壮进，其占必凶，可信矣。

九二，贞吉。

释义 守正则吉。

扩展 九二以阳爻而处阴位，本来不正，然而所处得中，可以不失其正，占者吉。

九三，小人用壮，君子用罔，贞厉。羝羊触藩，羸其角。

释义 小人用壮，君子勿用壮，占问结果危险。公羊撞击藩篱，羊角被困住。

扩展 九三以刚处刚而不中，当大壮之时，此是鲁莽行壮。如果是君子就不用刚壮。至刚而过于勇猛，占问结果危险。此爻有公羊撞击藩篱，羊角被困住之象。

九四，贞吉，悔亡。藩决不羸，壮于大舆之輹。

释义 守正则吉，悔亡。藩篱被冲破而羊角不被困住，大车的辐条非常坚固。

扩展 九四不当位本来有悔，然而当大壮之时，九四爻以刚居柔，刚而能柔，合乎正道，所以吉而悔亡，此爻有"藩篱被冲破而羊角不被困住，大车的辐条非常坚固"之象。

六五，丧羊于易，无悔。

释义 丧羊而不觉其丢失，无悔恨。

扩展 六五以柔居中，有丧羊而不察觉其丢失之象，虽失刚壮，能处中所以无悔。

上六，羝羊触藩，不能退，不能遂，无攸利，艰则吉。

释义 公羊撞击藩篱，（羊角被挂住）不能退又不能进，其占为没有什么好处，能艰难自处则吉。

扩展 上六处于大壮之终、震动之极，所以有公羊撞击藩篱，羊角被挂住，既不能退，又不能前进之象，其占为没有什么好处，能艰难自处则吉。

☷☲（坤下离上）晋：康侯用锡马蕃庶，昼日三接。

释义 治安之侯享用众多大王赐予的马匹，一天之中多次受到大王的礼遇。

扩展 晋，进之义。离上坤下，有日出地上之象，故为晋卦。离明在上，坤顺在下，上明下顺，君臣同德，所以占者遇此卦，有"治安之侯受到大王的宠信，赐予众多马匹，一天之中多次受到大王礼遇"之象。

初六，晋如摧如，贞吉。罔孚，裕无咎。

释义 前进受阻，守正则吉。不能见信于上，宽裕处之则无灾。

扩展 初六居于晋卦之下，为进之始。以柔处刚不当位，前进受阻，唯有守正才吉。初六在下而始进，不能被上所信任，能做到宽裕自处，不汲汲以进则无咎。

六二，晋如愁如，贞吉。受兹介福于其王母。

释义 前进忧愁，守正则吉。受大福于王母。

扩展 六二在下，上又无应，阴性柔顺，前进则难，所以心有忧愁，唯有守正才吉。六二虽无应，但能以中正自守，必将得到六五居尊位的王母宠禄，受大福于王母。

六三，众允，悔亡。

释义 众人允从，后悔之事消失。

扩展 六三以阴居阳，又不得中位，本应有悔。处于内卦坤最上爻，为顺之极。晋卦的下三阴皆顺于上，所以六三爻顺从上，与众阴心意相同，为众阴所允从，所以后悔之事消失。

九四，晋如鼫鼠，贞厉。

释义 前进如大鼠，占问凶险。

扩展 九四以阳居阴不当位，又不处中，窃取上位，贪而畏人，所以为鼫鼠之象，占者如是，则有危道。

六五，悔亡，失得勿恤，往吉，无不利。

释义 后悔之事消失，得失不系于心，前往吉，无不利。

扩展 六五以阴居阳，本应有悔。离明在上而下皆顺从，所以占者得之而悔亡，又告诫其去除功利之心，做到得失不系于心，如此则吉无不利。

上九，晋其角，维用伐邑，厉吉，无咎，贞吝。

释义 前进其角，用来讨伐城邦，虽然危险却吉，无灾，于正道为羞吝。

扩展 上九阳刚居上，有前进其角之象。占者讨伐其自治的城邦，虽然危险却吉而无咎，不过上九极其刚劲，对于正道而言为羞吝。

䷣（离下坤上）明夷：利艰贞。

释义 宜在艰难中守正。

扩展 明夷，光明受伤之义。下离上坤，日入地中，有光明而受伤之象，所以为明夷。上六为黑暗之主，六五靠近上六，所以占者宜在艰难之中守正，自晦其明。

初九，明夷于飞，垂其翼，君子于行，三日不食。有攸往，主人有言。

释义 明夷之时，飞而垂翼，君子出行，三日不食。所到之处，主人不能理解。

扩展 初九为明夷之初，昏暗在上，伤阳之明，所以此爻有

"飞而垂翼，翅膀受伤"之象。君子遇此爻，行而不食，时机和道义使然，不得已而回避。所到之处，主人不能理解。

六二，明夷，夷于左股。用拯马壮，吉。

释义 明夷之时，左腿受伤，用健壮的马匹相助，吉。

扩展 当明夷之时，左腿受伤，好在受伤不严重，用健壮的马匹相助，灾祸可免而得吉。

九三，明夷于南狩，得其大首，不可疾贞。

释义 向南方光明之处田猎，诛灭首恶，不可以急于纠正。

扩展 九三以刚居刚，在离明之上，屈于至暗之下，正与上六阴暗之主相对，所以有向南方光明之处田猎而诛灭首恶之象，然而又告诫其不可以急于纠正。

六四，入于左腹，获明夷之心，出于门庭。

释义 进入左腹，获明夷之心，离开门庭。

扩展 六四以阴爻处阴位而得正，居坤体阴暗之处尚浅，所以此爻有"进入左腹，虽然获得明夷之心，但是尚可以远去"之象。

六五，箕子之明夷，利贞。

释义 箕子处于明夷之时，宜在艰难中守正。

扩展 六五居至暗之地，最靠近上六至暗之君而能坚守其志向，所以有箕子之象，坚贞之至。占遇此爻，宜在艰难中守正。

上六，不明晦，初登于天，后入于地。

释义 不光明所以晦暗，刚开始虽然登上天，最终必坠入地。

扩展 以阴居坤体之极，为明夷之终，至暗之君，无光明之德而晦暗，刚开始虽然能处于高位，最终必坠其命。

☲（离下巽上）家人：利女贞。

释义 宜于女子守正。

扩展 家人，一家之人的意思。六二、九五各居内外卦之正，所以为家人。宜于女子守正道，内正则外无不正。

初九，闲有家，悔亡。

释义 家中有防备，后悔之事消失。

扩展 初九以阳刚居家人之始，能及早加以防备，则后悔之事消失。

六二，无攸遂，在中馈，贞吉。

释义 无所抱负，在家中做饭，守正则吉。

扩展 六二柔顺中正，女子而能守正于内。无所作为，在家中尽心准备饭食，守正则吉。

九三，家人嗃嗃，悔厉，吉。妇子嘻嘻，终吝。

释义 家人受到严厉斥责，虽然有悔且危厉，结果吉。妻子儿女恣意无节，最终有灾祸。

扩展 九三以刚居刚而不中，如此治家则过刚，所以有嗃嗃严厉之象，虽然有悔却吉利。假若妻子儿女恣意无节不尊礼法，最终将会有灾祸。

六四，富家，大吉。

释义 富裕之家，大吉。

扩展 阳主义，阴主利，六四以阴居阴而在上位，居正而能富裕其家，其占为大吉。

九五，王假有家，勿恤，吉。

释义 君王至于其家，无须忧虑，吉。

扩展 九五刚健中正而居尊位，下应六二柔顺中正，所以此爻有"君王至于其家，无须忧虑，必然吉"之象。

上九，有孚威如，终吉。

释义 诚信威严，最终吉。

扩展 上九以刚居上，在一卦之终，占者诚信威严，则能长久吉利。

☲（兑下离上）睽：小事吉。

释义 小事吉利。

扩展 睽，乖异之义。离火炎上，兑泽润下，二体相违，故为睽。又离为中女，兑为少女，二女同居一室，所归各不相同，亦为睽。从卦体看，睽卦六五以柔居尊位，得中而下应九二。睽离之时，以阴柔之才而居尊位，不可以成大事，但小事尚可以吉。

初九，悔亡。丧马勿逐，自复。见恶人，无咎。

释义 后悔消失，马丢失了不要去追，自己会回来。必见恶人，然后无灾。

扩展 初九、九四不相应，本应有悔。然而当睽离之时，初九、九四虽无应却同德相与，后悔消失，所以此爻有"马丢失了不要去追，自己会回来"之象。睽离之时，必见恶人，然后可以无咎。

九二，遇主于巷，无咎。

释义 在小巷中与主人相遇，无灾。

扩展 睽离之时，阴阳相应之道衰，九二虽与六五正应，只有委曲求全才能无咎，所以此爻有"在曲折小巷中与主人相遇"之象，占问结果无灾。

六三，见舆曳，其牛掣，其人天且劓。无初有终。

释义 看见车被牵引，牛在拉扯（双角竖起），赶车人有刻额

（墨刑）挖鼻（劓刑）之伤。起初无利，最终结果好。

扩展 六三居九二、九四二阳之间，虽然与上九正应，但是后为九二所拉，前为九四所拖，当睽离之际，上九猜疑方深，所以六三有刻额挖鼻之伤，但六三、上九最终能相合。

九四，睽孤，遇元夫，交孚，厉无咎。

释义 睽离孤独之时，遇见善士，交以诚信，虽危险但无灾。

扩展 九四无应，所以说"睽离而独自一人"，虽无应，但九四、初九同德相遇，有"遇见善士，交以诚信"之象，其占为虽然危险，但能无咎。

六五，悔亡，厥宗噬肤，往何咎？

释义 后悔之事消失，其同党交往容易，前往有何灾害？

扩展 六五以阴居阳，本应有悔，但九二中正之阳与之相应，所以后悔之事消亡，九二与六五交往深厚，如噬咬皮肤而容易深入，占者前往，又有什么过咎呢？

上九，睽孤，见豕负涂，载鬼一车，先张之弧，后说之弧。匪寇婚媾，往遇雨则吉。

释义 睽离孤独之时，见猪满身泥土，又有一车鬼。先拉开弓弦欲射，后放下弓弦，对方并非敌寇，而是来求婚姻，前往遇雨则吉。

扩展 居睽离之极，有独自一人之象。上九与六三本来相应，但因自己猜疑至深所以相乖离。上九见六三之阴，如猪污秽，厌恶之情，如同看见一满车的鬼，先拉开弓弦，后稍有缓解，放下弓弦，知六三并非敌寇，而是欲与自己相合，于是前往，尽释前嫌。雨，阴阳交合之象。

☷（艮下坎上）蹇：利西南，不利东北。利见大人，贞吉。

释义 西南有利，东北无利。宜见大人，守正则吉。

扩展 蹇，难之义。艮下坎上，见险而止，故为蹇。西南，平易之地；东北，险阻之地。蹇难之际，不利于走险，故利于西南。当蹇难之时，宜见大人，又当守正，然后可以吉。九五刚健中正而居尊位，大人之象。

初六，往蹇，来誉。

释义 往进入于蹇，来则有美誉。

扩展 初六居蹇之初，往进则益入于蹇，止而不进，则有美誉。

六二，王臣蹇蹇，匪躬之故。

释义 王之大臣历尽艰难，不是为了自身的缘故。

扩展 六二柔顺中正，上有九五与之相应，处蹇难之中，以柔顺之才济九五之难，所以有"王之大臣历尽艰难"之象，然而六二之难，不是为了自身，而是为了相助九五大人。

九三，往蹇，来反。

释义 往进入于蹇，返回则安。

扩展 九三以刚居正，处险难之时，往进则入于坎险，不如返而得其所安。

六四，往蹇，来连。

释义 往进入于蹇，合力以济险。

扩展 往进则入坎险之中，联合九三，合力以济险。

九五，大蹇，朋来。

释义 大难时，朋友前来相助。

扩展 九五处坎险之中，大难之际，居尊位而有中正之德，必有朋友前来相助。

上六，往蹇来硕，吉。利见大人。

释义 往进入蹇，返回则有硕大之功，吉。宜见大人。

扩展 以阴柔居蹇难之极，往进则入蹇，若返回联合九五，与之共同济难，则有硕大之功，占问结果吉。宜于见九五大人。

☷☳（坎下震上）**解：利西南。无所往，其来复，吉；有攸往，夙吉。**

释义 宜西南。不前往，就返回，吉；要前往，早行动则吉。

扩展 解，困难解散之义。坎下震上，险而能动，则出危险之外，正是解之义。困难既然已经解除，则利于前往西南平易之地，若向东北行，则复入于蹇难之中。占者遇此卦，如果不前往，就应该复归其所而安静，如是而吉；如果前往，就应该早往早复，如是则吉。

初六，无咎。

释义 无灾。

扩展 困难既已解除，初六以柔居下，上有九四与之相应，自然没有什么灾祸。

九二，田获三狐，得黄矢，贞吉。

释义 打猎时捕获三只狐狸，并得到黄色的箭头，占问吉。

扩展 九二阳刚得中，上应六五，有辅助六五柔弱之君去除奸佞之象，所以此爻有"打猎时捕获三只狐狸，并得到黄色箭头"之象，占遇此爻吉。

六三，负且乘，致寇至，贞吝。

释义 肩负且又乘车，招来盗贼，占问有灾。

扩展 六三以阴柔居阳位，又居下卦之上，所以此爻有"挑担的人乘坐于车马之上，必然会招来盗贼"之象，占问结果有灾。

九四，解而拇，朋至斯孚。

释义 解开被缚的拇指，朋友至此相信他。

扩展 九四与初六皆不当位，两爻虽然相应但不合于正道，九四若能解去初六，朋友至此相信他。

六五，君子维有解，吉。有孚于小人。

释义 君子被捆绑又得到解脱，吉，有验证于小人。

扩展 解卦有四爻为阴爻，而六五爻当君位，六五唯有解去其余三阴同类之人，方能吉。君子有解，以小人之退避为验证。

上六，公用射隼于高墉之上，获之，无不利。

释义 王公射鹰于城墙之上，捕获它，无所不利。

扩展 六三不应上六，又以阴居阳而不正；上六处解之极，欲除去其悖乱。隼，猛禽，指六三；射之者，人也，指上六。此爻有王公射隼于城墙之上、有所收获之象，占遇此爻，一切顺利。

䷨（兑下艮上）损：有孚，元吉，无咎，可贞，利有攸往。曷之用？二簋可用享。

释义 有诚信，大吉，无灾祸，可以守正，利于前往。用什么行祭祀之礼呢？二簋就可以了。

扩展 损，减省之义。下卦本乾，上卦本坤，损乾卦上画之阳，益坤卦上画之阴。损兑泽之深，益艮山之高，损下益上，损内益外，所以为损。当损则损而有诚信，其占为大吉而无咎，占问者守正则宜于前往。当减损之时，俭朴则有亨道，所以说："用什么行祭祀之礼呢？二簋就可以了"，虽然简薄但是无害。

初九，已事遄往，无咎，酌损之。

释义 停下事情，速速前往，无咎害，应当斟情减损。

扩展 当损下益上之时，初九上应六四，停止自己所做的事，速速前往增益六四，其占为无咎，然而初九居下而益上，应当斟酌浅深以行损己益上之事。

九二，利贞。征凶，弗损益之。

释义 宜守正。出征凶，不减损可增益。

扩展 九二阳刚居中，宜于守正，不可妄进。不变其所守，方可以益上。

六三，三人行，则损一人；一人行，则得其友。

释义 三人同行，则减损一人；一人行，则得到朋友。

扩展 下卦本乾，损上爻以益坤，所以爻辞说"三人行，则减损一人"。一阳上行而一阴下行，阴阳相应而相与，"一人行"而"得其友"。以此告诫占者，两则专一，三则杂乱。

六四，损其疾，使遄有喜，无咎。

释义 减轻疾病的事，使速速前来则善，无灾。

扩展 初九之阳增益六四之阴，六四得以减轻疾病，初九速速前来则善，无灾。

六五，或益之十朋之龟，弗克违，元吉。

释义 有人益之以十朋之龟，以此受益而不能推辞，大吉。

扩展 六五柔顺虚中而居尊位，当损之时，接受天下的助益，所以说"有人益之以十朋之龟"，两龟为朋，故十朋之龟，为大宝。以此受益而不能推辞，其占为大吉。

上九，弗损益之，无咎，贞吉。利有攸往，得臣无家。

释义 不减损反而受益，其占无咎，守正则吉。利于前往，得到贤臣而无家事。

扩展 上九居损卦之上，受益至极，无所减损反而受益，其占无咎，然戒以守正方能吉。且利于前往，广得人心而无界限。

☳（震下巽上）益：利有攸往，利涉大川。

释义 宜于前往，宜于渡过大河。

扩展 益，增益之义。内卦本坤，外卦本乾，损外卦乾之初爻，益内卦坤之初爻，自外卦而下于内卦之下，为损上益下，故为益。卦中九五、六二皆中正而相应，占者宜于前往，顺利渡过大河。

初九，利用为大作，元吉，无咎。

释义 利于有大作为，大吉，无灾。

扩展 当损上益下之时，初九居下，受上助益，宜于有大作为而大吉，无灾。

六二，或益之十朋之龟，弗克违，永贞吉。王用享于帝，吉。

释义 有人益之以十朋之龟，不能推辞，恒常守正则大吉。君王祭祀天帝，吉。

扩展 当损上益下之时，六二虚中处下，接受天下的助益，所以说"有人益之以十朋之龟"，两龟为朋，故十朋之龟，为大宝。以此受益而不能推辞，其占为恒常守正则大吉。居下而受上所助益，所以有君王祭祀天帝而得到保佑之象，吉而无害。

六三，益之用凶事，无咎，有孚中行，告公用圭。

释义 用凶事来增益，无灾，有诚信而行中道，告诫王公使用圭玉。

扩展 六三阴柔不中不正，当损上益下之时，唯益之以凶事，令其警戒震动，方能无咎而受益。占者需诚信而行中道，告诫王公祭祀朝聘时使用圭玉行礼以通达诚信。

六四，中行告公从，利用为依迁国。

释义 行中道而告诉王公获得信从，宜于有所倚靠而迁国。

扩展 六四不中，所以爻辞告诫唯有行中道而告于王公，方获得信从，宜于有所倚靠而迁国。

九五，有孚惠心，勿问元吉。有孚惠我德。

释义 有诚信仁惠之心，无须卜问而大吉。天下亦以诚信仁惠回报我，必有所得。

扩展 九五阳刚中正而居尊位，下有六二中正之阴相应，占者有诚信仁惠之心，无须卜问而知其大吉，天下亦以诚信仁惠回报我，必有所得。

上九，莫益之，或击之，立心勿恒，凶。

释义 无人相助，有时被攻击，不可恒久求利，否则凶。

扩展 上九居益之极，求利之心不已，必然会招致仇怨，所以此爻有"无人相助，有时被攻击"之象，告诫占者不可贪心求利，否则必有大祸。

☱（乾下兑上）夬：扬于王庭，孚号，有厉。告自邑，不利即戎，利有攸往。

释义 宣扬于王廷之上，竭诚呼号，有危险。告诫自己封邑内的人，不宜武力，利于前往。

扩展 夬，决之义，五阳决去一阴。以阳决阴，必先阐明其罪行于王廷之上，以诚信呼号众人而聚合众人之力。然而尚有危险，占者不可轻率鲁莽。又应当先治理好自己的城邦，不可专尚武力，如此则利于前往。

初九，壮于前趾，往不胜，为咎。

释义 壮进其脚趾，不胜其力，有咎害。

扩展 当决之时，初九以刚处下，居下而用壮，必然不胜其力，所以此爻有"壮进其脚趾，前往不获胜"之象，其占为有灾害。

九二，惕号，莫夜有戎，勿恤。

释义 警惕号呼，黑夜有敌情，不用担忧。

扩展 当决之时，九二以刚居柔，得中道，故能忧惕号呼而自我戒备，虽然夜晚有兵戎之事，也没有祸患。

九三，壮于頄，有凶。君子夬夬，独行遇雨，若濡有愠，无咎。

释义 刚壮见于面目，有凶。君子果决，独自行走而遇雨，若有濡污而愠怒，无灾。

扩展 当决之时，九三阳刚而过中，是欲决去小人而刚壮见于面目，如是则有凶道。九三在众阳之中，独与上六爻有应，若能果敢而决去之，不心系自己所私爱，虽然独自行走而遇雨（指九三与上六相应，阴阳交合感应则为雨），但若能有濡污而愠怒，最终能决去小人而无灾咎。

九四，臀无肤，其行次且，牵羊悔亡，闻言不信。

释义 臀上的皮肤烂掉，行走蹒跚不稳，牵羊而行则后悔之事消亡，听闻此言而不信。

扩展 当决之时，九四以阳居阴，不中不正，所以有"臀上的皮肤烂掉，行走蹒跚不稳"之象，若能与众阳牵挽而行，则后悔之事消亡。然而九四志在上进，必会听闻此言而不信。

九五，苋陆夬夬，中行无咎。

释义 对马齿苋决而又决，中道而行，没有灾害。

扩展 苋陆，今人称之为马齿苋，曝晒而难干，受阴气较重的植物。九五当决之时，为决之主，而邻近上六之阴，如马齿苋感受阴气之多。若能决而又决，又不过于刚暴，合乎中行，则没有过咎。

上六，无号，终有凶。

释义 无所号呼，终必有凶。

扩展 阴柔小人，居穷极之时，同党已经被消灭，无所号呼，终必有凶。

☰（巽下乾上）姤：女壮，勿用取女。

释义 女子强壮，不能娶此女为妻。

扩展 姤，不期而遇之义。姤卦以一阴而遇五阳，女子德行不正过于强壮之象，娶此女以为配偶，必侵害阳。占者不能娶此女为妻。

初六，系于金柅，贞吉。有攸往，见凶。羸豕孚蹢躅。

释义 系于用坚刚之金所作的刹车物，守正则吉。有所往则凶。母猪浮躁不宁进退不已。

扩展 初六一阴生于下，与九四正应，跟从九四守正道则吉，所以爻辞说"系于用坚刚之金所作的止车之物，守正则吉"。若不能系于九四，有所往则凶，所以爻辞说"母猪浮躁不宁进退不已"。

九二，包有鱼，无咎。不利宾。

释义 厨房里有鱼，无害。不宜出为宾客。

扩展 鱼，水中之物为阴，指初六。九二与初六相遇，为厨房里有鱼之象。初六为己所包畜，为己所制，尚可以无咎。若不加制止而使其出为宾客见于众阳，则有所祸害，所以此爻有"不利宾"之戒。

九三，臀无肤，其行次且，厉，无大咎。

释义 臀上的皮肤烂掉，行走蹒跚不稳，其占为虽然危险，但是没有大灾患。

扩展 九三以刚居刚，过刚不中，下不应初六，上不应上九，居则无法安宁，行走则蹒跚不稳，所以有"臀上的皮肤烂掉，行走蹒跚不稳"之象。既然无所相遇，则亦不会受到阴邪的伤害，所以其占为虽然危险，但是没有大灾患。

九四，包无鱼，起凶。

释义 厨房里无鱼，生起凶事。

扩展 九四与初六正应，然而初六已经与九二相遇而不及于己，所以此爻有"包无鱼"之象。无应而妄动，就会生起凶咎。

九五，以杞包瓜，含章，有陨自天。

释义 以杞柳器盛放瓜，内含章美，自天而降。

扩展 杞，高大坚实的木材；瓜，阴物在地上，甘美的果实。九五阳刚中正，内含章美，遇此爻则有美实自天而降。

上九，姤其角，吝，无咎。

释义 遇其角，致羞吝，无所归咎。

扩展 角，至刚而在最上。上九以刚居姤之极，高亢而刚极，以此相遇，必有吝道。非他人之过，乃自己所致，故无所归咎于人。

䷬（坤下兑上）萃：亨，王假有庙。利见大人，亨，利贞。用大牲吉，利有攸往。

释义 亨通，王公至于宗庙。宜见大人，亨通，宜守正，必用大牲方能吉，占者宜前往。

扩展 萃，聚集之义。坤下兑上，众顺而悦，萃聚之义。又为泽上于地，水聚集于地上之象，亦为萃。遇此卦亨通，王公至于宗庙。当萃聚之时，必见大人而后可以亨通，又宜守正。萃聚之时，必用大牲方能吉，占者宜前往。

初六，有孚不终，乃乱乃萃，若号，一握为笑，勿恤，往无咎。

释义 虽有诚心而不能坚守，迷乱而聚合，若号呼，虽为众人所笑，但无须担忧，前往无灾。

扩展 初六上应九四，而被六二、六三所间隔，当萃聚之时，虽有诚心上应九四而不能坚守，所以心志迷乱而妄自结交六二、六三。若号呼以求九四之正应，虽为众人所笑，但无须担忧，前往与九四相应则没有过失。

六二，引吉，无咎，孚乃利用禴。

释义 牵引则吉，无灾。至诚之心宜于祭祀。

扩展 当萃聚之时，六二体柔当位，处坤之中，上下二爻皆不正而己独处正，必得九五刚健中正之爻以相牵引，然后才能吉而无咎。占者有至诚之心，宜于祭祀。夏时祭祀称禴。

六三，萃如嗟如，无攸利，往无咎，小吝。

释义 当萃之时，嗟叹埋怨，无所利。前往可以无咎，小有羞耻。

扩展 六三阴柔不中不正，上无所应，当萃之时，欲求萃而不得，所以嗟叹埋怨而无所利。唯有往从上六，可以无咎。然而无萃而往，上应阴极无位之爻，必小有羞耻。

九四，大吉，无咎。

释义 大吉然后无咎。

扩展 当萃聚之时，九四上则亲比九五，下则亲比众阴，虽有所萃聚，但是以阳居阴而不当位，所以告诫占者必大吉然后无咎。

九五，萃有位，无咎，匪孚，元永贞，悔亡。

释义 萃时居尊位，无灾，若无诚信，当修恒久守正之德，然后悔之事消失。

扩展 九五阳刚中正，当萃之时而居尊位，故无咎，如果尚有未能尽其诚信之处，则当修恒久守正之德，然后后悔之事消失。

上六，赍咨涕洟，无咎。

释义 嗟叹痛哭，无灾。

扩展 处萃之终，阴柔无位，求萃而不得，所以嗟叹以至痛哭不已，忧惧如此则无咎。

䷭（巽下坤上）升：元亨，用见大人，勿恤。南征吉。

释义 一开始就亨通，宜见大人，无须担心，向南出征吉。

扩展 升，上升、前进之义。内巽外顺，九二刚中而六五应之，占遇此卦，大亨，宜于见大人，无须担心，向南前进吉。

初六，允升，大吉。

释义 确信能上升，大吉。

扩展 初六柔顺居下，为巽之主。当升之时，巽顺于二阳，占者如是，确信能上升而大吉。

九二，孚乃利用禴，无咎。

释义 有诚信宜于夏祭，无灾。

扩展 当上升之时，九二刚中而六五应之，占者有至诚之心，虽然祭祀的礼物省薄，也无灾祸。

九三，升虚邑。

释义 上升如进入无人之城邦。

扩展 阳实阴虚，坤有国土之象。九三以阳刚处上升之时而进临于坤，其象为上升如进入无人之城邦，前进没有任何阻碍。

六四，王用亨于岐山，吉，无咎。

释义 大王登进于岐山祭祀神灵，其占为吉而无咎。

扩展 六四以柔居柔，处于坤顺之下，当升之时，以顺而升，所以其象为大王登进岐山祭祀神灵，其占为吉而无咎。

六五，贞吉，升阶。

释义 守正则吉，登阶而上。

扩展 六五以阴居阳，当升之时而居尊位，占问者必守正不移，则得吉而一路上升。

上六，冥升，利于不息之贞。

释义 昏昏然上升不已，宜于坚持正道而不停止。

扩展 上六以阴居升极，昏冥于上升不已之象，占遇此爻，宜于坚持正道而不停止。

☰（坎下兑上）**困：亨。贞大人吉，无咎。有言不信。**

释义 亨通。守正道的大人吉，无灾。出言而人不相信。

扩展 困，穷困而不能自振之义。坎下兑上，坎刚为兑柔所掩，九二一阳为上下二阴所掩，九四、九五为上六所掩，所以为困。坎为险，兑为悦，处险而悦，虽困而亨。九二、九五刚中，有大人之象，占遇此卦，唯守正道的大人吉而无咎。穷困之时应当晦默寡言，多言不能取信于人。

初六，臀困于株木，入于幽谷，三岁不觌。

释义 臀困于株木，入于幽深的山谷，三年不得出来。

扩展 初六以阴柔处坎险之底，黑暗幽深之至，所以此爻有臀困于株木，入于幽深的山谷中，三年不得出来之象。占遇此爻，身陷困境。

九二，困于酒食，朱绂方来，利用享祀，征凶，无咎。

释义 困于酒食宴乐之间，红色祭服刚刚送来，宜于享祀，出征凶，但无灾。

扩展 九二有刚中之德，困于酒食宴享之间，上有九五之君应之，九二应致其诚敬，宜行享祀，困顿之时，出征凶，但无灾祸。

六三，困于石，据于蒺藜，入于其宫，不见其妻，凶。

释义 困于坚硬之石，乘于荆棘之上，进入宫室，却见不到妻子，凶。

扩展 处困顿之际，六三阴柔不中不正，下则困于九四，上则乘九二之刚中，所以此爻有"困于九四坚硬之石，乘于九二荆棘之上，不能与上六相见"之象，占者凶。

九四，来徐徐，困于金车，吝，有终。

释义 缓缓而来，被困于金车，有小灾，最终结果好。

扩展 九四与初六相应，然而九四不当位，不能济物，初六困于九二之下，所以有缓缓而来，被困于金车之象，占遇此爻有小灾，但九四与初六正应，最终结果好。

九五，劓刖，困于赤绂，乃徐有说，利用祭祀。

释义 割鼻断足，困于红色的祭服，迟久而有喜悦，宜于祭祀。

扩展 劓，割鼻之刑；刖，截足之刑。处困之时，九五以刚居刚，任其壮猛，行其威刑，如此则上下受其所伤，虽有赤绂却无所用，反受其困。若九五能用其中直而以悦为体，则迟久而有喜悦，利于行祭祀，至诚则获福。

上六，困于葛藟，于臲卼，曰动悔，有悔，征吉。

释义 困窘于葛藟之中，惶恐不安，动则有悔，能有所后悔，出征则吉。

扩展 葛藟，缠绕之草。臲卼，惶恐不安之貌。上六以阴柔处困之极，所以有"困于葛藟，于臲卼，动则有悔"之象。然而穷极则变，困极则通，故其占为能悔则前行吉。

☷☴（巽下坎上）井：改邑不改井，无丧无得，往来井井，汔至亦未繘井，羸其瓶，凶。

释义 城市可迁移井却不会迁移，无所失亦无所得。来来往往的人都从井中汲水。汲水几乎要成功了，水却最终未出，与没有用绳汲取井水相同，装水的瓶子毁败，凶。

扩展 井，掘地出水之处。坎水在上，巽木在下，又巽为入，以木入水而又上水，井之象。城市可以迁移却不迁改其所，井能够守常而不改，所以无所丧失亦无所获得。来来往往的人，都从井中汲水。汲水几乎要成功，但是水最终未出，与没有用绳汲取井水相同，装水的瓶子毁败，其占为几成而失败，凶。

初六，井泥不食，旧井无禽。

释义 井中有污泥不可食用，旧井连禽鸟也不光顾。

扩展 井卦以阳刚为泉，以出水为功。初六以阴居下，所以爻辞说井无泉水而有污泥，人不能食用，连禽鸟也不光顾。

九二，井谷射鲋，瓮敝漏。

释义 井水下流注入井泥中之微物，装水的陶器破漏。

扩展 九二刚中，有泉之象，但上无正应，下比于初六，功不能上行，所以有井水下流注入井泥中之微物，装水的陶器破漏之象。

九三，井渫不食，为我心恻，可用汲。王明并受其福。

释义 井水除去泥污却无人食用，我为之悲伤。可以汲水，大王英明，上下都受其福泽。

扩展 九三以阳居阳，在下之上，有井水除去泥污可以食用却无人食用之象，所以我为之悲伤。如果汲而食之，则上下并受其福。

六四，井甃，无咎。

释义 修治井，无灾。

扩展 以阴居阴，虽得其正，然而阴柔无泉，若能修治井，虽然没有济物之功，可以无咎。

九五，井冽寒泉，食。

释义 井水清冽，冰凉的井水可供食用。

扩展 九五阳刚中正，功劳及于物，所以有井水甘洁清冽，可供食用之象。

上六，井收勿幕，有孚元吉。

释义 汲水后不覆盖井口，必有其常而大吉。

扩展 井以出水为功，上六坎口而不掩，所以有汲水而不覆盖井口，常出水而无穷之象，占者必有其常而大吉。

䷰（离下兑上）革：巳日乃孚，元亨，利贞。悔亡。

释义 至于巳日相信，一开始就亨通，宜守正，后悔之事消失。

扩展 革，变革之义。兑泽在上，离火在下，火燃则水干，水决则火灭，故为革。又兑为少女，离为中女，少上而中下，二女心志不相得，故为革。变革之初，人不信之，必待到巳日，然后相信。又革卦内文明而外和悦，占遇此卦，开始就亨通，宜守正，如此则所革之事悔亡。

初九，巩用黄牛之革。

释义 用黄牛的皮来固定物品。

扩展 初九位于一卦之下，上无正应，虽当变革之时，不可有所作为，故此爻有用黄牛的皮固定物品之象，占者当坚定固守，不可以有为。

六二，巳日乃革之，征吉，无咎。

释义 巳日方能变革，出征吉利，无灾祸。

扩展　六二柔顺中正，居离卦之中而为文明之主，上有九五与之相应，可以变革。然而必须等到巳日方能变革，此时前行吉利，无灾祸。

九三，征凶，贞厉。革言三就，有孚。

释义　出征凶，占问凶险。若能审察变革之言以至于三次都一致，说明有诚心。

扩展　九三以刚居刚，过刚而不中，有躁动前进之象。占者以此变革，出征有凶，占之凶险。然而当变革之时，若能审察变革之言以至于三次都一致，说明有诚信而可以更革。

九四，悔亡，有孚，改命吉。

释义　后悔之事消失，守信诚实，改天命吉。

扩展　九四以阳居阴，本当有悔，然而处于水火相交之际，变革之时，占者能刚柔不偏，则后悔之事消失，然而必须守信诚实，然后可以变革而获吉。

九五，大人虎变，未占有孚。

释义　大人变革如老虎有文采，无须占筮就知其有诚心。

扩展　九五阳刚中正而居尊位，为变革之主，所以此爻有大人变革如老虎有文采，无须占筮就知其可以信任。

上六，君子豹变，小人革面，征凶，居贞吉。

释义　君子变革如豹之彬蔚，小人洗心革面，出征凶，居正吉。

扩展　上六革道已成，所以良善之君子变革如豹之彬蔚，小人也能洗心革面以听从教令。然而上六居变革之极，所以又戒之不可以过，阴柔不可以出征，唯居正则吉。

☲（巽下离上）鼎：元吉，亨。

释义 大吉，亨通。

扩展 鼎，烹饪之器。初阴为足，二、三、四阳为腹，五阴为耳，最上一阳为铉，即横贯鼎耳以举鼎的器具。又以巽木入离火而烹饪，为鼎之用，故其卦为鼎。鼎内卦巽为顺，外卦离为目，五阴为耳，有内巽顺而外聪明之象，又六五之阴下应九二之阳，所以占遇此卦，大吉而亨通。

初六，鼎颠趾，利出否。得妾以其子，无咎。

释义 鼎足颠倒，利于倾倒鼎中败坏食物。娶小妾而得以有子，无灾祸。

扩展 初六居鼎之下，为鼎趾之象。上应九四则鼎趾向上而鼎倾覆，如此则利于倾倒鼎中旧有的败坏食物。娶小妾而得以有子。因倾败而有功，因低贱而至于高贵，所以其占无咎。

九二，鼎有实，我仇有疾，不我能即，吉。

释义 鼎中有食。我仇有病，不能与我接近，吉。

扩展 九二以刚居中，鼎中有食之象。我仇，指初六。初六亲比九二，阴求阳为不正，相陷于恶而为仇。九二以刚中自守，初六不能与我相近，吉。

九三，鼎耳革，其行塞。雉膏不食，方雨，亏悔，终吉。

释义 鼎耳变革，不能举起。虽有雉膏之美，不为人所食。天正下雨，无所后悔，最终吉。

扩展 九三以阳居于鼎腹之中，本有珍馔。然而以刚处刚，过刚不中，又居下卦之上，为变革之时，所以有鼎耳正值变革，不能举起之象。虽上承离卦文明之腴，有雉膏之美，但不得为人所食。不过九三以阳居阳而得正，若能自守，则阴阳交和而无所后悔，最终吉利。

九四，鼎折足，覆公餗其形渥，凶。

释义 鼎足折断，鼎中珍馐倾覆，流散沾濡，其占凶。

扩展 九四居上，本有重任，然而下应初六之阴，如此则不胜其任，所以有鼎足折断，鼎中珍馐倾覆，流散沾濡之象，其占为凶。

六五，鼎黄耳，金铉，利贞。

释义 鼎有黄耳，用坚刚之金横贯鼎耳以举鼎，宜守正。

扩展 六五有耳之象，虚中以应九二之坚刚，所以爻辞说鼎黄耳，用坚刚之金横贯鼎耳以举鼎。六五以阴居阳，失位，戒占者宜守正。

上九，鼎玉铉，大吉，无不利。

释义 鼎有玉铉，占者大吉而无不利。

扩展 鼎上爻有铉之象，上九以阳居阴，刚而能温，所以有玉铉之象。占者有此德，则大吉而无不利。

☳（震下震上）震：亨。震来虩虩，笑言哑哑。震惊百里，不丧匕鬯。

释义 亨通。震雷来时令人惊恐四顾，过后又谈笑自如。雷声惊及百里，主持宗庙祭祀的长子不失落取食的器具和祭祀用的香酒。

扩展 震，动之义。一阳生于二阴之下，震而动，其象为雷、为长子。占遇此卦，有亨通之道。震雷来时令人惊恐四顾，过后又谈笑自如。雷声震动，惊及百里之远，而主持宗庙祭祀的长子，不会失落取食的器具和祭祀用的香酒。

初九，震来虩虩，后笑言哑哑，吉。

释义 震雷来时惊恐四顾，过后又谈笑自如，吉。

扩展 处震之初，为震之主，当雷电到来之时，惊恐四顾，过后又谈笑自如，吉。

六二，震来厉，亿丧贝，跻于九陵，勿逐，七日得。

释义 雷电来时危险，臆测会丧失财帛，升至九陵之高，不要追赶，七天后自然复得。

扩展 初九为震主，六二乘初九之上，雷电来临时有危险，臆测会丧失财帛，于是升至九陵之高。六二中正自守，当震雷到来时能远离以避祸，不去追赶，所以七日后自然复得。

六三，震苏苏，震行无眚。

释义 震雷来时苏苏发抖，雷电中行走无灾祸。

扩展 以阴居阳，当震雷来临时居处不正，所以有苏苏发抖，神气缓散自失之貌。因惊惧而行则没有灾祸。

九四，震遂泥。

释义 雷电坠入泥中。

扩展 居震动之时，九四以刚处柔，失其刚健之道，又陷入六三、六五二阴之间，不能自震，所以此爻有滞溺之象。

六五，震往来厉，亿无丧，有事。

释义 打雷时往来皆有危险，臆测不会丧失，有事情将要发生。

扩展 以阴居阳而处震动之时，往来皆有危险，不过六五守中，臆测不会有所失而处事情不失中道。

上六，震索索，视矍矍，征凶。震不于其躬，于其邻，无咎。婚媾有言。

释义 打雷时恐惧颤抖、惊惶四顾，出征则凶。震雷不击其身而击中邻人，无灾，但在婚姻上有怨咎之言。

扩展 以阴柔处震动之极，所以此爻有恐惧颤抖、惊惶四顾之象，出征有凶。震雷不击其身而击中邻人，无灾，但在婚姻上有怨咎之言。

☶（艮下艮上）艮其背，不获其身；行其庭，不见其人，无咎。

释义 止其背，不获其身；行走在庭院中，却见不到其人，无灾。

扩展 艮，止之义。一阳止于二阴之上，阴自下升，至于上而止，故为艮。又艮为山，山体安静，又能止物，亦为艮。人之一身，背为静止之物。艮其背，止于其所当止，是以不获其身；如此，虽行走于庭除有人之地，而不见其人。占者能止其所当止，则没有过错。

初六，艮其趾，无咎，利永贞。

释义 脚趾止而不动，无灾，宜恒久守正。

扩展 以阴柔居艮初，为止于脚趾之象，占者无灾祸。然而初六阴柔，故又戒以必须恒久守正，方能无咎。

六二，艮其腓，不拯其随，其心不快。

释义 腿肚子止而不动，不能前往拯举其所随，心里不痛快。

扩展 艮初为脚趾，二为腿肚子，三为腰胯。六二居中得正，为止于腿肚子之象。九三过刚不中而止于上，六二虽中正但阴性柔弱，不能前往拯举九三，所以心里不痛快。

九三，艮其限，列其夤，厉薰心。

释义 腰胯止而不动，分裂其夹脊肉，十分危险，焦虑不安。

扩展 九三过刚不中，居上下之际，所以有止于腰胯之象。如此则身体不能屈伸而上下身如判隔，如分裂其夹脊肉，占遇此爻，十分危险，内心焦虑不安。

六四，艮其身，无咎。

释义 身体止而不动，无灾。

扩展 六四以阴居阴，时止则止，不妄动，故为"止其身"之象，占者如是则无咎。

六五，艮其辅，言有序，悔亡。

释义 面颊止而不动，言语有次序，后悔之事消失。

扩展 六五居上为面颊，故为止于面颊之象。六五居中，言语中节有次序。以阴居阳，占者虽先有悔，后消亡。

上九，敦艮，吉。

释义 敦厚于止，吉。

扩展 以阳刚居艮止之极而成艮之主，为敦厚于止之象，占者吉。

☶☴（艮下巽上）渐：女归吉。利贞。

释义 女子出嫁吉，宜守正。

扩展 渐，渐进之义。艮下巽上，止于下而巽顺乎上，不急于前进之义，有女子出嫁之象。自二爻以至于五爻皆得正，故其占为女子出嫁吉，又戒以必须守正。

初六，鸿渐于干，小子厉，有言无咎。

释义 鸿雁行至河岸，小人幼子有危险，遭人责备，无灾。

扩展 鸿，大雁类水鸟。初、二、三、四、五、上，分别取干、磐、陆、木、陵为象，水鸟前行循序渐进之义。初六始进于下，未能安其所处，又上无正应，所以此爻有鸿雁行至水草交接的岸边之象，其占为小人幼子有危险，遭人责备，但是于理义没有过失。

六二，鸿渐于磐，饮食衎衎，吉。

释义 鸿雁渐行至大石上，饮食和乐安裕，吉。

扩展 六二柔顺中正，上有九五与之相应，所以此爻有鸿雁渐行至河边的大石之上，饮食和乐安裕之象，其占吉。

九三，鸿渐于陆，夫征不复，妇孕不育，凶。利御寇。

释义 鸿雁渐行至陆地，其占为丈夫出征回不来，妇人怀孕却不生育，凶险之至。宜于抵御外敌。

扩展 九三以刚居刚，过刚而不中，又上无正应，所以有鸿雁渐行至陆地之象。陆地非水鸟所居之处，故其占为丈夫出征回不来，妇人怀孕却不生育，凶险之至。九三过刚而能守正，用于抵御外敌则有利。

六四，鸿渐于木，或得其桷，无咎。

释义 鸿雁栖息于树木之上，或能得横平的树枝以用作建造房屋的椽子，无灾。

扩展 六四承九五之刚而居巽顺之体，故为水鸟栖息于树木之上，或能得横平的树枝以用作建造房屋的椽子之象，占者如是则没有灾祸。

九五，鸿渐于陵，妇三岁不孕，终莫之胜，吉。

释义 鸿雁行至大土山之上，妇人三年不孕，但最终能与丈夫相合而有孕，吉。

扩展 九五阳刚中正以居尊位，虽有六二与之正应，但为九三、六四所间隔，九五最终战胜九三、六四而与六二正应。所以此爻有鸿雁行至大土山之上，妇人三年不孕，但最终能与丈夫相合而有孕之象，占者如是则吉。

上九，鸿渐于陆，其羽可用为仪，吉。

释义 鸿雁飞至云空，羽毛可以用作仪饰，吉。

扩展 上九至高而居巽顺之体，故有水鸟飞至云空，羽毛可以用作仪饰之象，占者吉。

☳（兑下震上）归妹：征凶，无攸利。

释义 出行凶，没有任何好处。

扩展 归妹，少女出嫁之义。兑，少女；震，长男。少女而从长男，其情又悦而动，二者皆不正，故为归妹卦。自第二爻以至第五爻皆不正，六三、六五又都以柔乘刚，故占遇此卦，出行凶，没有任何益处。

初九，归妹以娣，跛能履，征吉。

释义 少女出嫁，妹妹从嫁，瘸腿而能行，前行吉。

扩展 古代姐妹共嫁一夫，长为娣，幼为娣。初九居下，上无正应，故为娣象。初九阳刚，在女子为品德贤良，因身份低贱，仅能够辅助夫君，所以有瘸腿而能行之象，其占为前行吉。

九二，眇能视，利幽人之贞。

释义 视力不明但能看，宜于守正的幽居之人。

扩展 九二阳刚得中，在女子为品德贤良。虽有正应，但六五阴柔不正，女子贤良但所配的丈夫不正，辅助丈夫之功不能大行，所以此爻为视力不明但能看，其占为宜于守正的幽居之人。

六三，归妹以须，反归以娣。

释义 少女出嫁延期，折返为娣。

扩展 六三阴柔不中正，又为兑悦之主，女子品行不端正，所以无人迎娶。少女出嫁尚需等待，没有归处，折返为娣。

九四，归妹愆期，迟归有时。

释义 少女出嫁推延日期，以待适时出嫁。

扩展 九四居上体而无正应，贤良女子不肯轻易从人，推延日期以适时出嫁。

六五，帝乙归妹，其君之袂不如其娣之袂良，月几望，吉。

释义 帝乙下嫁其女，姐姐的服饰反不如妹妹的服饰华美，如月处于几望而不至于盈满，吉。

扩展 六五柔中居尊，下应九二，女子尚德而不尚修饰，帝乙下嫁其女，姐姐的服饰反不如妹妹的服饰华美，如月处几望而不至于盈满，谦逊顺从如是，其占为吉。

上六，女承筐无实，士刲羊无血，无攸利。

释义 女子奉上礼品却筐子空空，男子杀羊却不流血，无任何好处。

扩展 上六以阴柔居归妹之终而无应，婚约而不有终，其象为祭祀时女子奉上礼品却筐子空空，男子杀羊却不流血，占者无任何好处。

☲☳（离下震上）丰：亨，王假之，勿忧，宜日中。

释义 亨通，王公至此，无须担忧，宜正午。

扩展 丰，盛大之义。明而动，盛大之势，其占亨通。王者至此盛大之时，宜如日中之盛大光明，然后可以无忧。

初九，遇其配主，虽旬无咎，往有尚。

释义 遇见与之相配的人，虽然均等却无灾，前往有嘉奖。

扩展 配主，指九四。旬，均也，指初九、九四皆为阳。当丰大之时，初九之明与九四之震相资，所以初九、九四相遇，虽然皆为阳而可以无咎，前往有奖赏。

六二，丰其蔀，日中见斗，往得疑疾，有孚发若，吉。

释义 丰大覆盖于棚架之上以遮蔽阳光的草席，日头当午看见星星，前往反被猜疑，有诚意以感发，吉。

扩展 当丰之时，六二为离之主，至明之象，却上应六五之柔暗，所以此爻有"丰大覆盖于棚架之上以遮蔽阳光的草席，日头正当午而看见星星"之象，往从六五，反被猜疑，唯有积其诚意以感发之，则吉。

九三，丰其沛。日中见沫，折其右肱，无咎。

释义 丰大幡幔。日头正当午看见微弱的星星，右胳膊折断，无灾。

扩展 当丰之时，九三处离明之极而应上六之阴，故此爻有丰大幡幔之象，其遮蔽程度更甚于蔀，日头正当午却看见微弱的星星，右胳膊折断以至于不可用，无所用故也无咎。

九四，丰其蔀，日中见斗，遇其夷主，吉。

释义 丰大覆盖于棚架之上以遮蔽阳光的草席，日头当午看见星星，遇见同辈人，吉。

扩展 当丰之时，九四阳刚而处阴，故此爻有"丰大覆盖于棚架之上以遮蔽阳光的草席，日头正当午而看见星星"之象，然九四与初九同德相遇，故其占为吉。

六五，来章，有庆誉，吉。

释义 文明到来，人们庆祝赞美，吉。

扩展 六五阴柔而居尊位，若能以中德招致天下文明，将有庆誉而吉。

上六，丰其屋，蔀其家，窥其户，阒其无人，三岁不觌，凶。

释义 丰大房屋，阴影遮蔽了家，窥视其门，寂静无人，至于三年都不见有人，凶。

扩展 上六以阴柔居丰之极，处震动之终，有丰大至极反至昏暗之义，故此爻取象为丰大房屋，阴影遮蔽了家，窥视其门，寂静无人，以至于三年都不见有人，其占为凶。

䷷（艮下离上）旅：小亨，旅贞吉。

释义 小有亨通，守正吉。

扩展 旅,旅居于外之义。艮止在下,离火炎上,去其所止而往外之象,故为旅。六五得中于外,顺乎九四、上九二阳,止而丽乎明,故其占为小有亨通,守正则吉。

初六,旅琐琐,斯其所取灾。

释义 旅行时猥琐卑贱,所以自取灾咎。

扩展 当旅之行,初六以阴柔居一卦之下,故其象为旅时猥琐低微,自取灾咎。

六二,旅即次,怀其资,得童仆贞。

释义 旅行时有居所,怀藏着财物,跟随的童仆正直。

扩展 当旅之时,六二有柔顺中正之德,所以其象为有居所保其平安,怀藏着财物,跟随的童仆正直可信。

九三,旅焚其次,丧其童仆,贞厉。

释义 旅行时居所失火,失去童仆,危险。

扩展 九三以刚处刚,且居下体之上,过刚而不中,自视甚高若此,所以爻辞取象为旅行时居所失火,失去童仆,占问结果危险。

九四,旅于处,得其资斧,我心不快。

释义 旅行到达居所,得到货财之资,我的心里却不畅快。

扩展 九四以阳居阴,处上卦之下,柔而能下,故其象为旅行到达居所,得到货财之资。然而九四居不当位,上无阳刚相助,下则唯有初六阴柔相应,故其心不畅快。

六五,射雉,一矢亡,终以誉命。

释义 射野鸡,失掉一支箭,最终有好的名声福禄。

扩展 雉,离卦所取之象,文明之物。六五柔顺而文明,又得中道,为离卦之主,所以此爻有射雉之象。虽然失掉一支弓箭,然而所丧不多,最终有好的名声福禄。

上九，鸟焚其巢，旅人先笑后号啕。丧牛于易，凶。

释义 鸟巢被焚烧，旅人开始高兴后来大声啼哭。因轻慢而丢掉牛，凶。

扩展 上九过刚，处旅卦之上，离明之极。骄傲而不柔顺，故其象为鸟巢被焚烧，旅人开始高兴其后大声啼哭。因轻慢而丢掉牛，其占凶。

☴（巽下巽上）巽：小亨，利有攸往，利见大人。

释义 小有亨通，宜前往，宜见大人。

扩展 巽，入、顺之义。一阴伏于二阳之下，其性巽以入，其象为风。阴主于内，故其占为小有亨通。以一阴顺从二阳，故又利于前往，然而一定要见大人才有利。

初六，进退，利武人之贞。

释义 进退犹疑，宜于武人守正。

扩展 以阴柔居巽顺之下，又为巽主，所以有进退犹疑之象，如果以武人之正道处之，则能济其阴柔而得利。

九二，巽在床下，用史巫纷若，吉，无咎。

释义 入于床下，使用祝史、巫觋纷纷为之祈福驱邪，吉，无灾。

扩展 九二以阳处阴而居下，过于巽顺，所以此爻有入于床下之象。又九二居中不偏，用祝史、巫觋尽其诚意以行祭祀，故其占吉而无咎。

九三，频巽，吝。

释义 频繁地巽顺，羞吝。

扩展 九三以刚处刚，过刚而不中，又居下卦之上，非能巽顺者也，虽然屡次勉强以行巽，终究失败，其占吝。

六四，悔亡，田获三品。

释义 后悔之事消失，田猎将获得三种猎物。

扩展 六四阴柔，下无正应，又上乘九三之刚，本宜有悔，然而以阴处阴而得位，故得悔亡，若打猎，将获得三种猎物，即干豆、宾客、充庖。

九五，贞吉，悔亡，无不利，无初有终。先庚三日，后庚三日，吉。

释义 守正则吉，后悔之事消失，无所不利，开始有悔结果好。先庚三日为丁日，后庚三日为癸日，吉。

扩展 九五刚健中正而居巽体，本宜有悔，以其中正，得吉而悔亡，无所不利，虽然开始有悔最终悔亡。庚，变更之义。天干十，先庚三日为丁，后庚三日为癸。丁，叮咛于变化之前；癸，揆度于变化之后。有变更而能如此，其占吉。

上九，巽在床下，丧其资斧，贞凶。

释义 入于床下，丧失货财之资，占问凶。

扩展 居巽顺之极，故其象为入于床下。虽有阳刚之才，然而丧失其刚断，占问结果凶。

☱（兑下兑上）兑：亨，利贞。

释义 亨通，宜守正。

扩展 兑，悦之义。一阴进乎二阳之上，喜悦之情见于外。其象为泽，泽水滋润万物，为万物所悦见。占遇此卦，有亨道，宜守正。

初九，和兑，吉。

释义 和顺以处悦，吉。

扩展 阳爻居兑悦之体而处最下，上无系应，谦逊不卑、无所偏私，故其象为和顺以处悦，其占吉。

九二，孚兑，吉，悔亡。

释义 诚信以处悦，吉而悔亡。

扩展 以阳居阴宜有悔，然而九二有刚中之德，故其象为诚信以处悦，占者吉而悔亡。

六三，来兑，凶。

释义 来求悦，凶。

扩展 阴柔不中不正，为兑之主。上无所应，反来就下二阳以求兑悦，凶之道。

九四，商兑未宁，介疾有喜。

释义 所悦不定而商讨，介然守正疾恶柔邪则有喜。

扩展 九四上承九五之中正，下比六三之柔邪，所悦不定故而商讨，然九四性本阳刚，能介然守正而疾恶柔邪，如此则有喜。

九五，孚于剥，有厉。

释义 信从剥，有危险。

扩展 九五阳刚中正而居尊位，当悦之时亲密上六，上六阴柔，为悦之主，处悦之极，是能剥阳者也，故其象为信从于上六之阴，其占危险。

上六，引兑。

释义 牵引为悦。

扩展 上六悦之主，以阴居兑悦之极，牵引下二阳相与为悦，其心志必不能实现。

☵（坎下巽上）涣：亨，王假有庙。利涉大川，利贞。

释义 亨通，君王至于宗庙。宜于渡大河，宜守正。

扩展　涣，离散之义。下坎上巽，风行水上，离披解散之象，故为涣。阳自四来，居二而得中，阴自二往，居四而上同九五，故其占为亨，君王至宗庙祭祀以聚合人心。又巽木坎水，舟楫之象，其占为利于涉大河，又戒宜守正。

初六，用拯马壮，吉。

释义　用壮马拯救，吉。

扩展　居涣散之始，始散而救之，用力容易，又有壮马，故其占为吉。马，程颐认为指九二，二有刚中之才，初六能顺乎九二，如得壮马以致远。[①]

九二，涣奔其机，悔亡。

释义　离散时奔向几案，后悔之事消失。

扩展　九来居二，不当位宜有悔，然而当涣散之时，刚来而居中，所以后悔消失。机，几案，为人所俯凭。二为机。

六三，涣其躬，无悔。

释义　涣散其私心，无悔。

扩展　六三阴柔不中正，有私己之象。然而六三居得阳位，志在于济时，所以能涣散其私而无悔。

六四，涣其群，元吉。涣有丘，匪夷所思。

释义　离散其群党，大吉。离散时使聚合若土堆，非常人思虑所能达到。

扩展　六四得正，上承九五，有救济离散之任。居四无应，有能离散其群党之象，占者如是，则大善而吉。又能散其小群以成大群，使所散者聚合若土堆，此非常人思虑所能达到。

[①] 见程颐撰，王孝鱼点校：《周易程氏传》，中华书局 2011 年版，第 336 页。

九五，涣汗其大号，涣王居，无咎。

释义 大声呼号，汗出而不返，居王者之位而无咎。

扩展 阳刚中正以居尊位，当涣之时，能散其号令，使如汗之出而不返，如是可以济天下之涣，居王者之位而无咎。

上九，涣其血去，逖出，无咎。

释义 血去而警戒解除，无灾。

扩展 阳刚居涣散之极，能出离涣散之地，血去而警戒解除，其占无灾。

䷻（兑下坎上）节：亨。苦节，不可贞。

释义 亨通，太过则苦，不可以固守。

扩展 节，限而止之义。下兑为泽，上坎为水，泽上有水，其容有限，故为节。又卦体阴阳各半，亦为节。占者遇此卦，有亨道，然而太过则苦，不可以固守。

初九，不出户庭，无咎。

释义 不出户外之庭，无灾。

扩展 居节之初而阳刚得正，能谨守至于不出户外之庭，则其占无咎。

九二，不出门庭，凶。

释义 不出门内之庭，凶。

扩展 以刚处柔而不正，且与九五无应，故有不出门内之庭之象，知节而不知通，凶。

六三，不节若，则嗟若，无咎。

释义 不节俭，于是叹息忧伤，无所归咎。

扩展 阴柔而不中正，当节之时而不能节，故叹息忧伤，无所归咎。

六四，安节，亨。

释义 自然节俭，亨通。

扩展 柔顺得正，上承九五，自然有节，其占亨。

九五，甘节，吉，往有尚。

释义 以节俭为美，吉，往则有嘉奖。

扩展 当节之时，阳刚中正而处尊位，以节俭为美，占者吉，往则有嘉奖。

上六，苦节，贞凶，悔亡。

释义 苦于节俭，固守则凶，后悔则凶亡。

扩展 居节之极，故为苦节，如果固守则凶，知后悔则凶亡。

䷼（兑下巽上）中孚：豚鱼吉，利涉大川，利贞。

释义 豚鱼吉，宜于渡越大河，宜守正。

扩展 中孚，诚信之义。二阴在内，四阳在外，九二、九五二阳居中。以一卦言之，二阴在内为中虚；以上、下二体言之，九二、九五阳刚居中为中实。中虚则虚心接受，中实则待人以信，皆为诚信之象。又兑下巽上，下悦以应上，亦为诚信之象。至信而能感动豚鱼，则吉，又木在泽上，有舟楫之象，故利于涉大川，戒占者宜守正。

初九，虞吉，有它不燕。

释义 忧虑则吉，有意外，不能安宁。

扩展 当中孚之初，上应六四，能忧思六四之可信而信之则吉。若心志不定，则不安宁。

九二，鸣鹤在阴，其子和之。我有好爵，吾与尔靡之。

释义 鹤鸣于树荫，其子相应和，好的酒器为我所有，我与你共同享用。

扩展 阳刚为实而居阴，九五亦以刚实相应，故此爻有鹤鸣于树荫，其子相应和，好的酒器为我所有，我与你共同享用之象。指美好的品德为我所有，而你也心中向往。虽不言吉凶，其吉可知。

六三，得敌，或鼓或罢，或泣或歌。

释义 遇见敌人，或张鼓、或罢鼓、或悲泣、或歌乐。

扩展 敌，指上九，诚信之穷极者也。六三阴柔不中正，居兑悦之极与上有应，故不能自主，或张鼓、或罢鼓、或悲泣、或歌乐，动息忧乐皆系于外。

六四，月几望，马匹亡，无咎。

释义 月接近十五日，马匹丧失，无灾。

扩展 六四居阴得正，近于九五至尊之位，故为"月几望"之象。马匹，指初九与六四为匹，六四决去初九以信于九五，故为"马匹亡"之象。占者如是则无灾。

九五，有孚挛如，无咎。

释义 以诚信相维系，无灾。

扩展 九五刚健中正而居尊位，为孚之主，下应九二之刚，以诚信维系九二，故其占无咎。

上九，翰音登于天，贞凶。

释义 鸡叫之声登闻于天，其占凶。

扩展 上九居中孚之极，故为鸡叫之声登闻于天之象，鸡非登天之物而登天，顽固而不知变通，故其占凶。

䷽（艮下震上）小过：亨，利贞。可小事，不可大事。飞鸟遗之音，不宜上，宜下，大吉。

释义 亨通，宜于守正。可以从事小事，不可以从事大事。飞鸟过后遗音尚在，不宜上，宜下，大吉。

扩展 小过，阴有所过之义。四阴在外，二阳在内，阴多于阳，小者过也。占者遇小过，有亨道，然必利于守正。二、五两爻皆柔而得中，故可以从事小事，三、四两爻皆刚而不中，故不可以从事大事。卦体内实外虚，如飞鸟之象，其声下而不上，也是不可从事大事之类。

初六，飞鸟以凶。

释义 飞鸟遗音，凶。

扩展 初六阴柔，上应九四，居小过之时而上行，宜下而不宜上，所以其占凶。

六二，过其祖，遇其妣，不及其君，遇其臣，无咎。

释义 越过其祖父，遇见其祖母，见不到君王，与臣仆相遇，无灾。

扩展 三为父，四在三上为祖父，二、五为相应之位，六二有柔中之德，不从三、四，故过四而遇五，是过其祖父而遇其祖母之象，如此则见不到君王，遇见臣仆。六二过而不过守正得中之道，其占无咎。

九三，弗过防之，从或戕之，凶。

释义 不肯过于防备，为众阴所欲害，凶。

扩展 九三以刚居刚，自恃其刚，不肯过于防备，众阴所欲害，占凶。

九四，无咎。弗过遇之，往厉必戒，勿用，永贞。

释义 无灾。不要前往相见，前往凶险必当戒惧，不要轻举妄动，要永久守正。

扩展 九，阳爻；四，阴位。当小过之时，九四刚而能柔，得其所宜，若前往则危险，必当戒惧。阳性刚健，不要轻举妄动，要永久守正。

六五，密云不雨，自我西郊。公弋取彼在穴。

释义 阴云密布不能成雨，因为云来自西郊。王公在洞穴中射取它。

扩展 六五以阴居尊，又当阴过之时，不能有为，弋取六二以相助。所以此爻有密云而不能成雨之象。五射取二于阴柔之位。

上六，弗遇过之，飞鸟离之，凶，是谓灾眚。

释义 不相遇而越过，飞鸟离去，凶，此谓天灾人祸。

扩展 上六处小过之极震体之上，过之太甚，鸟飞离甚远，其占凶，谓之天灾人祸。

䷾（离下坎上）既济：亨小，利贞。初吉，终乱。

释义 小有亨通，宜守正。开始吉利，最终乱。

扩展 既济，事情已经完成之义。离下坎上，水在火上，火炎上而水受热，水火相交，各得其用，且六爻皆当位，故为既济。占者筮得此卦，仅能小事亨通，且守正方能得利。开始吉利，最终极而反，由既济变而为混乱。朱熹云："大抵此卦及六爻占辞皆有警戒之意，时当然也。"[①]

初九，曳其轮，濡其尾，无咎。

释义 拖曳车轮，打湿尾巴，无灾。

扩展 阳刚居下，上应六四，居于火体，有锐意上行之象。当

[①] （宋）朱熹：《周易本义》，《朱子全书》第1册，上海古籍出版社、安徽教育出版社2002年版，第86页。

既济之时，前进不已则有悔吝，故戒以拖曳车轮使其不能前进，打湿尾巴使不能渡水，如是则无咎。

六二，妇丧其茀，勿逐，七日得。

释义 妇人出行时用以遮蔽的头巾丧失，无须追回，七天后复得。

扩展 六二有中正文明之德，上应中正之九五，宜于行其志向。九五既得尊位，时已既济，不能下贤以行其道，故六二有妇人出行时用以遮蔽的头巾丧失，以致不能外出之象。然而六二中正之道不可终废，故其占为无须追逐以失其所守，七日当复得。

九三，高宗伐鬼方，三年克之，小人勿用。

释义 高宗讨伐鬼方国，历时三年之久攻克，小人不要任用。

扩展 既济之时，九三以刚居刚，故此爻有高宗讨伐鬼方国，历时三年之久方能攻克之象，戒阴柔小人不能任用。

六四，繻有衣袽，终日戒。

释义 船体漏水而塞以旧絮破布，宜终日戒备。

扩展 当既济之时，六四以柔居柔，终日小心戒备，如遇船体漏水而塞以旧絮破布。占者宜有所预备而警戒。

九五，东邻杀牛，不如西邻之禴祭，实受其福。

释义 东邻杀牛举行盛大的祭祀，反而不如西邻以薄祭而受福。

扩展 东为阳，西为阴，九五虽然居于尊位，但已接近既济之极，无所前进，反不如六二在下而得其时机，故此爻有东邻杀牛举行盛大的祭祀，还不如西邻以薄祭而受福之象。

上六，濡其首，厉。

释义 狐狸涉水打湿了头，十分危险。

扩展 既济之极，处坎险之上，此爻有狐狸涉水而打湿其头之象，占遇此爻，十分危险。

䷿（坎下离上）未济：亨。小狐汔济，濡其尾，无攸利。

释义　亨通。小狐狸渡水几乎要成功了，却打湿了尾巴，无所利。

扩展　未济，事情尚未完成之义。水流下，火炎上，水火不交，不相为用，卦六爻，皆失位，故为未济。占遇此卦，如能谨慎处之则有亨道。其象为小狐狸渡水几乎要成功了，却打湿了尾巴，最终没有成功涉水，其占为没有什么益处。

初六，濡其尾，吝。

释义　涉水而打湿了尾巴，羞吝。

扩展　当未济之时，以阴居下，不能前进完成事情，故其象为涉水而打湿了尾巴，最终不能济水，其占为羞吝。

九二，曳其轮，贞吉。

释义　拖曳其车轮，守正则吉。

扩展　九二居柔得中，当未济之时，能自止而不能前进，故有拖曳其车轮使不能前进之象，占者守正道则吉。

六三，未济，征凶，利涉大川。

释义　居未济之时，出征凶，占者可以渡水而不能陆行。

扩展　阴柔而不中正，居未济之时，前进则凶。然而以柔居刚，将出于坎水，故占者利于渡涉大川，恐不能陆行。

九四，贞吉，悔亡。震用伐鬼方，三年有赏于大国。

释义　守正则吉，后悔之事消失。动而讨伐鬼方，三年后行大国之赏。

扩展　阳刚居四，不正而有悔，若能勉力守正，则后悔消失。然而九四质本不正，欲勉力为之，必极其阳刚用力长久方能成事，所以此爻有"极其阳刚而讨伐鬼方，历时三年之久，才能行大国之赏"之象。

六五,贞吉,无悔。君子之光,有孚,吉。

释义 守正则吉,无悔。君子光辉,有诚信,吉。

扩展 阴柔居五,不正而有悔,然而六五有文明之德,居中以应刚,虚心以求九二之助,故能得正而吉且无悔。六五为离之主,故有光辉之盛,信实而不虚妄,吉。

上九,有孚于饮酒,无咎。濡其首,有孚失是。

释义 以至诚之心安于天命饮酒自乐,无灾。狐狸渡水打湿了头,过于自信而失义。

扩展 以刚明居未济之极,物极则反,可以有为,当自信自养以待天命,所以此爻有安于天命以自乐之象,其占无咎。又当有所节制,否则如狐狸渡水而打湿了头,过于自信而丧失了义理。

《彖》上

照传统的说法，《彖》是孔子为了解释六十四卦卦辞所作。王弼《周易略例》说："夫《彖》者，何也？统论一卦之体，明其所由之主者也。"[1] 其后孔颖达说："夫子所作《彖》辞，统论一卦之义，或说其卦之德，或说其卦之义，或说其卦之名。"[2] 综合二人所言，《彖》是结合一卦的卦体，统论一卦的思想义理，阐明一卦的思想主旨。

大哉乾元，万物资始，乃统天。云行雨施，品物流形。大明终始，六位时成，时乘六龙以御天。乾道变化，各正性命，保合大和，乃利贞。首出庶物，万国咸宁。

伟大啊，天道之始，万物皆资天道以始生，所以"乃统天"。云气流行，雨泽施布，万物流动而成形，各得亨通。圣人大明晓乎天道之终始，见乾卦六爻之位各以时而成，故依时而乘此六阳以行天道（此圣人之"元亨"）。天道变化，无所不利，既能使万物各自得其性命之初，又能保有聚合万物的中和之气，以使万物得利而正固。圣人为君在众物之上，效法乾道，生养万物，所以万国各得其所而安宁（此圣人之"利贞"）。

至哉坤元，万物资生，乃顺承天。坤厚载物，德合无疆。含弘

---

[1] （魏）王弼撰，楼宇烈校释：《周易注校释》，中华书局2012年版，第269页。
[2] （魏）王弼注，（唐）孔颖达疏：《周易正义》，《十三经注疏》整理委员会整理，李学勤主编：《十三经注疏》，北京大学出版社1999年版，第7—8页。

光大，品物咸亨。牝马地类，行地无疆。柔顺利贞，君子攸行。先迷失道，后顺得常。"西南得朋"，乃与类行；"东北丧朋"，乃终有庆。安贞之吉，应地无疆。

至极啊地道，万物皆资取地而生，地顺承天之所施。地广厚载物，其生成万物之德，可以与天相匹配。地道包含宏厚，德行盛大，众物皆得以亨通。母马是行走于地上的动物，其德行既柔顺又刚健，所以能行走奔跑于地上而无有穷尽。地体柔顺安静守正，君子所行如坤之德：居于先则失去为阴之道，若能居后，顺承于阳，则能够恒久。西南为阴位，故往西南则得到朋友，这是与阴类同行的缘故；东北为阳位，故往东北则丧失朋友，虽然失去朋友，但最终吉善。安静而且守正，正是地道的德行。

屯，刚柔始交而难生。动乎险中，大亨贞。雷雨之动满盈。天造草昧，宜建侯而不宁。

屯，内卦为震，外卦为坎，以震遇坎，乾刚坤柔始交（指震）而遇险、陷（指坎）。震动在下，坎险在上，所以"动乎险中"，大亨而利于守正。阴阳交而雷雨作，杂乱冥晦，充塞乎天地之间。天下未定、名分未明，王者宜立国君以统治，不得谓天下已经安宁了。

蒙，山下有险，险而止，蒙。蒙，亨，以亨行，时中也。"匪我求童蒙，童蒙求我"，志应也。"初筮告"，以刚中也。"再三渎，渎则不告"，渎蒙也。蒙以养正，圣功也。

蒙，内卦为坎，外卦为艮，以坎遇艮，山下有险。艮一阳止于二阴之上，其德为止。内险外止，有蒙之义，故卦名为蒙。蒙昧而能亨通，是因为九二作为内卦之主，以刚居中，能发人之蒙，且与六五相应，有亨道。"不是我去求幼稚蒙昧的人，是幼稚蒙昧的人来求我"，九二与六五志向自然相应。"初始占筮时可以告诉占问者"，九二爻以阳刚居中，告之而有节度。"如果反反复复占筮就是轻慢不敬，轻慢不敬则不告诉占问者"，如果告诉占问者，告者也是轻慢不敬。所以蒙能够培养正道，是学以致圣的工夫。

需，须也，险在前也。刚健而不陷，其义不困穷矣。"需，有孚，光亨，贞吉。"位乎天位，以正中也。"利涉大川"，往有功也。

需的意思是等待，内卦为乾，乾德刚健，外卦为坎，坎为险、难，所以说困难在前面。刚健（指乾）不陷入困难（指坎），所以需待之义不困穷啊。需卦的九五爻是阳爻，阳爻中实，中正而居尊位，所以诚实、亨通、得正而吉利。九五爻以得正、居中而位居天位。"利于渡越大河"，有需之德，所以前往则有功劳。

讼，上刚下险。险而健，讼。"讼，有孚，窒惕，中吉"，刚来而得中也。"终凶"，讼不可成也。"利见大人"，尚中正也。"不利涉大川"，入于渊也。

讼，内卦为坎，外卦为乾，上乾为刚，下坎为险。内险而外健，故卦名讼。"讼，九二中实，居下卦之中，惧而得中，所以吉"，九二阳刚自外来而得中位①。"讼上九过于刚强，居讼之极，终极其讼故凶"，上九争讼不可以成功。"宜见九五之大人"，九五刚健中正以居尊位，有大人之象。以刚乘险，所以"不利于渡大河"，往则陷入险难中。

师，众也。贞，正也。能以众正，可以王矣。刚中而应，行险而顺，以此毒天下而民从之，吉，又何咎矣？

师，众也。贞，正也。师卦唯有九二为阳爻，且居下卦之中，为将帅之象。其余上下五阴顺而从之，为众之象。能统领众人以正

---

① 意思是内卦原本为坤，九二自外来而居于坤之第二爻，所以坤变为坎。

道，可以为君王了。师卦九二爻以刚居中而六五与之相应，行危险之道而顺人心。师旅之兴，本来有害于天下，然而因为将领有才德，所以民众乐意服从，如此治理天下则吉，又哪里会有咎过呢？

比，吉也。比，辅也，下顺从也。"原筮，元永贞，无咎"，以刚中也。"不宁方来"，上下应也。"后夫凶"，其道穷也。

亲比则吉祥。比，亲辅之义，在下之人顺从于上。"推原卜筮以自我审察，有元善、恒久、正固之德，然后可以为众人亲比而无灾祸"，九五以刚居中故有此才德。"没有来亲比而不安的人，也会前来归顺"，比卦上下五阴与九五相应。"若迟而后到，则他人比道已成，无人与之亲比，凶"，陷入穷困之道。

小畜，柔得位而上下应之，曰小畜。健而巽，刚中而志行，乃亨。"密云不雨"，尚往也。"自我西郊"，施未行也。

小畜，卦中唯有六四为阴爻且得位，上下五阳皆为六四所畜而应之，所以卦名小畜。内乾外巽，刚健而巽顺，二、五皆是阳爻，各居内外卦之中，有志向通行之象，所以其占亨通。然而蓄未至于极，所以有"乌云密布尚未蓄积成雨"之象，云气仍然在上进。"来自于西郊"，积蓄尚未至极。

履，柔履刚也。说而应乎乾，是以"履虎尾，不咥人，亨"。刚中正，履帝位而不疚，光明也。

履，内卦为兑柔，外卦为乾刚，以兑遇乾，柔履刚也。和悦而践履刚强之后，所以有"踩到老虎尾巴却不被老虎所伤之象，占者亨通"。九五爻刚健、居中、守正，居于帝位而无病，德行光明啊。

泰，"小往大来，吉，亨"，则是天地交而万物通也，上下交而其志同也。内阳而外阴，内健而外顺，内君子而外小人，君子道长，小人道消也。

泰，内卦为乾，外卦为坤，坤往居外，乾来居内，所以说"阴往阳来，吉而亨通"，就天道言，是天地相交而万物感通，就人事言，是上下相交而志向相同。内卦为阳外卦为阴，内健而外顺，君子居于内而小人居于外，君子之道日长，小人之道日消。

"否之匪人，不利君子贞，大往小来"，则是天地不交而万物不通也，上下不交而天下无邦也。内阴而外阳，内柔而外刚，内小人而外君子，小人道长，君子道消也。

否与泰正相反，所以说"否非人道，不利于君子之正道，阳往而阴来"，就天道言，是天地不相交而万物不感通，就人事言，是上下乖离而邦国灭亡。在内为阴在外为阳，在内为柔在外为刚，小人居于内而君子居于外，小人之道日长，君子之道日消。

同人，柔得位得中而应乎乾，曰同人。同人曰："同人于野，亨，利涉大川"，乾行也。文明以健，中正而应，君子正也。唯君子为能通天下之志。

同人，六二爻得位得中而上应九五，所以谓之同人，与人同也。同人卦辞说"与人和同亲辅能到达于旷远之地，其占亨通，利于涉险渡大河"，以刚健而行。内文明（内卦为离）而外刚健（外卦为乾），六二居中守正与九五相应，是君子之正道。唯有君子能用正道通达天下之志。

大有，柔得尊位，大中而上下应之，曰大有。其德刚健而文明，应乎天而时行，是以"元亨"。

大有，卦中六五爻居尊位而得中，上下五阳与之相应，所以卦名大有。内卦乾，其德刚健，外卦离，其德文明，六五顺应天命依时而行，所以"大亨"。

谦亨，天道下济而光明，地道卑而上行。天道亏盈而益谦，地

道变盈而流谦，鬼神害盈而福谦，人道恶盈而好谦。谦，尊而光，卑而不可逾，君子之终也。

谦则亨通，天道下行生成万物而光明垂耀，地体卑柔所以能向上而行。天道亏减盈满而增益谦退，地道倾变盈满而聚归于谦，鬼神使盈满者遭殃而使谦退者受福，人道厌恶骄盈而喜好谦下。谦使尊者的德行更加光明，卑谦则无人可以超越，君子能有终福。

豫，刚应而志行，顺以动，豫。豫顺以动，故天地如之，而况建侯、行师乎？天地以顺动，故日月不过而四时不忒。圣人以顺动，则刑罚清而民服。豫之时义大矣哉！

豫，卦中九四一阳而上下五阴与之相应，志向得以推行，又以坤遇震，顺而动，故卦名为豫，和乐之义。豫，顺而动，天地都顺而动，何况是建立诸侯国、行军打仗呢？天地顺而动，所以日月运行有度而四时交替无有差错。圣人顺而动，则刑罚清明而民众服从。豫卦的时义可谓大啊！

随，刚来而下柔，动而说，随。大亨贞，无咎，而天下随时。随时之义大矣哉！

随，乾上九来居初六，内震外兑，动而悦，故卦名随。如此则大亨而得正，无灾祸，而天下皆以时相随。随时的道理可谓大啊！

蛊，刚上而柔下，巽而止，蛊。蛊，元亨而天下治也。"利涉大川"，往有事也。"先甲三日，后甲三日"，终则有始，天行也。

蛊，坏极而有事。外卦艮刚居上，内卦巽柔居下，上下不交，下卑巽而上苟止，故其卦为蛊。蛊，坏极则当复治，故其占为大亨而天下太平。"利于渡大河"，往则有事。"先甲三日，为辛，后甲三日，为丁"，乱之终则为治之始，天道运行如此。

临，刚浸而长，说而顺，刚中而应，大亨以正，天之道也。"至

于八月,有凶",消不久也。

临,二阳浸长以逼阴,下兑悦而上坤顺,九二阳刚居中,上应六五,故为大亨而宜于守正,天道运行如此。"到了八月,有凶",此时阴气日盛而阳气消退。阳气消退不可长久,所以说"有凶"。

大观在上,顺而巽,中正以观天下。"观,盥而不荐,有孚颙若",下观而化也。观天之神道,而四时不忒。圣人以神道设教,而天下服矣。

九五居上,四阴仰望,内卦坤顺,外卦巽柔,九五以中正示天下。"观,祭祀刚开始先清洁其手,不必等到供奉酒食以祭祀神灵之时。心存诚信,外貌庄敬",民众观此而受其感化。观天道运行,可见四季更替没有丝毫差错。圣人以神道设教,天下民众信而仰之。

颐中有物曰噬嗑。噬嗑而亨,刚柔分,动而明,雷电合而章。柔得中而上行,虽不当位,"利用狱"也。

口中有物为噬嗑卦。口中有物,间隔不通,咬之而合,故噬嗑而亨通。噬嗑卦三阴三阳,刚柔各分一半,下动上明,下雷上电合而光辉照耀。阴爻得中上行至于五位,以阴居阳,虽然不当位,然而"宜于治理刑狱",贵在得中。

贲,亨。柔来而文刚,故"亨"。分刚上而文柔,故"小利有攸往"。天文也。文明以止,人文也。观乎天文,以察时变。观乎人文,以化成天下。

贲,亨通。柔自外来而文饰九二之刚,阳得到阴的帮助,所以亨通。九二之刚上行以文饰上六之柔,不得中位,且艮止于外,所以"小利有所往"。刚柔交错,此谓天文。内离外艮,文明而各得其分,此谓人文。观察天文,可以考察四时的更替。观察人文,足以化成天下。

剥，剥也，柔变刚也。"不利有攸往"，小人长也。顺而止之，观象也。君子尚消息盈虚，天行也。

剥，剥落之义，五阴在下而浸长，一阳在上而将尽，阴盛而阳消。"不利前往"，小人之道日长。内坤顺外艮止，顺时而止之象。君子推崇消息盈虚之道，这是天运行的规则。

复，亨，刚反。动而以顺行，是以"出入无疾，朋来无咎"。"反复其道，七日来复"，天行也。"利有攸往"，刚长也。复其见天地之心乎！

复，阳气既往而复返，所以有亨道。内震外坤，阳气动于下而顺行，所以"自己出入皆无疾患，朋友前来也没有灾害"。自五月姤卦一阴始生，历经七爻而一阳来复，这是天道自然之运行。"宜于前往"，因为阳刚之德开始生长。观复，可见天地生物之心生生不息！

无妄，刚自外来而为主于内。动而健，刚中而应，大亨以正，天之命也。"其匪正有眚，不利有攸往"，无妄之往，何之矣？天命不祐，行矣哉！

无妄，初九阳刚自外来居初爻而为内卦震之主。内震外乾，动而健，九五阳刚居中下应六二之柔，守正道所以非常亨通，天命如此。"如果不守正就会有灾害，不宜前往"，无理前往，能通往哪里呢？天命不保佑，所以不可往。

大畜，刚健、笃实、辉光，日新其德。刚上而尚贤，能止健，大正也。"不家食，吉"，养贤也。"利涉大川"，应乎天也。

大畜，内卦乾为刚健，外卦艮为笃实、辉光，所以能日日增进德行。上九居于一卦之上，受到六五的尊重推崇，上九又能止健，如果不是非常正直的人做不到。"不食于家而食禄于朝廷，吉"，贤人为朝廷所奉养。"宜于渡越大河"，上体艮，应下体乾，所以说与天相应。

颐，贞吉，养正则吉也。"观颐"，观其所养也。"自求口实"，观其自养也。天地养万物，圣人养贤以及万民。颐之时大矣哉！

颐，守正吉，能养正故吉。"观颐"，谓观其所养之道，"自求口实"，观其自求养生之道，能守正则吉。天地养育万物，圣人养贤者以及万民。颐养之时，其义理可谓大啊！

大过，大者过也。"栋桡"，本末弱也。刚过而中，巽而说行，利有攸往，乃亨。大过之时大矣哉！

四阳居中过盛，故为大过。初爻为本，上爻为末，初、上二爻皆为阴，本末皆弱，不胜其任，故有"栋桡"之象。四阳虽然过但是九二、九五得中，下巽上兑，巽而悦行，利于前往，亨通。大过之时，其义理可谓大啊！

习坎，重险也。水流而不盈，行险而不失其信。"维心，亨"，乃以刚中也。"行有尚"，往有功也。天险，不可升也。地险，山川丘陵也。王公设险，以守其国。险之时用大矣哉！

上下卦重复为坎，是谓双重危险。坎水流动而不盈满，行坎险而内外两卦的中爻皆为阳实，不失诚信。"有诚心，所以亨通"，九二、九五以刚居中。"以此前往"，往则有功。天以其高远为险，地以山川丘陵为险。王公取法天地，设城池之类为险，以守卫国家。坎卦的时用，其道理大啊！

离，丽也。日月丽乎天，百谷草木丽乎土，重明以丽乎正，乃化成天下。柔丽乎中正，故亨，是以"畜牝牛，吉"也。

离，附丽之义。日月附丽天而运行，百谷草木附丽地而生成，上下卦皆离而丽于正，于是能化成天下。柔而能丽于中正，则亨通，所以"蓄养柔顺的母牛，吉"。

《彖》下

咸，感也。柔上而刚下，二气感应以相与，止而说，男下女，是以"亨，利贞，取女吉"也。天地感而万物化生，圣人感人心而天下和平。观其所感，而天地万物之情可见矣。

咸，交感之义。阴上行而居上六，阳下行而居九三，阴阳二气交相感应而相互作用，内艮为止，外兑为悦，止而悦，少男下于少女，所以"亨通，宜守正，娶女吉"。天地交感而万物化生，圣人感化人心而天下和平。观察感通之理，那么天地万物之情就可见了。

恒，久也。刚上而柔下，雷风相与，巽而动，刚柔皆应，恒。"恒，亨，无咎，利贞"，久于其道也。天地之道，恒久而不已也。"利有攸往"，终则有始也。日月得天而能久照，四时变化而能久成，圣人久于其道而天下化成。观其所恒，而天地万物之情可见矣。

恒，常久之义。刚上而居九四，柔下而居初六，巽风震雷相互作用，顺而动，卦中六爻皆阴阳相应，故为恒。"能守恒所以亨通，没有灾祸，宜守正"，能恒守其道。天地之道，恒久而不息。"宜于前往"，终则有始。日月合于天道所以能够常久照耀，四时更替循环所以能够常久生成，圣人恒守其道所以天下得以化成。观恒常之道，则天地万物之情就可以见到了。

"遯，亨"，遯而亨也。刚当位而应，与时行也。"小利贞"，浸而长也。遯之时义大矣哉！

"遇遯之时，身虽退避而道犹亨通"，君子虽退避而犹亨通。九五阳刚当位，下有六二爻相应，进退以时也。"阴柔小人宜守正"，二阴浸长于下。遯卦的时义可谓大啊！

大壮，大者壮也。刚以动，故壮。"大壮，利贞"，大者正也。正大而天地之情可见矣。

四阳盛长，故为大壮。下乾上震，刚健而动，所以为壮。"大壮之时，宜守正"，阳刚宜守正。阳刚能守正那么天地之情就可以见到了。

晋，进也。明出地上，顺而丽乎大明，柔进而上行，是以"康侯用锡马蕃庶，昼日三接"也。

晋，上行之义。下坤上离，光明出于地上，坤顺而丽乎大明，阴上行而至六五，有上述三德，所以"治安之侯享用大王赐予的马匹很多，一天之中多次受到大王的礼遇"。

明入地中，明夷。内文明而外柔顺，以蒙大难，文王以之。"利艰贞"，晦其明也。内难而能正其志，箕子以之。

下离上坤，日入于地中，有光明受伤之象，故为明夷。内文明而外柔顺，蒙受大灾难，文王遭遇囚禁就是这样。"宜于在艰难中固守正道"，隐藏其光明。国内有难而能固守志向，箕子就是这样。

家人，女正位乎内，男正位乎外。男女正，天地之大义也。家人有严君焉，父母之谓也。父父子子，兄兄弟弟，夫夫妇妇，而家道正。正家而天下定矣。

家人卦，六二、九五各得其正，所以有女正位于内，男正位于外之象。男女各得其正，符合天地大义。一家之中有严格的君长，谓之父母。父子、兄弟、夫妇上下尊卑有常而家道正固。家道正固则推而广之，天下可以安定了。

睽，火动而上，泽动而下，二女同居，其志不同行。说而丽乎

明,柔进而上行,得中而应乎刚,是以"小事吉"。天地睽而其事同也,男女睽而其志通也,万物睽而其事类也。睽之时用大矣哉!

上离下兑为睽,火动而炎上,泽动而流下,有中女少女同居一室却志向不同之象。内悦外明,悦而丽乎明,阴柔上行居外卦之中与九二相应,所以说"遇小事吉"。天地尊卑不同却共同化生万物,男女尊卑不同却心意相同,万物各自不同却事理相同。睽卦的时用可谓大啊!

蹇,难也,险在前也。见险而能止,知矣哉!蹇"利西南",往得中也。"不利东北",其道穷也。"利见大人",往有功也。当位"贞吉",以正邦也。蹇之时用大矣哉!

蹇,难之义,坎险在前方。内艮止而外坎险,故为见险而能止之象,此可谓智慧啊!蹇卦"利西南",因为阳上行居五而得中。"不利东北",因为阳退而入于艮止不进,前进之道穷困。"宜见九五刚健中正的大人",前往有功。自二爻以上,各爻皆当位守正,所以吉,可以使邦国正固。蹇卦的时用可谓大啊!

解,险以动,动而免乎险,解。"解,利西南",往得众也。"其来复,吉",乃得中也。"有攸往,夙吉",往有功也。天地解而雷雨作,雷雨作而百果草木皆甲坼。解之时大矣哉!

解,内坎险而外震动,居险而能动,动则出于险外,故其卦为解,其义为解除险难。"解,宜西南",九四入于坤体,所以前往得众。"复归其所,吉",九二得中。"有所往,则应早往",早往有功。天地交感和畅所以雷雨发生,雷雨发生所以百果草木的种子脱去皮壳而萌发。解之时,其道理可谓大啊!

损,损下益上,其道上行。损而"有孚,元吉,无咎,可贞,利有攸往。曷之用?二簋可用享"。二簋应有时,损刚益柔有时,损

益盈虚，与时偕行。

损，损下卦之阳，益上卦之阴，阳刚自下而上行。损而"有诚信，开始就吉利，没有灾祸，可以守正，宜于前往。用什么作为祭品呢？只需要二簋祭祀就可以亨通"。用二簋祭祀是因为处于当损之时，如果处于不当损时，则不能用此质薄的祭品，所以说损刚益柔需要依时而行，损益盈虚都应当依天时而行。

益，损上益下，民说无疆。自上下下，其道大光。"利有攸往"，中正有庆。"利涉大川"，木道乃行。益动而巽，日进无疆，天施地生，其益无方。凡益之道，与时偕行。

益，损上卦之阳，益下卦之阴，君王自损以增益民众，民众欢悦超越了疆限。自上卦而至下卦，益道发扬光大。"利于前往"，六二、九五皆居中得正所以吉祥喜庆。"利于渡越大河"，下震上巽，皆有木象。益卦动而顺，所以日日前行没有疆限，天施气于地，地受气而化生，天地益万物没有穷尽。凡增益之道，需要依时而行。

夬，决也，刚决柔也。健而说，决而和。"扬于王庭"，柔乘五刚也。"孚号有厉"，其危乃光也。"告自邑，不利即戎"，所尚乃穷也。"利有攸往"，刚长乃终也。

夬，决去之义，阳刚决去阴柔。乾健而兑悦，刚决柔而和悦。"洋洋自得于朝廷上"，一小人凌驾于五君子之上。"以诚信号令，尚有凶险"，危厉之道显明。"自城邦内发布告令，专尚威武不利"，武力乃是穷困之道。"宜于所往"，阳刚日盛，最终决去一阴，乾道乃成。

姤，遇也，柔遇刚也。"勿用取女"，不可与长也。天地相遇，品物咸章也。刚遇中正，天下大行也。姤之时义大矣哉！

姤，遇之义，一阴而遇五阳。"不要娶此女"，女德不中正，太过强壮，不能够长久相处。天地之气相互交感，所以万物化成。阳刚遇见中正之德，才能大行于天下。姤卦的时义真可谓大啊！

萃，聚也。顺以说，刚中而应，故聚也。"王假有庙"，致孝享也。"利见大人，亨"，聚以正也。"用大牲吉，利有攸往"，顺天命也。观其所聚，而天地万物之情可见矣。

萃，聚之义。坤顺兑悦，九五阳刚居中与六二有应，所以相聚。"王公至于宗庙"，王公致其诚孝之心所以亨通。"宜见大人，亨通"，能以正道相聚。"萃聚之时，用大牲祭祀吉，宜于前往"，这是顺应天命。观萃聚之道，则天地万物之情可见。

柔以时升，巽而顺，刚中而应，是以大亨。"用见大人，勿恤"，有庆也。"南征吉"，志行也。

阴柔以时而升至上卦之中，下巽上顺，九二阳刚居中与六五相应，所以非常亨通。当升之时，"可以去见大人，勿要担忧"，必有庆善。"向南出征吉"，其志得行。

困，刚揜也。险以说，困而不失其所，亨。其唯君子乎？"贞大人吉"，以刚中也。"有言不信"，尚口乃穷也。

困，坎刚为兑柔所掩，九二为初六、六三所掩，九四、九五为上六所掩，所以其卦为困。坎险兑悦，处险而悦，虽然穷困却不失其所，所以亨通。这难道不是君子才能做到的吗？"守正的大人吉"，九二、九五阳刚居中。"说出的话不会被相信"，处困顿之时，应当晦默，多言则益加穷困。

巽乎水而上水，井。井养而不穷也。"改邑不改井"，乃以刚中也。"汔至，亦未繘井"，未有功也。"羸其瓶"，是以凶也。

巽木入于坎水之下而上出水，故其卦为井。井水取之不竭，给养人无有穷止。"城市可以迁移，井却不迁改其所"，九二、上九以刚居中，能定其所而不变。"汲水几乎要成功了，水却最终未出，与没有用绳汲取井水相同"。"装水的瓶子毁败"，几成而失败，所以凶。

革，水火相息，二女同居，其志不相得，曰革。"巳日乃孚"，革而信之。文明以说，大亨以正，革而当，其悔乃亡。天地革而四时成，汤武革命，顺乎天而应乎人。革之时大矣哉！

革，兑泽在上，离火在下，火燃则水干，水决则火灭，少女中女合为一卦，心志相反而不相得，所以为革。"到了巳日才相信"，变革之初，人们不信，必待巳日方才信任。又因为内有文明之德，外有和悦之气，能守正所以非常亨通，变革恰当，则后悔之事消失。天地阴阳升降，温暑寒凉，迭相变革，所以四时更替，汤、武革命，上顺天命下应民心。变革之时，意义真是大啊！

鼎，象也。以木巽火，亨饪也。圣人亨以享上帝，而大亨以养圣贤。巽而耳目聪明，柔进而上行，得中而应乎刚，是以元亨。

鼎，初阴为足，二、三、四为腹，五阴为耳，上阳为铉，正是鼎之象。又以巽木入于离火，烹饪食物的意思。圣人贡献祭品给上帝，广其烹饪以养圣贤。上离为目，五为耳，有内巽顺而外聪明之象，阴柔上行至六五，得中而与九二阳刚相应，所以非常亨通。

震，亨。"震来虩虩"，恐致福也。"笑言哑哑"，后有则也。"震惊百里"，惊远而惧迩也。出可以守宗庙社稷，以为祭主也。

震有亨道。"震雷来时惊恐四顾"，恐惧则能致福。"震雷过后又谈笑自如"，自处有法则，所以保其安裕。"震雷惊动百里之远"，远者惊恐而近者惧怕。处震之道如此，出则可以守宗庙社稷，以为祭祀之主。

艮，止也。时止则止，时行则行，动静不失其时，其道光明。艮其止，止其所也。上下敌应，不相与也，是以"不获其身，行其庭，不见其人，无咎也"。

艮，止之义。当静止时则静止，当行动时则行动，动静各止于其时，止之道光明。止其止者，这是停止于应当停止之处。内外卦阴阳皆不相应，不相与则相背，所以说"不获其身，虽行走于庭除有人之地，而不见其人。能止其所当止，则没有过错"。

渐之进也，"女归吉"也。进得位，往有功也。进以正，可以正邦也。其位，刚得中也。止而巽，动不穷也。

渐，渐进之义，"女子出嫁吉"。九进居三，九进居五，皆得位，前往有功。以正道前进，可以使国家安定。渐卦的九五以阳刚居中得位。内艮止而安静，外巽柔而和顺，安静而和顺，所以行动不会穷困。

归妹，天地之大义也。天地不交而万物不兴。归妹，人之终始也。说以动，所归妹也。"征凶"，位不当也。"无攸利"，柔乘刚也。

少女出嫁，阴阳感通乃是天地之大义。天地如果不感应，万物就不能蕃兴。少女出嫁，对女子而言是人生的归宿又是新生活的开始。下兑上震，悦而动，嫁少女的意思。九二、六三、九四、六五四爻皆不当位，所以"出征凶"。六三、六五以柔乘刚，所以"没有什么好处"。

丰，大也。明以动，故丰。"王假之"，尚大也。"勿忧，宜日中"，宜照天下也。日中则昃，月盈则食。天地盈虚，与时消息，而况于人乎？况于鬼神乎？

丰，盛大之义。光明而动，故为丰。"王公至此"，王者尊崇丰大。"不要担忧，宜日中"，日中宜于照耀天下。日中则将偏西，月盈则将亏损。天地尚且盛极而衰，与时消息，何况是人呢？何况是鬼神呢？

旅，小亨，柔得中乎外而顺乎刚，止而丽乎明，是以"小亨，旅贞吉"也。旅之时义大矣哉！

旅，小事亨通，六五以柔得中居于外卦而顺乎上下二阳，止而丽于光明，所以"小事亨通，旅道守正则吉"。旅卦的时义可谓大啊！

重巽以申命。刚巽乎中正而志行，柔皆顺乎刚，是以"小亨，利有攸往，利见大人"。

上下两卦皆巽以申命。九五阳刚入乎中正而其志得行，初六、六四皆顺乎刚，所以"小事亨通，宜前往，宜于见大人"。

兑，说也。刚中而柔外，说以利贞，是以顺乎天而应乎人。说以先民，民忘其劳；说以犯难，民忘其死。说之大，民劝矣哉！

兑，喜悦之义。九二、九五阳刚居中而六三、上六阴柔居外，悦道宜于守正，如此则可以顺天命而应民心。以悦道率领民众，民众就会忘记劳累；以悦道克服困难，民众就会忘记生死。悦道之大，体现在民众勉力行事啊！

涣，亨，刚来而不穷，柔得位乎外而上同。"王假有庙"，王乃在中也。"利涉大川"，乘木有功也。

涣，其道亨通，阳来居二而处下卦之中，居中则不穷困，阴上居四而得正于外，上同九五。"君王至宗庙祭祀以聚合人心"，天下离散，王者能够处中。"宜于渡越大河"，涣卦，下坎为水上巽为木，有木行水上之象，所以乘木有功可渡越险难。

节，亨，刚柔分而刚得中。"苦节，不可贞"，其道穷也。说以行险，当位以节，中正以通。天地节而四时成。节以制度，不伤财，不害民。

节，阴阳爻各半而且二、五爻以刚居中，知节制之道所以亨通。"节制太甚就会以之为苦，不能视此为正道"，陷入穷极。上坎为险，下兑为悦，以悦行险，九居尊位而当位有节，居中守正所以通达。天地有节所以能成四时。圣人节以制度，所以不伤财害民。

中孚，柔在内而刚得中，说而巽，孚乃化邦也。"豚鱼吉"，信及豚鱼也。"利涉大川"，乘木舟虚也。中孚以"利贞"，乃应乎天也。

中孚，二阴在内，四阳在外，二、五以阳刚居中，下兑悦而上巽顺，诚信感化一国。诚信之道及于豚鱼，诚信至极所以吉。"宜于渡越大河"，木在泽上，卦体外实内虚，舟楫之象。诚信而守正，顺应天道。

小过，小者过而亨也。过以"利贞"，与时行也。柔得中，是以小事吉也。刚失位而不中，是以"不可大事"也。有飞鸟之象焉，"飞鸟遗之音，不宜上，宜下，大吉"，上逆而下顺也。

小过，四阴在外，二阳在内，阴多于阳，阴为小，阳为大，是小者过而亨通。小过之时宜守正，与时偕行，当过之时则过。六二、六五阴柔得中，所以行小事可以吉。九三、九四失位而不中，所以"不可行大事"。小过卦内实外虚，形如飞鸟，其叫声不宜上而宜下，小过之时，不可大事，故在下为吉，居上则过于常理，居下则顺而宜。

既济，"亨"，小者亨也。"利贞"，刚柔正而位当也。"初吉"，柔得中也。"终"止则"乱"，其道穷也。

既济，事情已经完成而亨通，而云"小事亨通"，这是指既济之时尤其应当警戒。"宜守正"，卦中六爻刚柔当位而相应。"初始吉利"，六二爻以柔居中。既济之终，止而不进，则转而为乱，穷竭所以变。

未济，"亨"，柔得中也。"小狐汔济"，未出中也。"濡其尾，无攸利"，不续终也。虽不当位，刚柔应也。

未济而能亨通，是因为六五爻以柔居中。"小狐狸渡水几乎要成功"，最终仍未能出于坎险之中。"打湿了尾巴，无所利"，不能继续渡过水。卦中六爻虽然不当位，但是刚柔皆相应。

《象》上

《象》按照《周易》上下经分为上、下两篇。《象》阐发的是六十四卦卦象、爻象的思想与义理。各卦的《象》都由大《象》与小《象》组成。以乾卦为例,"天行健,君子以自强不息"一句,先儒称"大象","潜龙勿用"以下,先儒称"小象"。后六十三卦类此。大《象》是从一卦的内外卦所象征的自然物象出发,分析一卦卦名的由来,在点出卦名之后,进而探讨君子或者先王观此卦象,如何立身处世、进德修业、齐家治国等,并且只从正面立言。各卦的小《象》是用来解释六爻爻辞的,分别陈说各爻辞所包含的思想与义理。小《象》最常用的句式是"……也",即在句子的结尾,使用"也"字,这是解释与说明的语气。

《象》曰:天行健,君子以自强不息。
天的运行刚健不息,君子效法天德,自强不息。
"潜龙勿用",阳在下也。
"潜龙勿用",初阳在一卦之下。
"见龙在田",德施普也。
"见龙在田",德行惠泽万物。
"终日乾乾",反复道也。
"终日乾乾",反复践行以从道。

"或跃在渊"，进无咎也。

"或跃在渊"，随时进退则没有灾祸。

"飞龙在天"，大人造也。

"飞龙在天"，大人居尊位以治理天下。

"亢龙有悔"，盈不可久也。

"亢龙有悔"，盈满则不能长久。

"用九"，天德不可为首也。

"用九"，阳刚不可以为首，宜刚而能柔。

《象》曰：地势坤，君子以厚德载物。

地势高下相因，至顺极厚无所不载。君子效法地之德，德行深厚，承载万物。

"履霜"，"坚冰"，阴始凝也。驯致其道，至坚冰也。

"脚踏霜"，说明阴气刚刚凝结。顺此发展下去，必然日益盛大以至于"坚冰"。

六二之动，直以方也。"不习无不利"，地道光也。

六二柔顺中正，其行为正直而坚固。"无须反复练习而无所不利"，地道德行光大。

"含章可贞"，以时发也。"或从王事"，知光大也。

"内含章美坚守正道"，所以能够随时而动。"有时跟从君王做事情"，可知其德行光明盛大。

"括囊，无咎"，慎不害也。

"扎紧口袋不出，没有灾祸"，谨慎严密则不会受到伤害。

"黄裳，元吉"，文在中也。

"黄裳，元吉"，文明之德充实于内。

"龙战于野"，其道穷也。

"龙战于旷野"，阴气盛极则穷困。

用六永贞，以大终也。

用六坚守正直，所以能够得大善之终。

《象》曰：云雷，屯。君子以经纶。

屯，上坎为云，下震为雷。屯难之世，君子有所作为，筹划、处理国家大事。

虽"盘桓"，志行正也。以贵下贱，大得民也。

虽然"徘徊难进"，但立志行正道。身份尊贵而谦逊有礼，所以民心归顺。

六二之难，乘刚也。"十年乃字"，反常也。

六二陷入困境，是因为乘初九阳爻。"十年之后才出嫁"，这是违反常理的。

"即鹿无虞"，以从禽也。君子舍之，"往吝"穷也。

"追逐鹿却没有虞人带路"，这是跟从鹿的行迹前行。君子舍弃不追，如果继续追赶就会陷入困难。

求而往，明也。

六四下求初九而往，其道光明。

"屯其膏"，施未光也。

"囤积膏润"，施用未能广大。

"泣血涟如"，何可长也？

"极其悲伤泪水不断"，怎么能长久呢？

《象》曰：山下出泉，蒙。君子以果行育德。

上艮下坎，山下流出泉水，蒙昧初生之象。君子观此，则知当如山下之泉水，果决其行为培育其德行。

"利用刑人"，以正法也。

"宜于用刑罚严惩犯人"，这样能端正法纪。

"子克家"，刚柔接也。

"儿子能治家"，九二与六五相应。

"勿用取女"，行不顺也。

"不要娶这样的女子"，其行为不端正。

"困蒙"之"吝"，独远实也。

"困于蒙昧之中"而导致"羞吝"，是因为六四爻远离九二发蒙之主。

"童蒙"之"吉"，顺以巽也。

"孩童蒙昧"而"吉"，是因为六五与九二相应，心悦诚服地接受其发蒙。

利用"御寇"，上下顺也。

上九利于抵御外敌，是因为与六三相应。

《象》曰：云上于天，需。君子以饮食宴乐。

云上于天，尚未降下为雨，故当需待以守。君子观此，则知应当饮食宴乐，安心等待。

"需于郊"，不犯难行也。"利用恒，无咎"，未失常也。

"在旷野等待"，不会陷入危险之地。"宜守恒不变，没有灾祸"，初九不失常道。

"需于沙"，衍在中也。虽"小有言"，以吉终也。

"在沙地等待"，宽衍在其中。虽有言语之伤，最终结果吉。

"需于泥",灾在外也。自我"致寇",敬慎不败也。

"陷入沼泽泥泞之地",灾害就在外面。自己招来盗贼,如果谨慎小心,就不会失败。

"需于血",顺以听也。

"陷入沟洫之中",守正以听,则能逃离危险。

"酒食,贞吉",以中正也。

"在酒食宴乐中安心以等待,守正则吉",九五阳刚中正而居尊位。

"不速之客"来,"敬之,终吉"。虽不当位,未大失也。

有"不速之客"前来,若能以柔敬之,最终结果吉。虽然处危险之极,但没有犯下大过错。

《象》曰:天与水违行,讼。君子以作事谋始。

天在上,水在下,运行相反,所以为讼。君子观此卦,知凡事一开始就应该仔细谋划,这样后面就不会发生诉讼。

"不永所事",讼不可长也,虽"小有言",其辩明也。

"不永久与人争讼",诉讼之事不能长久,虽小有口舌之争,但能够分辨清楚道理。

"不克讼",归逋窜也。自下讼上,患至掇也。

"没有打赢官司",返回时逮捕逃窜的邑人。以下讼上,自取祸患。

"食旧德",从上吉也。

"享用旧有恩德",从上则吉。

"复即命,渝,安贞",不失也。

"返回认命,能转变心意,安于正道则吉",不失其正。

"讼,元吉",以中正也。

"争讼而能大吉",因为听讼的大人有中正之德。

以讼受服,亦不足敬也。
通过争讼而最终获胜,不值得尊敬。

《象》曰:地中有水,师。君子以容民畜众。
地中积蓄有水,能容众,故为师。君子观此,则知包容蓄养民众,如此能够得民。

"师出以律",失律,凶也。
"出师之始,就应该严明法纪",如果法纪涣散,必然失败。

"在师中,吉",承天宠也。"王三锡命",怀万邦也。
"在军队的中心,吉",九二与六五相应,深受君王宠信,君王多次奖赏以褒扬其功,怀有万邦。

"师或舆尸",大无功也。
"出兵至于用车载尸",没有取得任何成功。

"左次,无咎",未失常也。
"军队退却不进,没有灾害",没有违背常理。

"长子帅师",以中行也。"弟子舆尸",使不当也。
"任用长子为统率",九二刚中而行。"如果任用众弟子则以车载尸",任用将领不当。

"大君有命",以正功也。"小人勿用",必乱邦也。
师之终,"君王下令",以表彰其功劳。"小人不宜重用",一定会使国家动乱。

《象》曰:地上有水,比。先王以建万国,亲诸侯。
上坎下坤,地上有水,水亲比地,无有间隙。君子观此,则知先王分封建国,亲比诸侯而心无间隙。

比之初六，"有它"，吉也。
初六为比之始，以诚信感化他人前来亲比，所以吉。
"比之自内"，不自失也。
六二柔顺中正，上应九五，自内比外，不失其正。
"比之匪人"，不亦伤乎？
所亲比的都不是正直的人，怎能不受伤害？
"外比"于贤，以从上也。
六四外比刚健中正的贤者，顺从在上位的大人。
"显比"之"吉"，位正中也。舍逆取顺，"失前禽"也。"邑人不诫"，上使中也。
"显示其亲比，吉"，大人居中得正。舍弃迎面而来的禽兽（表示归顺），猎取背对于我逃跑的禽兽（表示不肯归顺），所以"不猎杀面前的禽兽"。"邑人不加以告诫"，因为大人中正不偏私。
"比之无首"，无所终也。
"无人可亲比"，没有好结果。

《象》曰：风行天上，小畜。君子以懿文德。
风行于天上，能蓄而不能长久，所以为小畜卦。君子观此，则知未能积厚而广施，退而修习文章才德。
"复自道"，其义吉也。
"自己返归正道"，遵循道义所以吉。
"牵复"在中，亦不自失也。
"九二以刚居中，与初九牵手返于正道"，不为阴所畜。
"夫妻反目"，不能正室也。
"九三不能以正道自处，为六四所制，其心不平，夫妻反目"，不能正其家室。

"有孚""惕出"，上合志也。

"内有诚信""忧惧消除"，六四与九五心志相合。

"有孚挛如"，不独富也。

"与六四以诚信相系恋"，不独享富贵。

"既雨既处"，德积载也。"君子征凶"，有所疑也。

"天下雨而又停止"，阴德蓄积已满。"君子前往有凶"，心中有疑而警惧。

《象》曰：上天下泽，履。君子以辩上下，定民志。

天在上，泽在下，其卦为履。君子观此，则知明于上下之别，使各当其分，定民众之心志。

"素履"之往，独行愿也。

"穿素色的鞋子前往"，心志坚定，不为外物所惑。

"幽人贞吉"，中不自乱也。

"幽居之人卜问吉"，居中而心不乱。

"眇能视"，不足以有明也。"跛能履"，不足以与行也。"咥人"之凶，位不当也。"武人为于大君"，志刚也。

"瞎了一只眼去看物体"，所以视物不明。"跛了一只脚去行走"，所以走得不远。被老虎所咬，非常危险，六三不当位。"刚武之人居上"，必会以其躁动暴肆而陷入险境。

"愬愬，终吉"，志行也。

"戒惧小心，最终吉"，志向能够实行。

"夬履，贞厉"，位正当也。

"果决其履，自任刚决，卜问结果凶"，九五阳刚当位，履道戒在刚决。

"元吉"在上，大有庆也。

"元吉"在上，大有福庆。

《象》曰：天地交，泰。后以财成天地之道，辅相天地之宜，以左右民。

天地相交而万物通泰。后王观此，则知参赞成就天地交泰之道，辅助天地化育之功，以治理生民。

"拔茅"，"征吉"，志在外也。

"拔茅草连着根"，"同类牵连而进"，志向在前行。

"包荒"，"得尚于中行"，以光大也。

"包容荒秽"，"处乾体之中而行中道"，德行光明盛大。

"无往不复"，天地际也。

"没有往而不返的"，九三处于天地交接之际，将复归其所。

"翩翩，不富"，皆失实也。"不戒以孚"，中心愿也。

"三阴翩然而至，同为阴类而不富"，皆无阳实。"不待告诫而诚意交合"，三阴志愿相同。

"以祉元吉"，中以行愿也。

"因之受福而大吉"，六五以柔中之德，虚己下应九二，愿望可以实现。

"城复于隍"，其命乱也。

泰极入否，"城墙倾覆于护城之壕"，告令错乱不行。

《象》曰：天地不交，否。君子以俭德辟难，不可荣以禄。

天在上，地在下，天地不交而万物不生，故为否。君子观此，则知收敛德行以躲避险难，不能以富贵荣耀。

"拔茅"，"贞吉"，志在君也。

"拔茅草连其根"，"守正则吉"，志向在于君王，不计私心。

"大人否，亨"，不乱群也。

"大人居否闭之际，亨通"，大人不乱于小人之群。

"包羞"，位不当也。

"羞吝在其中"，六三以阴居阳不当位。

"有命无咎"，志行也。

"顺应天命没有灾害"，九四以刚居柔，能行其志向。

"大人"之吉，位正当也。

"大人"吉利，九五刚健中正而居尊位。

否终则倾，何可长也？

以阳刚居否极，能倾覆时之否。否闭怎能长久呢？

《象》曰：天与火，同人。君子以类族辨物。

天在上，火亦炎上，火上同于天，故其卦为同人。君子观同人卦，则知天下事物皆以类相分，所以能够明辨同与异。

出门同人，又谁咎也？

同人于家门之外，没有私心，谁会有过错呢？

"同人于宗"，吝道也。

"同人于宗党之内"，这是自取羞吝之道。

"伏戎于莽"，敌刚也。"三岁不兴"，安行也？

"埋伏军队于林莽之中"，九三欲伺机夺取六二。"三年都不敢轻举妄动"，怎能有所为呢？

"乘其墉"，义弗克也。其"吉"，则困而反则也。

"占据城墙"想要攻打九三，认识到不合于道义所以不去攻打。结果"吉"，开始迷惑后来返回正道。

同人之"先"，以中直也；大师相遇，言相克也。

"先大哭而后喜悦"，九五阳刚居中得正；用大军讨伐相遇，九五战胜九三、九四而与六二相遇。

"同人于郊"，志未得也。

"同人于郊外荒僻之地"，结果是无人与之同，志向没有实现。

《象》曰：火在天上，大有。君子以遏恶扬善，顺天休命。

火在天上，无所不照，故其卦为大有。君子观此，则知止恶扬善，顺应天命。

大有初九，无交害也。

大有之时，初九居一卦之下，无爻相应，处于事情开始之际，没有什么伤害。

"大车以载"，积中不败也。

"用大车载物"，九二积蓄其德所以不会失败。

"公用亨于天子"，小人害也。

"公侯朝见天子贡献方物"，小人没有刚正之德，必然自取咎害。

"匪其彭，无咎"，明辨晢也。

"谦虚自损，不处盛大，无灾"，九四有明辨之智慧。

"厥孚交如"，信以发志也。"威如"之吉，易而无备也。

"真诚无私地交往"，一人心诚则足以激发众人之志。"威严"带来吉利，太柔会导致懈怠而无畏惧之心。

大有上吉，自天祐也。
居大有之上，吉，得到了天命保佑。

《象》曰：地中有山，谦。君子以裒多益寡，称物平施。
地中有山，卑下而蕴含高尚，故为谦卦。君子观此，则知取出多的以增益少的，衡量万物而公平施用。

"谦谦君子"，卑以自牧也。
"谦而又谦的君子"，卑顺处下以自我修养。

"鸣谦，贞吉"，中心得也。
"以谦逊之德闻名，正直而吉利"，其心柔顺中正。

"劳谦君子"，万民服也。
"有功劳而能谦"，万民归顺。

"无不利，㧑谦"，不违则也。
"所到之处都吉利，能发挥其谦"，不违背准则。

"利用侵伐"，征不服也。
"利于出兵"，讨伐不服者。

"鸣谦"，志未得也。可用"行师"，"征邑国"也。
"以谦逊而闻名"，上六阴柔无位，才力不足，志向未能实现。可以"行师"，"讨伐自己属地内的小国"。

《象》曰：雷出地奋，豫。先王以作乐崇德，殷荐之上帝，以配祖考。
震雷出于地面，奋发向上，其声和畅，故其卦为豫。先王观此，则知作乐以褒扬功德，其盛大至于祭祀上帝，配以祖考。

"**初六，鸣豫**"，志穷凶也。

"阴柔小人，处豫乐而洋洋得意"，浅薄至此，志向不能实现，必致凶咎。

"不终日，贞吉"，以中正也。

"无须一整天就能洞察到事情的几微变化，守正吉"，六二居中得正。

"盱豫""有悔"，位不当也。

"六三上视九四而下溺豫乐，有后悔之事发生"，六三居不当位。

"由豫，大有得"，志大行也。

豫之所以成，由于九四一爻。上下五阴应之，所以"大有得"，九四志向可实现。

"六五，贞疾"，乘刚也。"恒不死"，中未亡也。

"六五爻辞称'其占有疾'"，乘九四之上，众人不依附所以形势危险。"常不死"，居中所以不死。

"冥豫"在上，何可长也？

"昏昏然沉醉于豫乐"，上六又怎能长久安逸呢？

《象》曰：泽中有雷，随。君子以向晦入宴息。

震雷藏于泽中，随时休息。君子观此，则知进退随时，傍晚入居室内而休息。

"官有渝"，从正吉也。"出门交有功"，不失也。

"初九以阳居下，居随之初，有所随则主守有变"，随从正道则吉。"出门交往有功"，不失其正。

"系小子"，弗兼与也。

"六二系于初阳之小子"，随从初九，则必然失去九五，二者不可能兼得，比喻从恶则必然失去善。

"系丈夫"，志舍下也。

"六三阴柔随从九四阳刚"，志向在于舍弃卑下之人。

"随有获"，其义凶也。"有孚在道"，明功也。

"九四随从九五有收获"，然而九四以刚居下，其势凌逼于九五，其义为凶。"以至诚之心守道"，如此则有大明之功。

"孚于嘉，吉"，位正中也。

"诚心于善，吉"，九五阳刚中正。

"拘系之"，上穷也。

"拘押限制而又维系"，上六居随之极，陷入穷困。

《象》曰：山下有风，蛊。君子以振民育德。

山下有风，事物被扰乱而待治理，所以其卦为蛊。君子观此，则知振济民众养育德行。

"干父之蛊"，意承考也。

"治理父亲遗留下来的坏事"，儿子的心意是使父亲免于凶咎。

"干母之蛊"，得中道也。

"儿子治理母亲遗留的坏事"，九二以刚居中，能行中道。

"干父之蛊"，终无咎也。

"治理父亲遗留的坏事"，九三当位得正，所以最终没有过失。

"裕父之蛊"，往未得也。

"以宽裕的态度治理父亲遗留的坏事"，坏事日益加深而不能治理，以此而往没有收获。

"干父"，"用誉"，承以德也。

"治理父亲遗留下来的坏事"，"赢得好声誉"，九二刚中以德相承。

"不事王侯"，志可则也。

"不侍奉王侯"，志向高远可为法则。

《象》曰：泽上有地，临。君子以教思无穷，容保民无疆。

泽上有地，地临于泽，故其卦为临。君子观此，则知以至诚之心教导民众，以宽广之心包容保护民众，无有疆限。

"咸临，贞吉"，志行正也。

"初九以感化临人，守正吉"，志向所行正直无私。

"咸临，吉，无不利"，未顺命也。

"九二阳刚居中，以感道相临，吉，没有任何不利"，积极有为而不仅仅顺从上之所令。

"甘临"，位不当也。"既忧之"，咎不长也。

"以喜悦临人，没有什么好处"，六三阴柔不当位。"有所忧虑而改正"，过错就能及时得到纠正。

"至临，无咎"，位当也。

"六四得位下应初九，以此相临，没有过失"，六四当位。

"大君之宜"，行中之谓也。

"宜于大国之君"，六五以柔居中。

"敦临"之吉，志在内也。

"敦厚以临，其占为吉"，上六志向在于初九、九二。

《象》曰：风行地上，观。先王以省方观民设教。

风行于地上，周览万物，故为观。先王观此，则知巡视四方、观民风俗，从而教化民众。

"初六，童观"，小人道也。
"初六阴柔在下，幼稚地观察问题"，小人之道。
"窥观"，"女贞"，亦可丑也。
"偷偷窥视"，"宜于女子占问"，令人羞吝。
"观我生，进退"，未失道也。
"观我之所行，随时进退"，没有丧失正道。
"观国之光"，尚宾也。
"观仰国家的光辉盛德"，宜于用宾主之礼朝见君王。
"观我生"，观民也。
"观我之所行"，可以通过观民以察己。
"观其生"，志未平也。
"观其所行"，志向未能安平。

《象》曰：雷电，噬嗑，先王以明罚敕法。
震下离上，威而明，其卦噬嗑，先王观此卦，则知修明刑罚整治法律。
"屦校灭趾"，不行也。
"脚戴镣铐，脚趾毁伤"，不能行走。
"噬肤灭鼻"，乘刚也。
"噬咬皮肤，虽然容易，不免伤及到鼻"，因为六二阴柔而乘初九。
"遇毒"，位不当也。
"遇到毒"，六三阴柔不中不正。
"利艰贞，吉"，未光也。
"宜于攻克艰难，固守正直，吉"，九四不中不正，其道未能光大。

"贞厉，无咎"，得当也。

"占问凶险，但最终无咎"，六五以柔居中。

"何校灭耳"，聪不明也。

"头戴枷锁，耳朵毁伤"，上九阳刚过极，聋暗不明。

《象》曰：山下有火，贲。君子以明庶政，无敢折狱。

山之下有火，火照见其上，草木百物皆被其光彩，然其光明不能及远，故其卦为贲。君子观此卦，则修明日常政事，不敢处理刑狱大事。

"舍车而徒"，义弗乘也。

"舍弃车子徒步而走"，若乘车而行，不合道义。

"贲其须"，与上兴也。

"文饰胡须"，六二阴柔中正，跟从在上之阳而动。

"永贞"之吉，终莫之陵也。

九三恒守正道而吉，最终无人侵凌。

六四，当位疑也。"匪寇，婚媾"，终无尤也。

六四当位与初九相应，但被九三所阻隔，所以有疑惑。不过"九三不是敌寇，而是求婚姻于六四"，最终没有忧患。

六五之吉，有喜也。

六五阴柔居中，吉，有喜事。

"白贲，无咎"，上得志也。

"文饰至极而反于无色，没有过失"，居上志向得以实现。

《象》曰：山附于地，剥。上以厚下安宅。

山高而依附于地，为剥。居上位者观此卦，知当厚养民众，安居其宅。

"剥床以足"，以灭下也。

"剥落床腿"，侵灭正道自下而始。

"剥床以辨"，未有与也。

"剥落至床干"，没有同党相从。

"剥之，无咎"，失上下也。

"剥落，没有过失"，六三独与上九相应，舍弃同党而从正。

"剥床以肤"，切近灾也。

"剥床以至于祸及身体之肤表"，凶险逼近。

"以宫人宠"，终无尤也。

"以宫人受宠"，最终没有忧患。

"君子得舆"，民所载也。"小人剥庐"，终不可用也。

"君子得到马车"，君子为众阴所载。"小人有被剥掉居室之灾"，最终陷入穷困，无所可用。

《象》曰：雷在地中，复。先王以至日闭关，商旅不行，后不省方。

震雷潜藏地中，阳气始复之时，故为复。先王观此卦，知当顺应天道，安静以养微阳，在至日关闭各关口，使商旅不得通行，君王也不巡视四方。

"不远"之复，以修身也。

"过错尚未及远就能够迷而知返"，君子以此为修身之道。

"休复"之吉，以下仁也。

"休止而返回正道"，吉，六二柔顺中正，亲近初九仁人君子。

"频复"之"厉"，义无咎也。

频繁往复则危险,返回道义则无咎。

"中行独复",以从道也。

"守中道而行,独自复于正道",六四独与初九之君子相应。

"敦复,无悔",中以自考也。

"敦守复道,没有后悔",六五以中顺之德而自成。

"迷复"之凶,反君道也。

"终迷而不知复,凶",上六违背了为君之道。

《象》曰:天下雷行,物与无妄。先王以茂对时育万物。

震雷行于天下,为阴阳交合、万物发生时,万物各正其性命而无虚妄。先王法此,应时以化育万物,无私意于其间。

无妄之往,得志也。

至诚前往,志向一定会实现。

"不耕获",未富也。

"无须耕种而有收获",六二因时顺理而无私心杂念,并非计算利害而为。

行人得牛,邑人灾也。

过路人将牛牵走,居住此地的人反而遭到逮捕之灾,六三以阴居阳而不正,无故而有灾害。

"可贞,无咎",固有之也。

"可固守,无灾祸",九四阳刚而处乾体,能固守。

无妄之药,不可试也。

至诚以顺理,无须用药,否则就是妄行而导致疾病。

无妄之行,穷之灾也。

居无妄之时,上九穷极有灾难。

《象》曰：天在山中，大畜。君子以多识前言往行，以畜其德。

天在山中，不必实有其事，以此象征所畜甚大。君子观此，知当多识古圣贤的言行，以积蓄其德。

"有厉，利已"，不犯灾也。

"有危险，宜停止"，初九为六四所畜，止而不前就不会有灾。

"舆说輹"，中无尤也。

"车子的辐条脱落，车子不能前进"，九二为六五所畜，处中不进则没有忧患。

"利有攸往"，上合志也。

"宜前往"，上九与九三心志相同。

六四元吉，有喜也。

六四艮体畜止初九之微阳，用力小而其事易，大吉，有喜事。

六五之吉，有庆也。

六五柔中而居尊位，有福庆。

"何天之衢"，道大行也。

上九畜极而通，如天路豁达无碍，道路亨通。

《象》曰：山下有雷，颐。君子以慎言语，节饮食。

雷震于山下，万物萌发，故为颐。君子观此，则知谨慎言语以养德，节制饮食以养身。

"观我朵颐"，亦不足贵也。

"观看我朵动的颐颔"，惑于物欲而失正道，不足为贵。

六二"征凶"，行失类也。

六二上行求养于上九，非其类而求，往则凶。

"十年勿用"，道大悖也。

"十年不能有所作为"，六三阴柔不正，违背养道。

"颠颐"之吉，上施光也。

"颠倒以求养，吉"，六四赖初九之养而施下。

"居贞"之吉，顺以从上也。

"居正"，吉，六五顺从上九。

"由颐，厉吉"，大有庆也。

"物由上九而养，虽然危险但是吉利"，阳刚在上以养万物，大有福庆。

《象》曰：泽灭木，大过。君子以独立不惧，遁世无闷。

巽下兑上，泽水本应润养木，今反淹没木，故为大过。君子观大过之象，立其大过人之德行，举世非之而不惧，举世不知而无悔。

"藉用白茅"，柔在下也。

"用洁白的茅草垫在下面，过于小心谨慎"，当大过之时，初六以阴柔居巽体之下。

"老夫"，"女妻"，过以相与也。

"老夫娶得一女子为妻"，九二居大过之始而下比初六。

"栋桡"之凶，不可以有辅也。

"房屋的大梁脆弱曲折"之祸，九三过刚而不中，无人辅助。

"栋隆"之吉，不挠乎下也。

"房屋的大梁隆起"之吉，九四不屈服初六。

"枯杨生华"，何可久也？"老妇""士夫"，亦可丑也。

"枯萎的杨树生发出繁盛的花叶"，如何能长久呢？年老之妇得到强壮的男子，可羞耻之事啊。

"过涉"之凶，不可咎也。
"涉水时河水灭过了头顶"，祸患由自己招致，无所怨咎于人。

《象》曰：水洊至，习坎。君子以常德行，习教事。
水流再至，两坎相重。君子观此，知当恒常其德行，熟习其教令。治人治己，皆需反复熟习。

"习坎"入坎，失道凶也。
"习坎"而更入于坎，失道故凶。

"求小得"，未出中也。
"求而有小得"，九二处重险之中，未能出险。

"来之坎坎"，终无功也。
"来下则入于险中，往上则重险，进退皆险"，最终无所作为。

"樽酒簋贰"，刚柔际也。
"一樽之酒，二簋之食"，六四用此薄礼，益以诚心，进结九五之君。

"坎不盈"，中未大也。
"在坎险之中而未平"，九五有刚中之德但是未能光大。

上六失道，凶三岁也。
上六失道有灾祸，至于三年不能免。

《象》曰：明两作，离。大人以继明照于四方。
两明相继呈现，故为离。大人观离明相继之象，则以文明之德照临四方。

"履错"之敬，以辟咎也。
"足踏之处交错杂然"，初九敬慎而不妄动，没有过错。

"黄离，元吉"，得中道也。

"丽于文明中正，大吉"，六二得中道。

"日昃之离"，何可久也。

"太阳偏西，离明即将消去"，光明如何能长久？

"突如其来如"，无所容也。

"突然来到"，九四为众人所弃绝。

六五之吉，离王公也。

六五之吉，是因为居于王公之位。

"王用出征"，以正邦也。

"君王行其征伐"，九以阳刚居上，在离明之极，所以能正其国。

《象》下

《象》曰：山上有泽，咸。君子以虚受人。

泽水润下而山体虚以受，故为感。君子观此，知当虚心以纳人，如此则感而相通。

"咸其拇"，志在外也。

"感应其脚拇指"，初六志在与九四相应。

虽"凶，居吉"，顺不害也。

"虽然凶险，安居而不妄动，吉"。六二有中正之德，静待九五之求，如此则顺理而无害。

"咸其股"，亦不处也。志在随人，所执下也。

"感应其大腿"，九三感于上九，随物而动，志在随人，不能自主，卑下不足道。

"贞吉，悔亡"，未感害也。"憧憧往来"，未光大也。

"守正则吉，悔亡"，不被私感所害。"九四不能守正而以私心感物"，感道未能光大。

"咸其脢"，志末也。

"感应其背脊肉"，九五应于六二，所感偏私，存心浅末。

"咸其辅、颊、舌"，滕口说也。

"感应其牙床、面颊、舌头"，以言语感人而无诚心。

《象》曰：雷风，恒。君子以立不易方。

雷风相与，顺而动，故为恒。君子观恒之象，自立于常久之道。

"浚恒"之凶，始求深也。

"深求于恒"，凶，初六柔暗居下，不能审时度势，一开始就深求于九四。

九二"悔亡"，能久中也。

九二"后悔之事消失"，能久于中道。

"不恒其德"，无所容也。

"不能恒守其德"，无所容身。

久非其位，安得禽也？

恒久处于不当之位，田猎怎么能有收获呢？

"妇人"贞吉，从一而终也。"夫子"制义，从妇凶也。

妇人从一而终，恒守其德，吉。男子应当恒守道义，若以随从妇人为常久之道，凶。

"振恒"在上，大无功也。

"恒常地振动不停"，阴柔居上不能固守，不能有所建树。

《象》曰：天下有山，遯。君子以远小人，不恶而严。

天，上进而无穷。山，下起而有所止，故为遯避之象。君子避远小人，以道自守，无须疾言厉色而小人自然遯去。

"遯尾"之"厉"，不往何灾也？

当退避时而落在最后，形势危险，不如隐晦自处而不前往，这样又有什么灾祸呢？

"执用黄牛"，固志也。

"以黄牛之皮捆绑"，六二中正自处，守志不移。

"係遯"之厉，有疾惫也。"畜臣妾，吉"，不可大事也。

当退避时而心有所系，将受伤而危险。系恋之私恩，用来蓄养小人女子吉，不可担当大事。

"君子""好遯"，"小人否"也。

君子心有所好故能弃绝之，小人则不能战胜私欲。

"嘉遯，贞吉"，以正志也。

"处遯而德行嘉美，守正吉"，九五能正其心志。

"肥遯，无不利"，无所疑也。

"宽裕以遯，一切顺利"，上九刚决而无犹疑。

《象》曰：雷在天上，大壮。君子以非礼弗履。

震雷在天上，大壮。君子观大壮之象，知当克己复礼。

"壮于趾"，其孚穷也。

"壮于脚趾"，居下而壮于前进，诚信穷困。

"九二，贞吉"，以中也。

"九二守正，吉"，得中道。

"小人用壮"，君子罔也。

"小人用壮"，君子勿用壮。

"藩决不羸"，尚往也。

"藩篱被冲破，羊角不被困住"，九四前行不已。

"丧羊于易"，位不当也。

"丢失羊却无察觉"，六五不当位。

"不能退，不能遂"，不详也。"艰则吉"，咎不长也。

"公羊撞击藩篱，羊角被缠住，不能退后，不能前进"，上六不周详谨慎。"艰难自处，吉"，灾祸不长久。

《象》曰：明出地上，晋。君子以自昭明德。

光明出自地上，为晋。君子知当昭示明德于天下。

"晋如摧如"，独行正也。"裕无咎"，未受命也。

"前进受阻"，独自行正道。"宽裕自处则无咎"，初六居晋卦之下，未受命当职。

"受兹介福"，以中正也。

"得到六五宠禄而受此大福"，六二中正自守。

"众允"之志，上行也。

"六三顺上，众所允从"，三阴志向相同，皆顺而上行。

"鼫鼠，贞厉"，位不当也。

"九四鼫鼠之象，占之危险"，以阳居阴，不当位。

"失得勿恤"，往有庆也。

"去除功利心"，如此而往有喜庆。

"维用伐邑"，道未光也。

"讨伐其自治的城邦"，上九过于刚劲而失中道，其道未能光大。

《象》曰：明入地中，明夷。君子以莅众，用晦而明。

日入地中，光明见伤，故为明夷。君子知安定天下百姓之道，虽艰难而终显明。

"君子于行"，义不食也。

"君子出行，三日不食"，道义使然。

六二之吉，顺以则也。

六二得吉，顺乎中正。

"南狩"之志，乃大得也。

"向南方光明之处田猎，诛灭首恶"，九三收获大。

"入于左腹",获心意也。

"进入左腹",获得明夷之心。

"箕子"之"贞",明不可息也。

"箕子"而守"正",光明不被熄灭。

"初登于天",照四国也。"后入于地",失则也。

"刚开始登上天",照亮周围国家,"最终坠入地",失德的缘故。

《象》曰:风自火出,家人。君子以言有物而行有恒。

内离外巽,风自火出,为家人。君子知道事情皆由内而出,所以说话必依据事实,行为必遵守法则。

"闲有家",志未变也。

"家中有防备",意志未变时及早预防。

六二之吉,顺以巽也。

六二吉利,顺以居下。

"家人嗃嗃",未失也。"妇子嘻嘻",失家节也。

"家人受到严厉斥责",未失礼法。"妻子儿女恣意无节",失掉礼法。

"富家,大吉",顺在位也。

"富裕其家,大吉",六四当位居上。

"王假有家",交相爱也。

"君王至于其家",九五、六二相亲爱。

"威如"之吉,反身之谓也。

"威严而吉",上九反身自治,则人畏服。

《象》曰:上火下泽,睽。君子以同而异。

离火上炎泽水润下，水火之性相乖离，故为睽。君子于大同之中知有差异。

"见恶人"，以辟咎也。

"睽离之时，必见恶人"，然后可以避免灾害。

"遇主于巷"，未失道也。

"在曲折小巷中与主人相遇"，九二不失正道。

"见舆曳"，位不当也。"无初有终"，遇刚也。

"看见车被牵引"，六三被九二所拉，不当位的缘故。"起初无利，最终结果好"，六三最终与上九相合。

"交孚""无咎"，志行也。

"九四初九以诚信相交往"，无灾，九四心志可以实现。

"厥宗噬肤"，往有庆也。

"九二与六五同党而交往深厚，如噬咬皮肤容易深入"，前往有喜庆。

"遇雨"之吉，群疑亡也。

"上九与六三阴阳交合"，吉，各种猜忌都消解。

《象》曰：山上有水，蹇。君子以反身修德。

山险阻而其上有水，故为蹇。君子当蹇难之际，必自省而修德。

"往蹇，来誉"，宜待也。

"往进入于蹇，不进则有美誉"，初六宜静待时机。

"王臣蹇蹇"，终无尤也。

"王之大臣历尽艰难"，最终没有忧虑。

"往蹇，来反"，内喜之也。

"往进入于蹇，返而就初六、六二"，得其所安，心有喜悦。

"往蹇，来连"，当位实也。

"往进入于蹇，连于九三，合力以济险"，六四当位而诚信。

"大蹇，朋来"，以中节也。

"大难时，有朋友前来相助"，九五有中正之德。

"往蹇来硕"，志在内也。"利见大人"，以从贵也。

"往进入于蹇，返而就九五，有硕大之功"，上六志向在于九五。"宜见大人"，跟随九五尊贵之人。

《象》曰：雷雨作，解。君子以赦过宥罪。

雷雨兴作，万物生发，故为解。君子体万物生发之象以施恩泽，赦免过失宽恕罪行。

刚柔之际，义"无咎"也。

初六与九四相应相接，困难解除，自然没有灾祸。

九二"贞吉"，得中道也。

九二"守正吉"，阳刚得中道。

"负且乘"，亦可丑也。自我致戎，又谁咎也？

"挑担的人乘坐于车马之上"，小人而乘坐君子之器，足以令人羞耻。自己招来盗贼，又能怪谁呢？

"解而拇"，未当位也。

"解开被缚的拇指"，九四初九不当位而相应。

君子"有解"，小人退也。

君子"得到解脱"，小人退避的缘故。

"公用射隼"，以解悖也。

"王公射鹰于城墙之上，捕获它"，上六欲解除六三之悖乱。

《象》曰：山下有泽，损。君子以惩忿窒欲。

损兑泽之深，益艮山之高，损下益上，损内益外，故为损。君子观损，知当克制愤怒，抑制贪欲。

"已事遄往"，尚合志也。

"停下事情，速速前往"，初九上应六四，志向相合。

"九二，利贞"，中以为志也。

"九二宜守正"，以守中为志向。

"一人行"，"三"则疑也。

"一人行"则"得其友"，三则疑而乱。

"损其疾"，亦可喜也。

"减轻其疾病"，六四有喜庆。

六五"元吉"，自上佑也。

六五"大吉"，有天保佑。

"弗损益之"，大得志也。

"无所减损反而受益"，上九大行其志。

《象》曰：风雷，益。君子以见善则迁，有过则改。

风烈则雷迅，雷激则风怒，二物交相助益。君子知益人之道，莫过于见善则迁，有过则改。

"元吉，无咎"，下不厚事也。

"大吉，无灾"，初九居下，本来不应该承担大事。

"或益之"，自外来也。

"有人益之以十朋之龟"，六二虚中处下，接受天下的助益。

益用凶事，固有之也。

用凶事来增益，六三阴柔不中不正。

"告公从"，以益志也。

"告诉王公获得信从"，六四有益天下之志。

"有孚惠心"，勿问之矣。"惠我德"，大得志也。

"有诚信仁惠之心"，无须卜问而大吉，"天下亦以诚信仁惠回报我德"，九五志向大行。

"莫益之"，偏辞也。"或击之"，自外来也。

"无人相助"，是"求益之心不已"偏旁带来之辞。"有时被攻击"，自外而至。

《象》曰：泽上于天，夬。君子以施禄及下，居德则忌。

泽水上行至极高，必然溃决，故为夬。君子观泽水溃决灌溉之象，知当广施惠泽于下，以德修省，严于防范。

"不胜"而往，咎也。

"不胜其力"而往，必有灾祸。

"有戎""勿恤"，得中道也。

"夜晚有兵戎之事""不用担忧"，九二行中道。

"君子夬夬"，终无咎也。

"君子果决"，不心系自己所私爱，最终无灾害。

"其行次且"，位不当也。"闻言不信"，聪不明也。

"行走蹒跚不稳"，九四以阳居阴，不当位。"听闻此言而不信"，聪明达不到。

"中行无咎"，中未光也。

"九五居中而行没有灾祸"，然而未能光大中道。

"无号"之凶，终不可长也。

"无所号呼"，凶。阴柔小人，居穷极之时，不可能长久。

《象》曰：天下有风，姤。后以施命诰四方。

风行天下，无物不遇，故为姤。后王观其周遍之象，施其教命，诰令四方。

"系于金柅"，柔道牵也。

"系于用坚刚之金所作的止车之物"，阴柔之道必有牵系。

"包有鱼"，义不及宾也。

"厨房里有鱼"，初六既然为己所包畜，则不能出为宾客。

"其行次且"，行未牵也。

"行走蹒跚不稳"，九三无应，无所牵连。

"无鱼"之凶，远民也。

"无鱼"之凶，九四远离民众。

九五"含章"，中正也。"有陨自天"，志不舍命也。

"内含章美"，九五阳刚中正。"自天而降美实"，九五至诚合于天命。

"姤其角"，上穷吝也。

"遇其角"，上九高亢而刚极，以此相遇必有吝道。

《象》曰：泽上于地，萃。君子以除戎器，戒不虞。

泽上于地，水为地所聚。君子观萃聚之象，知当修治兵器，戒备意料不到的事情。

"乃乱乃萃"，其志乱也。

"迷乱而妄自结交"，初六不能固守其志。

"引吉，无咎"，中未变也。

"牵引而吉，无咎"，六二柔顺中正，未变其志。

"往无咎"，上巽也。

"唯往从上六，可以无咎"，上六巽顺而接纳它。

"大吉，无咎"，位不当也。

"必大吉然后无咎"，九四以阳居阴不当位。

"萃有位"，志未光也。

"九五阳刚中正，当萃之时而居尊位"，尚有未尽其诚信之处，是以心志未光大。

"赍咨涕洟"，未安上也。

"嗟叹痛哭"，阴柔无位，不能安处于上。

《象》曰：地中生木，升。君子以顺德，积小以高大。

"顺"，多作"慎"①。木生地中，长而上升。君子观升之象，知当顺修德行，积小以至于高大。

"允升，大吉"，上合志也。

"确信能上升，大吉"，初六巽顺二阳，与二阳同志而上升。

九二之孚，有喜也。

九二至诚之心，必有喜庆。

"升虚邑"，无所疑也。

"上升如进入无人之城邦"，九三前进没有任何阻碍。

"王用亨于岐山"，顺事也。

"君王登进岐山祭祀神灵"，六四顺而升。

"贞吉，升阶"，大得志也。

"守正，吉，一路上升"，六五其志大得。

---

① 朱熹说："王肃本'顺'作'慎'，今按，它书引此亦多作'慎'，意尤明白，盖古字通用也。"见朱熹：《周易本义》，《朱子全书》第1册，上海古籍出版社、安徽教育出版社2002年版，第117页。

"冥升"在上，消不富也。

"昏冥于上升不已"，只会消亡，无所增益。

《象》曰：泽无水，困。君子以致命遂志。

水向下漏，泽中枯竭，故为困。君子虽然遭遇困苦危难，仍能达成天命、实现志向而不移。

"入于幽谷"，幽不明也。

"入于幽深的山谷"，初六阴柔处坎险之底，幽暗不明。

"困于酒食"，中有庆也。

"困于酒食宴乐之间"，九二刚中之德，有吉庆。

"据于蒺藜"，乘刚也。"入于其宫，不见其妻"，不祥也。

"乘于荆棘之上"，六三阴柔乘九二之上。"进入宫室，却见不到妻子"，不吉祥。

"来徐徐"，志在下也。虽不当位，有与也。

"缓缓而来"，九四志在初六。虽然不当位，然而与初六相应而相与。

"劓刖"，志未得也。"乃徐有说"，以中直也。"利用祭祀"，受福也。

"遭遇割鼻、截足之刑"，处困之时，九五志向不能实现。"迟久而获喜悦"，九五居中得正。"宜于祭祀"，致其诚心而获福。

"困于葛藟"，未当也。"动悔，有悔"，吉行也。

"困于葛藟之中"，上六处穷困之极，未得当。"动必有悔，能有所后悔"，前行吉。

《象》曰：木上有水，井。君子以劳民劝相。

以木入水而又上水，故为井。君子观此，知当劳徕民众，劝勉以相助。

"井泥不食"，下也。"旧井无禽"，时舍也。

"井底有泥，人不能食用"，初六以阴居下。"敝旧之井，禽鸟也不光顾"，初六时机不成熟。

"井谷射鲋"，无与也。

"井水下流注入井泥中的微小生物"，九二上无正应。

"井渫不食"，行恻也。求"王明"，受福也。

"井水除去泥污可以食用却无人食用"，井道不行故而悲伤。求"大王英明"，上下都受其福泽。

"井甃，无咎"，修井也。

"修治井"，无咎。

"寒泉"之食，中正也。

"井水甘洁清冽"可供食用，九五阳刚中正。

"元吉"在上，大成也。

"大吉"在上，上六居井上而出水，大有所成。

《象》曰：泽中有火，革。君子以治历明时。

兑泽在上，离火在下，火燃则水干，水决则火灭，水火相熄故为革。变革之大，莫如四时，君子知当推算日月星辰的变化以制定历法，显明四时之次序。

"巩用黄牛"，不可以有为也。

"用黄牛的皮革来固定物品"，初九不可以有所作为。

"巳日""革之"，行有嘉也。

"巳日方能变革"，六二前往获得赞誉。

"革言三就"，又何之矣。

"能审察变革之言以至于三次都一致"，说明有诚信可以更革。

"改命"之吉，信志也。

"改天命"而吉，九四守信诚实。

"大人虎变"，其文炳也。

"大人变革如虎"，大人的德行炳焕明盛。

"君子豹变"，其文蔚也。"小人革面"，顺以从君也。

"君子变革如豹"，纹理彬蔚。"小人洗心革面"，听从君王教令。

《象》曰：木上有火，鼎。君子以正位凝命。

木上有火，烹饪之象，故为鼎。鼎为重器，其形端正，其体安重。君子观此，知当端正所居，安重其命令。

"鼎颠趾"，未悖也。"利出否"，以从贵也。

"鼎趾向上"，没有悖离鼎道。"利于倾倒鼎中败坏的食物而盛放新鲜食物"，初六上应九四。

"鼎有实"，慎所之也。"我仇有疾"，终无尤也。

"鼎中有食"，九二应谨慎前往。"我仇有病"，九二刚中自守最终没有过失。

"鼎耳革"，失其义也。

"鼎耳正值变革之际"，九三过刚不中，不合道义。

"覆公餗"信如何也？

"鼎中珍馐倾覆"，流散沾濡，怎能被信任呢？

"鼎黄耳"，中以为实也。

"鼎有黄耳"，六五虚中以应九二之坚刚。

"玉铉"在上，刚柔节也。

"玉铉"在上，上九以阳居阴，刚而能温，有所节制。

《象》曰：洊雷，震。君子以恐惧修省。

上下皆雷，重雷则为震卦。君子观洊雷威震之象，知当恐惧反省。

"震来虩虩"，恐致福也。"笑言哑哑"，后有则也。

"震雷来时惊恐四顾"，因恐惧而致福。"过后又谈笑自如"，震惊而后有法则。

"震来厉"，乘刚也。

"震雷来时危险"，六二乘初九之上。

"震苏苏"，位不当也。

"震雷来时苏苏发抖"，六三居处不正。

"震遂泥"，未光也。

"雷电坠入泥中"，九四不能光大。

"震往来厉"，危行也。其事在中，大无丧也。

"打雷时往来皆有危险"，行动就有危险。六五处理事情不失中道，所以不会有大失误。

"震索索"，中未得也。虽凶无咎，畏邻戒也。

"打雷时恐惧颤抖"，没有行中道。虽然危险却无灾祸，见雷电危及邻居则知惊惧自省。

《象》曰：兼山，艮。君子以思不出其位。

上下皆艮，故为兼山。君子观艮止之象，思其所当思，所以思不出位。

"艮其趾"，未失正也。

"脚趾止而不动"，初六当位守正。

"不拯其随",未退听也。

"腿肚子止而不动,不能前往拯举其所随",九三不肯退听于六二。

"艮其限",危"薰心"也。

"腰胯止而不动",九三过刚不中,居上下之际,十分危险,处世乖戾与物隔绝。

"艮其身",止诸躬也。

"身体止而不动",六四以阴居阴,时止则止。

"艮其辅",以中正也。

"面颊止而不动",六五居中守正。

"敦艮"之吉,以厚终也。

"敦厚于止而吉",上九敦厚于事情之终。

《象》曰:山上有木,渐。君子以居贤德善俗。

山上有木,山与木皆渐而生长。君子观此,知当涵养德行改良风俗。

小子之厉,义无咎也。

小人幼子有危险,然而于理义没有过失。

"饮食衎衎",不素饱也。

"饮食和乐安裕",六二得之以道,不为徒饱。

"夫征不复",离群丑也;"妇孕不育",失其道也;利用"御寇",顺相保也。

"丈夫出征回不来",九三离叛其群类;"妇人怀孕却不生育",过刚不中而失道;宜于"抵御外敌",虽过刚而守正。

"或得其桷"，顺以巽也。

"或得横平的树枝以用作建造房屋的椽子"，六四乘于九五之上而居巽顺之体。

"终莫之胜，吉"，得所愿也。

"最终与丈夫相合有孕，吉"，九五阳刚中正，得其所愿。

"其羽可用为仪，吉"，不可乱也。

"羽毛可以用作仪饰，吉"，上九至高而居巽顺之体，有序而不乱。

《象》曰：泽上有雷，归妹。君子以永终知敝。

泽上有雷，悦而动，归妹之象。君子观此，知夫妇之道正则长久，不正则败坏。

"归妹以娣"，以恒也。"跛能履，吉"，相承也。

"少女出嫁，妹妹从嫁"，初九有恒德。"瘸腿而能行，吉"，身份低微辅助夫君。

"利幽人之贞"，未变常也。

"宜于守正的幽居之人"，九二得中不变其常。

"归妹以须"，未当也。

"少女出嫁延期"，六三失位。

"愆期"之志，有待而行也。

"少女出嫁推延日期"，志在于适时而行。

"帝乙归妹"，"不如其娣之袂良"也，其位在中，以贵行也。

"帝乙下嫁其女"，"姐姐的服饰反不如妹妹的服饰华美"，六五以中德之行为贵，不崇尚服饰华美。

上六"无实"，承虚筐也。

上六"筐子空空"，以阴柔居归妹之终而无应。

《象》曰：雷电皆至，丰。君子以折狱致刑。

上雷下电，威严光明并行，故为丰。君子观此，知当决断刑狱，施行刑罚。

"虽旬无咎"，过旬灾也。

"虽然均等却无灾"，违背均衡有灾祸。

"有孚发若"，信以发志也。

"以诚意感发"，六二以诚意感发六五之心。

"丰其沛"，不可大事也。"折其右肱"，终不可用也。

"丰大其幡幔"，九三处离明之极而应上六，故不可以从事大事。"右胳膊折断"，以至于最终不可用。

"丰其蔀"，位不当也。"日中见斗"，幽不明也。"遇其夷主"，吉行也。

"丰大覆盖于棚架之上以遮蔽阳光的草席"，九四以阳处阴，不当位。"日头正当午而看见星星"，幽暗不明。"遇见同辈人"，行而获吉。

六五之"吉"，"有庆"也。

六五以中德致天下之明，"吉"，"有庆誉"。

"丰其屋"，天际翔也。"窥其户，阗其无人"，自藏也。

"丰大房屋"，在上处极，如飞翔于天边。"窥视其门，寂静无人"，自己昏暗闭藏。

《象》曰：山上有火，旅。君子以明慎用刑而不留狱。

艮山在下，离火炎上，故为旅。君子观此，知当谨慎用刑如山，不留狱事如火。

"旅琐琐"，志穷灾也。

"旅行时猥琐卑贱"，初六志意穷迫自取灾咎。

"得童仆贞"，终无尤也。

"跟随的童仆正直"，六二柔顺中正最终没有忧患。

"旅焚其次"，亦以伤矣。以旅与下，其义丧也。

"旅行在外而寓所失火"，自己也因此受伤。如此待下，其义当丧失童仆。

"旅于处"，未得位也。"得其资斧"，心未快也。

"旅行得到居所"，九四虽不当位，柔而能下。"得到货财之资"，然而其心却不畅快。

"终以誉命"，上逮也。

"最终有好的名声福禄"，在旅而有六五资助。

以旅在上，其义焚也。"丧牛于易"，终莫之闻也。

处旅之上，骄傲而不柔顺，其义当被焚。"因轻慢而丢掉了牛"，最终不被闻知。

《象》曰：随风，巽。君子以申命行事。

两风相重，故为巽。君子观重巽相继之象而发布命令，推行政事。

"进退"，志疑也。"利武人之贞"，志治也。

"进退不定"，初六心志犹疑不决。"宜于武人守正"，心志可得确立。

"纷若"之吉，得中也。

"使用祝史、巫觋纷纷为之祈福驱邪"则吉，九二居中。

"频巽"之吝，志穷也。

"频繁地巽顺"，终究失败，九三意志穷困。

"田获三品"，有功也。

"打猎将获得三种猎物",行则有功。

九五之吉,位正中也。

九五之吉,以其刚健正中。

"巽在床下",上穷也。"丧其资斧",正乎"凶"也。

"入于床下",上九穷极。"丧失货财之资",虽有阳刚之才而"凶"。

《象》曰:丽泽,兑。君子以朋友讲习。

两泽相丽,为兑。君子观两泽交相浸润之象,知当以朋友讲习,共同进益。

"和兑"之吉,行未疑也。

"和顺以处悦",吉,初九所行未尝为人所疑。

"孚兑"之吉,信志也。

"诚信以处悦",吉,九二诚信存志。

"来兑"之凶,位不当也。

"来求悦",凶,六三阴柔不当位。

九四之"喜",有庆也。

九四之"喜",性本阳刚,故有福庆。

"孚于剥",位正当也。

"信从上六之阴",九五所处之位如此。

上六"引兑",未光也。

上六"牵引下二阳相与为悦",行为不能光大。

《象》曰:风行水上,涣。先王以享于帝立庙。

风行水上,离披解散之象,故为涣。先王济天下之涣,祭祀上帝建立宗庙。

初六之"吉",顺也。

初六之"吉",能顺九二。

"涣奔其机",得愿也。

"离散时奔向几案",九二阳刚得中,得其所愿。

"涣其躬",志在外也。

"涣散其私心",六三志在济时。

"涣其群,元吉",光大也。

"离散其群党,大吉",六四德行光大。

"王居""无咎",正位也。

"居王者之位""无灾",九五阳刚中正以居尊位。

"涣其血",远害也。

"涣散其血",上九远离危险之地。

《象》曰:泽上有水,节。君子以制数度,议德行。

泽上有水,其容有限,故为节。君子观节之象,以制立数度,议论德行。

"不出户庭",知通塞也。

"不出户外之庭",初九知时之通塞。

"不出门庭,凶",失时极也。

"不出门内之庭,凶",九二失时至极。

"不节"之"嗟",又谁咎也?

"不节俭"于是"叹息忧伤",又能归咎于谁呢?

"安节"之"亨",承上道也。

"自然节俭"而"亨",六四上承九五。

"甘节"之"吉",居位中也。

"以节俭为美"而"亨通",九五阳刚中正。

"苦节,贞凶",其道穷也。

"过于节俭而苦,若固守则凶",居节之极而道穷。

《象》曰:泽上有风,中孚。君子以议狱缓死。

水体虚,风能入,风感水受,中孚之象。君子观其象,知当商议刑狱之事,宽赦死罪。

初九"虞吉",志未变也。

"忧虑则吉",初九心志坚定。

"其子和之",中心愿也。

"其子相应和",九二、九五诚意相通。

"或鼓或罢",位不当也。

"或张鼓或罢鼓",六三不当位。

"马匹亡",绝类上也。

"马匹丧失",六四决去初九取信九五。

"有孚挛如",位正当也。

"以诚信相维系",九五当位。

"翰音登于天",何可长也!

"鸡叫之声登闻于天",鸡非登天之物而登天,如何能长久呢!

《象》曰:山上有雷,小过。君子以行过乎恭,丧过乎哀,用过乎俭。

山上有雷,其声小过。君子行为过乎恭敬,丧事过乎悲哀,用度过乎节俭,三者皆可以小过而不可以甚过。

"飞鸟以凶"，不可如何也。

"飞鸟遗音"，初六阴柔，上应九四，上而不下，想要救之却无可奈何。

"不及其君"，臣不可过也。

"见不到君王"，臣不可越过其本分。

"从或戕之，凶"，如何也。

"为众阴所欲害，凶"，九三自取灾祸。

"弗过遇之"，位不当也。"往厉必戒"，终不可长也。

"不要前往相见"，九四以刚处柔不当位。"前往凶险必当戒惧"，小过之时，阳刚终不能长久而盛。

"密云不雨"，已上也。

"阴云密布不能成雨"，阴居尊位在上。

"弗遇过之"，已亢也。

"不相遇而越过"，上六过高而甚远。

《象》曰：水在火上，既济。君子以思患而豫防之。

水在火上，火炎上而水受热，水火相交，各得其用，故为既济。君子观此象，知时已既济，唯思虑祸乱的产生而思考如何预防。

"曳其轮"，义无咎也。

"拖曳其车轮使不能前进"，初九在道义上无咎过。

"七日得"，以中道也。

"七天后复得"，六二柔顺中正。

"三年克之"，惫也。

"历时三年之久方能攻克"，可见其至难。

"东邻杀牛，不如西邻"之时也。"实受其福"，吉大来也。

"东邻杀牛举行盛大的祭祀，反而不如西邻以薄祭而受福"，九五不得其时。"实受其福"，六二在下，有进之时，故吉庆大来。

"濡其首，厉"，何可久也！

"狐狸涉水而打湿其头，十分危险"，居既济之极，处坎险之上，如何能够长久！

《象》曰：火在水上，未济。君子以慎辨物居方。

水流下，火炎上，水火不交，不相为用，故为未济。君子观此，知当谨慎以辨物、居其所当止。

"濡其尾"，亦不知极也。

"涉水打湿了尾巴"，初六不知其才力有限。

九二"贞吉"，中以行正也。

九二"守正吉"，居中而行正道。

"未济，征凶"，位不当也。

"居未济之时，前进凶"，六三阴柔不当位。

"贞吉，悔亡"，志行也。

"守正，吉，后悔之事消亡"，九四心志能够实现。

"君子之光"，其晖"吉"也。

"君子有光辉之盛"，吉。

"饮酒"濡首，亦不知节也。

"安于天命饮酒自乐"，狐狸渡水打湿了头，不知道节制。

《系辞》上

《系辞》上下二篇，通论《周易》的宗旨、性质、体系以及其他一些基本问题，富有很强的理论性与思辨色彩。

天尊地卑，乾坤定矣。卑高以陈，贵贱位矣。动静有常，刚柔断矣。方以类聚，物以群分，吉凶生矣。在天成象，在地成形，变化见矣。

天在上为尊，地在下为卑，天地是阴阳二气之实体，乾坤是《周易》中纯阳纯阴之卦名。圣人观阴阳之实体而作乾坤两卦。天地万物皆有高低上下之位，圣人拟之，所以《周易》中卦爻亦有上下之位。动是阳之常，静是阴之常。圣人观阴阳动静而作刚柔二爻。事物有善有恶，各以类分，万物以群相分，《周易》中卦爻占决之辞于是产生。在天成日月星辰之象，在地成山川动植之形，《周易》中卦爻阴阳之变因此可见。

是故刚柔相摩，八卦相荡，鼓之以雷霆，润之以风雨，日月运行，一寒一暑。乾道成男，坤道成女。

因此乾坤刚柔之爻相摩相荡而生六子，八经卦两两相推而重为六十四卦，以雷霆鼓动万物，以风雨滋养万物，日月相衔，寒暑交替而至。乾道成男，坤道成女，变化而成形。

乾知大始，坤作成物。

阳先阴后，阳施阴受，乾的作用在于促成万物的发生，坤的作用在于确保万物以长成。

乾以易知，坤以简能。

乾健而动，始生万物而无所谓困难，故以易而知大始。坤顺而静，从乎阳而不自作，故以简而能成物。

易则易知，简则易从。易知则有亲，易从则有功。有亲则可久，有功则可大。可久则贤人之德，可大则贤人之业。

人之所为，如乾之容易不难，则人容易知晓；如坤之简约不繁，则其事要约而人易从。"易知"则同心之人多，故"有亲"。"易从"，则共心协力者众，故"有功"。亲者众则事业能够长久，功业著则受益面广。使事业长久是贤人的德行，能够推而广之，使众人受益则是贤人的事业。

易简而天下之理得矣。天下之理得，而成位乎其中矣。

圣人由易简而通晓天下之理，于是可以立于天地之间，与天地参。

圣人设卦观象，系辞焉而明吉凶。

圣人创制了六十四卦，通过观察卦爻象，系以卦爻辞，易辞指示人们吉凶变化。

刚柔相推，而生变化。

卦中阴阳迭相推荡，或阴变为阳，或阳化为阴，圣人所以观象系辞。

是故吉凶者，失得之象也。悔吝者，忧虞之象也。

吉凶悔吝是《周易》的占断之辞，失得忧虞是卦爻所处之象。卦爻有得之象，则易辞吉，有失之象，则易辞凶。有忧虑之象，则易辞有悔与羞吝。

变化者，进退之象也。刚柔者，昼夜之象也。六爻之动，三极之道也。

柔变而趋于刚，刚化而趋于柔，于是有了进与退之象。变而刚，则昼而阳；化而柔，则夜而阴。六爻，初、二为地，三、四为人，五、上为天。六爻变化，体现的是天、地、人三才之道。

是故君子所居而安者，易之序也；所乐而玩者，爻之辞也。是故君子居则观其象而玩其辞，动则观其变而玩其占，是以"自天祐之，吉无不利"。

所以君子平时都依循《周易》体现的阴阳动静当然之理以居处而安宁；他们平时所喜爱而仔细观详的，是《周易》的卦爻之辞。通过学习《周易》，君子知道闲居时如何观察卦爻象进而体察玩味卦爻辞，也知道了行动时如何观察阴阳刚柔的变化进而体会玩味卦爻的吉凶之占，所以能"得到天命保佑，吉祥无所不利"。

象者，言乎象者也。爻者，言乎变者也。吉凶者，言乎其失得也；悔吝者，言乎其小疵也；无咎者，善补过也。是故列贵贱者存乎位，齐小大者存乎卦，辩吉凶者存乎辞。忧悔吝者存乎介，震无咎者存乎悔。是故卦有小大，辞有险易。辞也者，各指其所之。

卦辞，指卦象全体而言；爻辞，指一爻的变化而言。吉凶、悔吝、无咎，是易中占断之语。吉凶，是就得与失而言；悔吝，是指小的过错；无咎，指本来有咎，善于改过，所以无咎。所以《周易》中卦爻上下之位，是用来表示贵与贱的；《周易》中所言大小，是用来指称阴卦与阳卦的，其中小谓阴，大谓阳；通过《周易》卦爻之辞，就能够分辨出吉凶结果。在善恶已经萌芽而尚未形成时心忧，则不至于悔吝；对于可后悔之事能动其悔过之心，则可以无咎。所以易卦有小大之分，易辞有险易之别。《周易》的卦爻辞，各随所向，或险或易。

《易》与天地准，故能弥纶天地之道。仰以观于天文，俯以察于地理，是故知幽明之故。原始反终，故知死生之说。精气为物，游魂

为变，是故知鬼神之情状。与天地相似，故不违。知周乎万物而道济天下，故不过。旁行而不流，乐天知命，故不忧。安土敦乎仁，故能爱。范围天地之化而不过，曲成万物而不遗，通乎昼夜之道而知，故神无方而易无体。

圣人所作的《周易》与天地齐准，能完全合乎天地之道。圣人仰以观天文，俯以察地理，于是知幽明之变化。推之于前以知其始，要之于后以知其终，所以知死生变化之说。精气聚而成物，游魂散而为变，所以知鬼神变化的情状。圣人的德行合于天地，所以说不违。天的智慧足以周全万物，地的德行足以化成万物。智且仁，所以不过。既能权变，又能守正。既乐天道，又知天命，所以无忧。能够随处皆安而无一息不仁，所以能仁爱天下。天地变化无穷，圣人合乎天地变化，不使其言行过于中道，裁成万物而不使有任何遗失，其智慧能通晓阴阳之道，然后可见至神之妙，无有方所，易之变化，无有形体。

一阴一阳之谓道。继之者善也，成之者性也。仁者见之谓之仁，知者见之谓之知。百姓日用而不知，故君子之道鲜矣。显诸仁，藏诸用，鼓万物而不与圣人同忧，盛德大业，至矣哉！富有之谓大业，日新之谓盛德。生生之谓易，成象之谓乾，效法之谓坤，极数知来之谓占，通变之谓事，阴阳不测之谓神。

阴阳迭相运行，其变化之理谓之道。发此化育之功是善，物所受则有性。仁者见阴阳化育之功，故谓之仁；智者知万物之成性，故谓之智。百姓日用之间虽然离不开阴阳之理，但是其德行智慧不足以知之，所以能够推行君子之道的人越来越少了。由内至外彰显其化育之德，由外向内推考其成就事业之本。道无心而成化，鼓动万物而不与圣人同忧，德行盛大事业广大，可谓至极矣！大而无外谓之大业，日新无穷谓之盛德，阴阳迭相运行，变化无穷谓之易。象成于天，形成于地，推究天地之数以知未来变化谓之占筮，变化无穷谓之事，阴阳变化不可测知谓之神。

夫《易》，广矣大矣，以言乎远则不御，以言乎迩则静而正，以言乎天地之间则备矣。夫乾，其静也专，其动也直，是以大生焉。夫坤，其静也翕，其动也辟，是以广生焉。广大配天地，变通配四时，阴阳之义配日月，易简之善配至德。

易道广大，远则无有穷尽，近则静正通理，从存于天地之间看则无所不备。乾一而实，故静止时能够做到专一，行动时能够做到直遂，所以大生万物。坤二而虚，故静止时能够收合，行动时能够打开，所以广生万物。广大可以配天地，变通可以配四时，阴阳之义可配日月，易简之善可配至德。

子曰："《易》，其至矣乎！夫《易》，圣人所以崇德而广业也。知崇礼卑，崇效天，卑法地。"

孔子说："《周易》，可谓至极也！《周易》蕴含圣人的崇高德性与伟大功业。智慧崇高，守礼谦卑，如天所以德性崇高，如地所以事业广大。"

天地设位，而易行乎其中矣。成性存存，道义之门。

天地设上下之位，《周易》行乎天地阴阳之中。将本成之性存而又存，这就是道义的门径。

圣人有以见天下之赜，而拟诸其形容，象其物宜，是故谓之象。圣人有以见天下之动，而观其会通，以行其典礼。系辞焉以断其吉凶，是故谓之爻。言天下之至赜而不可恶也，言天下之至动而不可乱也。拟之而后言，议之而后动，拟议以成其变化。

圣人见天下之物杂乱，于是比拟其形象样貌，以象天下之物，因此谓之象。圣人有以见天下之物运动不息，于是观察其交会融通来施行仪典规范。于爻象之下系以爻辞，用以占断吉凶，因此谓之爻。所以说天下之物极其杂乱圣人也不会厌弃，天下之物运动不停歇圣人也不会混乱。观象而系辞，玩变而玩占，依据占断结果而行动。

"鸣鹤在阴，其子和之。我有好爵，吾与尔靡之。"子曰："君子居其室，出其言善，则千里之外应之，况其迩者乎！居其室，出其言不善，则千里之外违之，况其迩者乎！言出乎身，加乎民；行发乎迩，见乎远。言行，君子之枢机。枢机之发，荣辱之主也。言行，君子之所以动天地也，可不慎乎！"

"鸣鹤在阴，其子和之。我有好爵，吾与尔靡之"，这是《中孚》九二爻辞。孔子解释说："君子居于室内，其言善，即便千里之外人们也听从他，更何况是近处的人呢？居于室内，其言不善，即便千里之外人们也反对他，更何况是近处的人呢？言语虽然出于自身，却施予民众；行为虽然近在己身，却发见于远方。所以说，言行是君子的枢机。枢机的发动，是荣耀侮辱的主宰啊。言行，是君子感动天地的原因，怎么能够不谨慎呢？"

"同人，先号咷而后笑。"子曰："君子之道，或出或处，或默或语。二人同心，其利断金；同心之言，其臭如兰。"

"同人，先号咷而后笑。"这是《同人》九五爻辞。孔子解释说："君子之道，或者为出，或者为入，或者沉默不语，或者善于言谈，初看上去像是有所不同，然而实质上无不同。君子没有不欲为善的，故其心相同，其坚固程度足以断金；心心相印之言，其香味如兰花，沁人心脾。"

"初六，藉用白茅，无咎。"子曰："苟错诸地而可矣。藉之用茅，何咎之有？慎之至也。夫茅之为物薄，而用可重也，慎斯术也以往，其无所失矣。"

"初六，藉用白茅，无咎。"这是大过初六爻辞。孔子申发说："如果将祭品放置于地上那也是可以的。现在用白色茅草铺垫在下面以行祭，有什么过错呢？这是谨慎之至的行为。茅草虽然不贵重，但可以用在重要的场合，谨慎去做事，就不会有过失了。"

"劳谦君子，有终，吉。"子曰："劳而不伐，有功而不德，厚之至也。语以其功下人者也。德言盛，礼言恭。谦也者，致恭以存其位者也。"

"劳谦君子，有终，吉。"这是谦九三爻的爻辞。孔子申发说："有功劳却不自我夸耀，有功绩却不有所获取，这是德行深厚至极啊。这是说有功劳而又谦逊下人。言德行，则欲盛大；言礼节，则欲谦恭。谦虚，说的就是能致其谦恭而保有其位。"

"亢龙有悔。"子曰："贵而无位，高而无民，贤人在下位而无辅，是以动而有悔也。"

"亢龙有悔。"这是乾卦上九爻爻辞。孔子申发说："身份虽尊贵却居无位之地，高高在上却没有民众拥戴，贤能之人居于下位所以不能辅佐，所以一旦有行动就会导致后悔。"

"不出户庭，无咎。"子曰："乱之所生也，则言语以为阶。君不密则失臣，臣不密则失身，几事不密则害成，是以君子慎密而不出也。"

"不出户庭，无咎。"这是节卦初九爻爻辞。孔子申发说："言语是祸乱的阶梯，所以不可以妄出。君王说话不谨慎周密，就会失掉忠臣。臣子说话不谨慎周密，就会带来灾祸。几微之事须当慎密，否则就会祸害交起。因此君子谨慎周密，不妄出言语。"

子曰："作《易》者，其知盗乎？《易》曰：'负且乘，致寇至。'负也者，小人之事也。乘也者，君子之器也。小人而乘君子之器，盗思夺之矣。上慢下暴，盗思伐之矣。慢藏诲盗，冶容诲淫。"《易》

曰："'负且乘，致寇至。'盗之招也。"

"负且乘，致寇至"，这是解卦六三爻辞。孔子申发说："作《周易》的圣人，一定知道招致盗贼的道理啊！《周易》解卦六三爻辞说：'负且乘，致寇至。'挑担行走，是小人做的事情；车马，是君子乘坐的工具。今挑担之人乘坐于君子之器，盗贼必然想要抢夺他。小人而乘坐君子之器，就会凌慢上位的人、侵暴下位的人，强盗就会乘其恶行妄图抢夺他。有货财而看守不严，这是教诲盗贼，使来取此物；女子妖冶其容，又持身不正，这是教诲淫者，使来淫己。《解》卦说：'负且乘，致寇至'，一定会招致盗贼抢夺财物。"

天一，地二；天三，地四；天五，地六；天七，地八；天九，地十。天数五，地数五，五位相得而各有合。天数二十有五，地数三十。凡天地之数五十有五，此所以成变化而行鬼神也。

天地之数，阳奇阴偶，从一至九，分别是天一、地二、天三、地四、天五、地六、天七、地八、天九、地十。其中天数有五个，地数有五个。天一与地六相得而生水于北方，地二与天七相得而生火于南方，天三与地八相得而生木于东方，地四与天五相得而生金于西方，天五与地十相得而生土于中位。天数一、三、五、七、九，积而为二十有五；地数二、四、六、八、十，积而为三十。天地之数阳奇阴偶，合而言之共五十有五，由此形成了天地万物的阴阳变化与屈伸往来。

大衍之数五十，其用四十有九。

用于演算的蓍草总数是五十根，其中"一"不用，所以参与揲蓍的有四十九根。

"分而为二以象两，挂一以象三，揲之以四，以象四时，归奇于

扐，以象闰，五岁再闰，故再扐而后挂。"①

先把用于演算的四十九根蓍草，在手中任意分成两份，左手象征天，右手象征地。然后从右手蓍草中任取一根，置于左手小指间，以象征人，于是天、地、人三才之道都有了。然后以四根蓍草为一组，先用右手一组组分数左手的蓍草，然后以同样方式，再以左手分数右手的蓍草。分数完左右两手的蓍草后，每只手中必有余数，或余一根，或余二根，或余三根，或余四根。"奇"，就是以四根蓍草为一组分数完后的余数。"扐"，是将左手蓍草的余数，置于左手无名指与中指间，将右手蓍草的余数，置于左手中指与食指间。以这余数象征积余日而成闰月。前后两次闰月相去大约三十二个月，在五岁之中，故称"五岁再闰"。

这时两手蓍草的剩余数亦有一定规律，左手若余一根，则右手必余三根；左手若余两根，右手必余两根；左手若余三根，右手必余一根；左手若余四根，右手必余四根。

这时，置于左手指缝间的蓍草数（连同置于小指缝中象征人的那根）不是五根，就是九根。也就是说，左右手中的蓍草数还余四十四根，或四十根。到这里，算是完成了以蓍草演算的第一道手续，古人称之谓"一变"。

然后将两手的蓍草合在一起（四十根或四十四根）再分成两份，与第一次分时一样，将右手的蓍草取一根置于左手小指缝间，再用右手四四一组分左手的蓍草，随后用左手以同样方式去分右手的草，其

---

① 此处"分而为二以象两，挂一，以象三。揲之以四，以象四时。归奇于扐，以象闰，五岁再闰，故再扐而后挂。乾之策二百一十有六，坤之策百四十有四。凡三百有六十，当期之日。二篇之策，万有一千五百二十，当万物之数也。是故四营而成易，十有八变而成卦，八卦而小成"的解释，参见刘大钧：《周易概论》，齐鲁书社1986年版，第97—103页。

他手序亦同第一变。

待第二变完成之后，两只手中的蓍草若左手余一根，则右手必定余两根；左手余两根，右手必定余一根；左手若余三根，右手必余四根；左手若余四根，右手必余三根。第二变后置于左手指缝的蓍草余数之合（连同二变开始时取出的那一根蓍草）不是四根就是八根。这时左右两手的蓍草总数还将有四十根，或三十六根，或三十二根。演算的第二道手续至此结束，此谓之"二变"。

然后将两手的蓍草（四十根，或三十六根，或三十二根）再一次合在一起，再分成两份，仍取右手一根放在左手小指缝间，用右手四四一组先数左手的蓍草，再用左手四四一组去数右手的蓍草，两只手中的蓍草以四根为一组，一组组分数完后，余数的处置亦完全同于一、二变。

这时，左手若余一根蓍草，右手必余两根；左手若余两根，右手必余一根；左手若余三根，右手必余四根；左手若余四根，右手必余三根。其余数之合（连同开始从右手取出夹在左手小指的那根）不是四根便是八根。第三变至此结束。

三变之后，两手的蓍草总数在去掉此余数四或八之后，将会出现下面四种情况中的一种：（一）余三十六根；（二）余三十二根；（三）余二十八根；（四）余二十四根。

再以四除之（取四象之意），一爻遂定：

$36 \div 4 = 9$（此老阳之数，以"—"表示）

$32 \div 4 = 8$（此少阴之数，以"— —"表示）

$28 \div 4 = 7$（此少阳之数，以"—"表示）

$24 \div 4 = 6$（此老阴之数，以"— —"表示）

老阳少阳之数在本卦中皆以卦画"—"表示，老阴少阴之数皆以卦画"--"表示。在变卦中，老阳由阳"—"变阴"--"，老阴由阴"--"变阳"—"，其余少阴少阳不变。这就是"老变少不变"，此为占筮的一条重要原则。

《周易》以变为占，故以老阳数"九"作为卦中阳爻的标志，以老阴数"六"作为卦中阴爻的标志。

乾之策，二百一十有六；坤之策，百四十有四。凡三百有六十，当期之日。

古人称蓍草根数为"策"，一根蓍草叫一策。乾卦以老阳的策数计算，一卦为六爻，以三十六策乘六，得二百一十六策。同样道理，坤卦以老阴的策数计算，以二十四策乘六，得一百四十四策。合乾、坤两卦之策共得三百六十，当一年三百六十日，所以说："凡三百有六十，当期之日。"

二篇之策，万有一千五百二十，当万物之数也。

《周易》上下两篇共六十四卦，三百八十四爻。其中阳爻一百九十二，阴爻亦一百九十二，老阳每爻为三十六策，一百九十二爻共有 36 策 × 192 = 6912 策。同样，老阴每爻二十四策，一百九十二爻的策数为 24 策 × 192 = 4608 策。

6912 策 + 4608 策 = 11520 策

是故四营而成易，十有八变而成卦，八卦而小成。

一爻的生成须经过四道程序的经营推演才能得出，要经过三变之后，才能得出一爻。一卦有六爻，所以需要十八次变化而成一卦。一卦由内外两个八卦之象组成，须有九变方可得三爻而成内卦，内卦出，有了卦体的一半，所以说"八卦而小成"。

引而伸之，触类而长之，天下之能事毕矣。显道神德行，是故可与酬酢，可与祐神矣。子曰："知变化之道者，其知神之所为乎？"

通过大衍筮法求得一卦,一卦六爻,爻象有老阴、老阳、少阴、少阳之别,依据《周易》筮法"老变少不变"的规则,卦中老阳爻变为少阴爻,老阴爻变为少阳爻,据此,一卦可变为六十四卦以定吉凶,《周易》共有六十四卦,所以能变为四千零九十六卦。由此可见《周易》筮法体现了阴阳变化的原理,足以应对天下万事万物,亦可以助神化之功。孔子说:"精通阴阳变化原理的人,是知道神化之功的啊!"

《易》有圣人之道四焉,以言者尚其辞,以动者尚其变,以制器者尚其象,以卜筮者尚其占。

《周易》中圣人之道,从四个方面体现出来:出言而施政教,则推崇卦爻之辞;兴动作为,则推崇随时而变;制造器物,则推崇卦爻之象;用以卜筮,则推崇卦爻变动之占。

是以君子将有为也,将有行也,问焉而以言,其受命也如响,无有远近幽深,遂知来物,非天下之至精,其孰能与于此?

因此君子将要有所作为,有所行动,就会虔敬默念所问之事,推演蓍草以求卦爻之辞,《周易》受人之命而有以告人,如同响之应声,不管所问之事是远还是近,是暗昧还是深邃,都能当下知道所问之事的吉凶。如果不是天下最为精深的,怎么能够做到这一点呢?

参伍以变,错综其数。通其变,遂成天地之文;极其数,遂定天下之象。非天下之至变,其孰能与于此?

蓍草的演算,或三数之,或五数之,相互参合,以相改变;蓍草的演算,既交而互之,又总而聚之。穷极《周易》中阴阳老少之变,就能呈现天地阴阳的变化;穷极《周易》中七八九六之数,就能确定天地万物之象。如果不是天下至极之变化,怎么能够做到这一点呢?(唯有《周易》如此)

《易》无思也,无为也,寂然不动,感而遂通天下之故。非天下之至神,其孰能与于此?

《周易》无关心虑,无须经营造作,任运自然。未感之时,可以说是寂然不动,一旦受人之命,就会立即通达天下万事万物的原理。如果不是天下最神妙的,怎么能够做到这一点呢?

夫《易》,圣人之所以极深而研几也。唯深也,故能通天下之志;唯几也,故能成天下之务;唯神也,故不疾而速,不行而至。子曰"《易》有圣人之道四焉"者,此之谓也。

《周易》,是圣人最精深最几微的著作啊!唯有最精深,所以能够通达天下的心志;唯有知晓最几微的变化,所以能够成就天下的事业;唯有变化至神,所以不须疾驰而事情马上办成,不须行动而道理自至。孔子说:"《周易》中包含的圣人之道从四个方面体现出来,就是这样的啊!"

子曰:"夫《易》,何为者也?夫《易》,开物成务,冒天下之道,如斯而已者也。"是故圣人以通天下之志,以定天下之业,以断天下之疑。

孔子说:"《周易》为何而作呢?《周易》能够开通万物之志,成就天下之事,覆冒天下之道,这就是《周易》的功用啊。"所以圣人作《周易》来通达天下的志愿,用来成就天下的事业,用来占断天下的疑问。

是故蓍之德圆而神,卦之德方以知,六爻之义易以贡。圣人以此洗心,退藏于密,吉凶与民同患。神以知来,知以藏往,其孰能与于此哉?古之聪明睿知,神武而不杀者夫!

所以蓍草之性运转无穷而神妙莫测,卦爻之性静止有体而蕴藏智慧,六爻变易以告人吉凶。圣人体具"圆神""方知""易以贡"三德，其心湛然纯一，退藏不发，与民众共忧患吉凶。神可以逆知将来之事，知可以识前言往行，谁能同于此呢？古代聪明睿智神武之君，如伏羲文王等，用此易道，能不用刑杀而威服天下。

是以明于天之道，而察于民之故，是兴神物以前民用。圣人以此齐戒，以神明其德夫！

所以圣人明于天道，察知民众之事，知蓍龟可兴，以前民之所用。圣人之心湛然纯一、肃然警惕，如鬼神能知将来。

是故阖户谓之坤，辟户谓之乾，一阖一辟谓之变，往来不穷谓之通。见乃谓之象，形乃谓之器，制而用之谓之法，利用出入，民咸用之谓之神。

所以闭藏称作坤，开户称作乾，开闭循环，阴阳递相而至，称作变；阴阳往来，无有穷尽，通流不已，称作通。气渐渐积聚，露见萌兆，物体尚微，此谓象；物体已成形，此谓器。圣人裁制施用，垂为模范，此谓法。民众以利而用，或出或入，此谓神。

是故易有太极，是生两仪，两仪生四象，四象生八卦。八卦定吉凶，吉凶生大业。

所以《周易》有太极，由此而生出阴阳，阴阳分为老少，由此而生四象，四象变而生八卦，八卦卦爻已定，吉凶由此确定。有吉有凶，所以生大业。

是故法象莫大乎天地，变通莫大乎四时，悬象著明莫大乎日月，崇高莫大乎富贵。备物致用，立成器以为天下利，莫大乎圣人。探赜索隐，钩深致远，以定天下之吉凶，成天下之亹亹者，莫大乎蓍龟。

所以自然万象中没有比天地更大的，论变通没有比四时更大的。日月悬天，照见万物，没有比它们更明亮的。王者居九五至尊之位，能号令天下，没有比王者地位更加崇高的。储备万物以利民用，创造器具以利天下，没有比圣人更伟大的。探求幽深求索隐藏，钩取深处到达远方，定天下万事之吉凶，使天下趋吉避凶，勉勉营为，没有比蓍龟更大的。

是故天生神物，圣人则之；天地变化，圣人效之；天垂象，见吉凶，圣人象之；河出图，洛出书，圣人则之。

所以天生蓍龟，圣人法之以为卜筮；天地有阴阳变化，圣人效仿之；天垂象，示吉凶，圣人模拟之；黄河出图，洛水出书，圣人效法之。

《易》有四象，所以示也；系辞焉，所以告也；定之以吉凶，所以断也。

《周易》有阴阳老少四象以示人，有卦爻之辞以告人得失，于系辞之中断其事之吉凶。

《易》曰："自天祐之，吉，无不利。"子曰："祐者，助也。天之所助者，顺也；人之所助者，信也。履信思乎顺，又以尚贤也，是以'自天祐之，吉，无不利'也。"

《大有》上九爻辞说："自天祐之，吉，无不利。"孔子解释说："祐，祐助也。天所祐助的，唯在于能够顺应天道而行；人所祐助的，唯在于恒守诚信。上九爻有守信、思顺而尚贤之象，所以爻辞说'自天祐之，吉，无不利'。"

子曰："书不尽言，言不尽意。然则圣人之意，其不可见乎？"子曰："圣人立象以尽意，设卦以尽情伪，系辞焉以尽其言，变而通之以尽利，鼓之舞之以尽神。"

孔子说："文字所承载的内容，不足以穷尽圣人的言语，言语表达出的内容，又不足以穷尽圣人的心意。圣人的心意，至精至深，难道就不能表达出来吗？"孔子说："圣人通过阴阳奇偶之象来尽其心意，通过六十四卦之象来尽其情感，又在卦爻象下系以卦爻辞来穷尽其言语，化而裁之，推而行之，所以能穷尽万物之利。圣人通过上述'立象'、'设卦'、'系辞'等，以尽其神化之功。"

乾坤，其易之缊邪？乾坤成列，而易立乎其中矣。乾坤毁，则无以见易。易不可见，则乾坤或几乎息矣。

乾坤，难道不是易道蕴蓄的根源吗？乾坤列则易得以兴，如果乾坤缺毁，则易道损坏，无以见易。易道损坏，不可见变化之理，则乾坤也毁坏，近乎止息。

是故形而上者谓之道，形而下者谓之器，化而裁之谓之变，推而行之谓之通，举而错之天下之民谓之事业。

阴阳变易之道无形，变化所成之器有形。所以形而上者称之道，形而下者称之器。因其自然之化而裁制之，称之变，顺阴阳自然之变化而行，称之通。能效法阴阳自然之化而施予天下民众，称为圣人之事业。

是故夫象，圣人有以见天下之赜，而拟诸其形容，象其物宜，是故谓之象。圣人有以见天下之动，而观其会通，以行其典礼，系辞焉以断其吉凶，是故谓之爻。

圣人见天下之物杂乱，故比拟其形容样貌，以象天下之物，谓之（卦）象。圣人有以见天下之物运动不息，通过观察其交会融通之处来行其仪典规范，于爻象之下系以爻辞，用以占断吉凶，谓之爻。

极天下之赜者存乎卦，鼓天下之动者存乎辞。化而裁之存乎变，推而行之存乎通，神而明之存乎其人。默而成之，不言而信，存乎德行。

能够穷尽天下所有繁杂事物的，在于卦爻之象；能够鼓舞天下而使人行动的，在于卦爻之辞；因阴阳自然之化而裁断的，在于变；顺阴阳自然之理推行无碍的，在于通达；阴阳变化神妙莫测而能精通其理的，在于圣人。静默而化成天下，无言而使天下信服的，在于圣人的德行。

《系辞》下

八卦成列，象在其中矣。因而重之，爻在其中矣。刚柔相推，变在其中矣。系辞焉而命之，动在其中矣。吉凶悔吝者，生乎动者也。刚柔者，立本者也。变通者，趣时者也。吉凶者，贞胜者也。天地之道，贞观者也。日月之道，贞明者也。天下之动，贞夫一者也。

八卦列出，卦之形体在其中；各因一卦而以八卦次第加之为六十四，六爻之象在其中。易中卦爻刚柔相推，变化就体现在其中。因卦爻刚柔变化之象而系以卦爻辞，卦爻象的变动就体现在卦爻辞之中。吉凶悔吝，皆《周易》的占断之辞，必因卦爻之动而后见。一刚一柔，各有定位，所谓"立本也"。变而通者，变化随时也。天下之事，非吉则凶，非凶则吉，常以正道相胜也。天地之道，常以正道示人，不正则不可以观。日月临照天下，正则明也。天下万事之动，皆正乎纯一。

夫乾，确然示人易矣；夫坤，隤然示人简矣。爻也者，效此者也；象也者，像此者也。爻象动乎内，吉凶见乎外，功业见乎变，圣人之情见乎辞。

乾健而动，刚健不息示人以易。坤顺而静，柔顺随和示人以简。爻之奇偶，卦之变化，所以效而像之。爻象动于一卦之内，吉凶的结果显现于外，功业在于能够随时而变，圣人利万物之情从卦爻辞中体现出来。

天地之大德曰生，圣人之大宝曰位。何以守位？曰仁。何以聚人？曰财。理财正辞、禁民为非曰义。

天地最大的德行就是生养万物，圣人最珍爱者就是崇高无上的地位。圣人如何守住其位？在于仁爱。如何聚集众人？在于财用丰厚。圣人治理其财，用之以节，辞令正直合于理，禁止民众做坏事，这就是义。

古者包牺氏之王天下也，仰则观象于天，俯则观法于地，观鸟兽之文与地之宜，近取诸身，远取诸物，于是始作八卦，以通神明之德，以类万物之情。

上古伏羲氏治理天下，仰则观天象（日月星辰之类），俯则察地理（山川动植之类），观鸟兽的纹理特征与动物植物各有所宜。"近取诸身"，若耳目鼻口之类；"远取诸物"，若雷风山泽之类。于是作八卦，以通天地万物阴阳变化之理，以比拟天地万物之情状。

作结绳而为罔罟，以佃以渔，盖取诸离。包牺氏没，神农氏作，斫木为耜，揉木为耒，耒耨之利，以教天下，盖取诸益。日中为市，致天下之民，聚天下之货，交易而退，各得其所，盖取诸噬嗑。神农氏没，黄帝、尧、舜氏作，通其变，使民不倦，神而化之，使民宜之。《易》穷则变，变则通，通则久。是以"自天祐之，吉，无不利"。

伏羲结绳而为网罟，用以捕捉鸟兽鱼鳖，大概是取自离卦。伏羲氏之后，神农氏亦取卦造器。一是取益卦以制造耒耜，砍削木以制造耜，弯曲木以制造耒，教民使用耒耜，从而利益天下；二是取噬嗑卦以为市集而交易天下货物。日中为集市，吸引天下之民，聚合天下之货，交易而退，使各得其所。神农氏之后，黄帝、尧、舜氏兴起，因时而变，量时制器，使民用日新，无有懈倦。微妙而更化，使民众各得其宜。《周易》因时而变，知事物有穷竭之患则变，变则能够开通，开通所以能长久。正因为能够通变，所以无所不利。所以《周易》说："自天祐之，吉，无不利。"

  黄帝、尧、舜垂衣裳而天下治，盖取诸乾坤。刳木为舟，剡木为楫，舟楫之利，以济不通，致远以利天下，盖取诸涣。服牛乘马，引重致远，以利天下，盖取诸随。重门击柝，以待暴客，盖取诸豫。断木为杵，掘地为臼，臼杵之利，万民以济，盖取诸小过。弦木为弧，剡木为矢，弧矢之利，以威天下，盖取诸睽。上古穴居而野处，后世圣人易之以宫室，上栋下宇，以待风雨，盖取诸大壮。古之葬者，厚衣之以薪，葬之中野，不封不树，丧期无数，后世圣人易之以棺椁，盖取诸大过。上古结绳而治，后世圣人易之以书契，百官以治，万民以察，盖取诸夬。是故易者，象也。象也者，像也。彖者，材也。爻也者，效天下之动者也。是故吉凶生而悔吝著也。

  自此以下，凡有九事，是黄帝、尧、舜取易卦以制象。"垂衣裳而天下治"，指顺变化而无为，大概取自乾坤易简之理。舟必用大木，刳凿其中，楫必须纤长，故当剡削，舟楫乘水以载运，大概取自涣卦。服牛以拉重物，乘马以到达远处，以此利天下，大概取自随卦。设置重重门，夜间打更，加强警惕，防范盗贼，大概取自豫卦。杵须短木，臼须凿地，杵臼之利，在于农业生产，大概取自小过。弯曲木而制弓弦，剡削木而为弓箭，弦和箭用以威服天下，大概取自睽。上古之时，人们居住在洞穴，生活在野外，后世圣人建造宫殿房屋，结构为"上栋下宇"，足以遮风避雨，大概取自大壮。古时人去世，用木柴盖于尸首上，埋其尸首于野地，不积土为坟，不种树以标识其埋葬之处，丧期没有时间规定，后世圣人代之以棺椁，大概取自大过卦。上古之时，人们结绳记事，事情大则以大结，事情小则以小结，后世圣人代以文字竹简，用以决断万事，大概取自夬卦。

所以《周易》卦象，摹写万物的形象，比拟天下之物。卦辞表达一卦的才德，爻象仿效万物的运动变化，所以吉凶悔吝由此呈现出来。

阳卦多阴，阴卦多阳，其故何也？阳卦奇，阴卦偶。其德行何也？阳一君而二民，君子之道也。阴二君而一民，小人之道也。

震坎艮为阳卦，皆一阳二阴；巽离兑为阴卦，皆一阴而二阳。为何如此？阳卦一阳二阴，故奇为君；阴卦二阳一阴，故偶为君。阴阳二卦德行如何？阳卦以一为君，以二为民，得其上下尊卑之序，故为君子之道；阴卦以二为君，以一为民，违背正理，上下失序，故为小人之道。

《易》曰："憧憧往来，朋从尔思。"子曰："天下何思何虑？天下同归而殊途，一致而百虑。天下何思何虑？"

《周易》说："憧憧往来，朋从尔思。"这是咸卦九四爻的爻辞，意思憧憧然思虑不止，朋友跟从你所思。孔子解释说："天下何必思虑营为？天下万事，起初道路殊异，但最终归于一致；天下万事，思虑虽有百般，但所致必一。何必苦心经营呢？"

日往则月来，月往则日来，日月相推而明生焉。寒往则暑来，暑往则寒来，寒暑相推而岁成焉。往者，屈也；来者，信也，屈信相感，而利生焉。

太阳落下月亮升起，月亮走了太阳升起，日月相互推荡光明自然显现。寒冬过去暑热来临，暑热过去寒冬来临，寒冬暑热相互推荡一岁自然生成。过去者，是屈也；将来者，是伸也，屈伸往来中自然利生。

尺蠖之屈，以求信也。龙蛇之蛰，以存身也。精义入神，以致用也，利用安身，以崇德也。过此以往，未之或知也。穷神知化，德之盛也。

尺蠖弯曲是为了求得伸展前行，龙蛇冬眠是为了保全生命。这就是屈伸往来的道理。人事上也是如此。精研义理，至于入神，屈之至也，这样做是为了给出而致用打下根基；利于施用，无所不宜，伸之至也，这样做是为了给向内的崇德提供资助。至此以上，无所用其力。至于达到穷神知化的最高境界，乃是德盛仁熟而自致。

《易》曰："困于石，据于蒺藜，入于其宫，不见其妻，凶。"子曰："非所困而困焉，名必辱；非所据而据焉，身必危。既辱且危，死期将至，妻其可得见邪？"

困卦六三爻辞说："困于石，据于蒺藜，入于其宫，不见其妻，凶。"孔子说："困卦六三，履非其位。下则困于九四之石，是强行前往冒犯九四而取困，自招耻辱之名。又上乘九二，九二阳刚，非己所乘而乘之，身必陷于危险。既自招耻辱之名又身陷危险，死期将至，如何可见到其妻？"

《易》曰："公用射隼于高墉之上，获之，无不利。"子曰："隼者，禽也；弓矢者，器也；射之者，人也。君子藏器于身，待时而动，何不利之有？动而不括，是以出而有获，语成器而动者也。"

解卦上六爻辞说："公用射隼于高墉之上，获之，无不利。"孔子解释说："隼，猛禽也；弓矢，器也；射之者，人也。君子藏器于身，等待时机而行动，又有何不利呢？待时而动，所以行动无阻碍，必有收获。语论有见成之器，而后兴动。"

子曰："小人不耻不仁，不畏不义，不见利不劝，不威不惩。小惩而大诫，此小人之福也。《易》曰'屦校灭趾，无咎'，此之谓也。"

孔子说："小人没有羞耻之心所以没有仁德，没有畏惧之心所以不讲道义，不见好处就不作为，非威严整治则不受惩戒。通过小惩罚给予大警戒，这是小人之福。《周易》噬嗑卦初九爻说'屦校灭趾，无咎'，刑罚施于脚趾，说明其过错较轻，这就是小惩大诫的道理。"

"善不积不足以成名，恶不积不足以灭身。小人以小善为无益而弗为也，以小恶为无伤而弗去也。故恶积而不可掩，罪大而不可解。《易》曰：'何校灭耳，凶。'"

"善若不日积月累，则不足以成善之名；恶若不日积月累，则不足以灭身。小人认为小善没有好处故不作为，以为小恶没有伤损故不去除。所以恶日积月累以至于极恶，罪行深重以至于无法挽救。所以《周易》噬嗑卦上九爻说：'何校灭耳，凶'。"

子曰："危者，安其位者也；亡者，保其存者也；乱者，有其治者也。是故君子安而不忘危，存而不忘亡，治而不忘乱，是以身安而国家可保也。《易》曰：'其亡其亡，系于苞桑。'"

孔子说："不忘危险，才能够安处；不忘死亡，才能够存身；不忘动乱，才能够用心治理。所以君子安处而不忘危险，身存而不忘死亡，治理好邦国而不忘动乱，所以身体安全而国家长存。《周易》否卦九五爻辞说：'其亡其亡，系于苞桑'。"

子曰："德薄而位尊，知小而谋大，力小而任重，鲜不及矣。《易》曰：'鼎折足，覆公餗，其形渥，凶。'言不胜其任也。"

孔子说："德行鄙薄而地位尊贵，才智不足却要图谋大事，力量小而任务重，所以不胜其任。《周易》鼎卦九四爻说：'鼎折足，覆公餗，其形渥，凶。'说的就是不胜其任而遇祸的道理。"

子曰："知几其神乎？君子上交不谄，下交不渎，其知几乎！几者，动之微，吉之先见者也。君子见几而作，不俟终日。《易》曰：'介于石，不终日，贞吉。'介如石焉，宁用终日？断可识矣！君子知微知彰，知柔知刚，万夫之望。"

孔子说："知道几微变化的人，这是到了入神的境界吧！君子与地位高的人交往不谄媚，与地位低的人交往不轻慢，这是知道万事始于几微的道理吗？'几'，是初动之时，纤微而已。吉凶的彰显，始于微小的征兆。君子既已见事情之几微，则须以行动回应之，不得等到终其日。《周易》豫卦六二爻辞说：'介于石，不终日，贞吉。'守志耿介，如石不动，才见几微，便知祸福，何须等到终其日，当时便断然可识。君子既知几微，又知结果，既知柔弱，也知刚强，所以为万人瞻仰。"

子曰："颜氏之子，其殆庶几乎？有不善，未尝不知，知之未尝复行也。《易》曰：'不远复，无祗悔，元吉。'"

孔子说："颜回，大概是接近道吧？如有不善，未尝不自知，既知不善，未尝再行。《周易》复卦初九爻辞说：'不远复，无祗悔，元吉。'及时改过，就不会发展至后悔，大吉。"

天地絪缊，万物化醇；男女构精，万物化生。《易》曰："三人行则损一人，一人行则得其友。"言致一也。

天地之气絪缊和会，万物变化而凝结；男女阴阳相感，合其精而万物生成。《周易》损卦六三爻辞说："三人行，则损一人；一人行，则得其友。"致其醇一而后化成。

子曰："君子安其身而后动，易其心而后语，定其交而后求。君子修此三者，故全也。危以动，则民不与也；惧以语，则民不应也。无交而求，则民不与也。莫之与，则伤之者至矣。《易》曰：'莫益之，或击之，立心勿恒，凶。'"

孔子说："君子安定其身而后行动，平和其心而后言语，定其交往的对象而后求。君子修习这三项，所以能够全身。若身处险境而行动，民众就不会跟从。政令苛虐残暴，民众就不会应答。没有交往而有所求，民众就不会响应。不跟从响应，则必然受到伤害。《周易》

益卦上九爻的爻辞说：'莫益之，或击之，立心勿恒，凶。'"

子曰："乾坤，其《易》之门邪？乾，阳物也；坤，阴物也。阴阳合德而刚柔有体，以体天地之撰，以通神明之德。其称名也，杂而不越，于稽其类，其衰世之意邪？夫《易》，彰往而察来，而微显阐幽。开而当名辨物，正言断辞则备矣。其称名也小，其取类也大。其旨远，其辞文。其言曲而中，其事肆而隐。因贰以济民行，以明失得之报。"

孔子说："乾坤两卦，是《周易》的门户啊！乾是纯阳之物，坤是纯阴之物。乾坤有阴阳交合之德，所以诸卦有刚柔之体，以此体悟到天地纲缊化生之事，以此通达阴阳神明不测之德。卦爻之义，虽然杂出却不差谬，皆出于阴阳之变。考察易辞事类，多有悔吝忧虞，是衰世之意，文王与纣之时吧？《周易》这本书，彰示过往又洞察将来，使细微之事得以显明，使幽隐之事得以阐明。开释卦爻，以当万物之名，以辨万物之实，使言辞端正而备具。易辞虽然名多细小，但所象征的物类广大。其旨义深远，其言辞多文饰。其言迂曲而无不中，其所载之事显露却又幽隐。因民众之疑惑所以帮助他们如何趋吉避凶，以阐明失得的报应。"

《易》之兴也，其于中古乎？作《易》者，其有忧患乎？是故履，德之基也。谦，德之柄也。复，德之本也。恒，德之固也。损，德之修也。益，德之裕也。困，德之辨也。井，德之地也。巽，德之制也。履，和而至。谦，尊而光。复，小而辨于物。恒，杂而不厌。损，先难而后易。益，长裕而不设。困，穷而通。井，居其所而迁。巽，称而隐。履以和行，谦以制礼，复以自知，恒以一德，损以远害，益以兴利，困以寡怨，井以辨义，巽以行权。

《周易》的复兴,是在中古之时吧?① 制作《周易》的圣人,当时是有忧患吧?因此,履,是道德的根基②。谦,自卑而尊人,是有德者所当执持而不可失去的斧柄。复,心不驰骋于外故善端得以保存,所以是道德的根本。恒,恒能持守,始终不变,则道德坚固。损,惩忿窒欲所以修身。益,迁善改过所以德性日益宽裕。困,遭遇困顿,守节操而不移,品德于是可以分辨。井,能守处不移,不变其所,是道德的根基。巽顺于理,所以能应对事变。礼,使上下尊卑和谐有序,故凡事皆能至于其极。谦,谦逊下人,故其德益尊而光明。复,善端虽然细微却不乱于群阴。恒,与物相杂并居而能执守其德毫无懈怠。损,惩忿窒欲,初始难,能执守不懈则容易。益,长养宽裕而不造作。困,身处困顿而道通行不屈。井,所居不移,而能致其惠泽于民。巽,巽顺于事物之理而潜隐不露。履者谨于礼,使上下尊卑和谐有序;谦者自卑处下,能使行为裁制于礼;复者反求诸身;恒者始终不移,纯一其德;损者修身,故能远害;益者宽裕,故能兴利;困者守节不移,所以少有怨尤。井,所居不移,故能辨明于义;巽者和顺于理,则可以行权。③

《易》之为书也不可远,为道也屡迁。变动不居,周流六虚,上下无常,刚柔相易,不可为典要,唯变所适。其出入,以度外内,使知惧。又明于忧患与故,无有师保,如临父母。初率其辞,而揆其方,既有典常,苟非其人,道不虚行。

《周易》这部书,不可遗忘。《周易》有阴阳之理,屡屡变迁。

---

① 文王拘禁于羑里而系卦辞,易道从此复兴。
② 履,礼也。履,上卦为乾,乾为天;下卦为兑,兑为泽。天在上泽在下,上下定分不易,唯谨严于此,道德才有根基而得以确立。
③ 以上三陈九卦,以明处忧患之道。

阴阳变动不居，周遍流行于卦之六位，或自下而上，或自上而下，没有常定之位，刚柔两相交易，不可立定准，唯适时以变动。阴阳或出或入，指导人们审时度势，使有所畏惧。又使人明晓忧患之事，虽无师保教训，而恭敬戒惧之至，常若父母在跟前。起初由易辞以揆度其理，则见《周易》有典常。只有通晓阴阳变化之道的人，易道才不会虚行。

《易》之为书也，原始要终以为质也。六爻相杂，唯其时物也。其初难知，其上易知，本末也。初辞拟之，卒成之终。

《周易》这部书，卦必定要举其始终而后成体。六爻则交相错杂，各会其时，各主其事。六爻中的初爻表示事情初始，所以难以知晓；六爻中的上爻表示事情结束，所以容易知晓。这是因为初爻的爻辞拟议事情的开端，上爻的爻辞表示事情的完成与结束。

若夫杂物撰德，辨是与非，则非其中爻不备。噫！亦要存亡吉凶，则居可知矣。知者观其彖辞，则思过半矣。

若要杂聚万物撰述其德，辨别是与非，那么一定要一卦的中间四爻才能具备。噫！又要判定一卦的存与亡、吉与凶，则平居可知，不须经营作为。聪明智慧之士观察文王所系的卦辞，对于一卦的了解就超过一半了。

二与四同功而异位，其善不同，二多誉，四多惧，近也。柔之为道，不利远者，其要无咎，其用柔中也。三与五同功而异位，三多凶，五多功，贵贱之等也。其柔危，其刚胜邪？

一卦的第二爻和第四爻同是阴位而远近不同，二处中位，故多誉，四近于君，故多惧。柔道不利于远，然而二多誉的原因，是其以柔而处中。

一卦的第三爻和第五爻同是阳位而贵贱不同，三居于下卦之极，故多凶,五居中处尊,故多功,这就是贵贱之位有不同。三、五两个爻位,若阴柔处之则危险,阳刚则能胜任。

《易》之为书也,广大悉备。有天道焉,有人道焉,有地道焉,兼三才而两之,故六。六者非它也,三才之道也。

《周易》这部书,广大无所不备。有天道,有人道,有地道,三画之中已具三才,重之故六画。六画体现的是三才之道,上二爻为天,中二爻为人,下二爻为地。

道有变动,故曰爻。爻有等,故曰物。物相杂,故曰文。文不当,故吉凶生焉。

阴阳之道有变,故谓之爻。爻象有远近贵贱之差,故谓之物。刚柔之位相间,故谓之文。爻不当位,所以吉凶产生了。

《易》之兴也,其当殷之末世、周之盛德邪?当文王与纣之事邪?是故其辞危。危者使平,易者使倾。其道甚大,百物不废。惧以终始,其要无咎,此之谓易之道也。

《周易》的兴起,在殷商末世、周朝德行盛大之时吧?当文王与商纣时的事情吧?所以易辞多危惧。心怀危惧所以能平安,轻慢则必然倾覆。易道功用甚大,使百种事物不休废。能够始终怀有危惧之心,则将归于无咎,这就是易道。

夫乾,天下之至健也,德行恒易以知险。夫坤,天下之至顺也,德行恒简以知阻。能说诸心,能研诸侯之虑,定天下之吉凶,成天下之亹亹者。是故变化云为,吉事有祥,象事知器,占事知来。

乾是天下最为刚健的,所以德行恒常为易,虽易却不敢以易自处(能忧患),所以德行恒易而能知险。坤是天下最顺从的,所以德行恒常为简,虽简却不敢以简自处,所以德行恒简而能知阻。能知险阻,心怀危惧,所以不会有倾危之患。《周易》能满足人心,能使人思虑精审，能定天下万事之吉凶，能使天下人勤勉不倦。所以通过考察《周易》中卦爻象的变化可以指导人们的行为，吉利的事情总有祥瑞对应，观察卦爻象则知制作器物的方法，通过占卜可以预知事情未来的走向。

天地设位，圣人成能，人谋鬼谋，百姓与能。

天地设上下之位，圣人作《周易》以成就天地自然之功用，而与天地相参，于是谋事与人，谋事与鬼神，虽百姓之愚，也得以参与其能。

八卦以象告，爻彖以情言。刚柔杂居，而吉凶可见矣。

八卦以象示人，卦爻辞以情示人，刚柔杂然而居一卦六位之中，吉凶的结果就可以看到了。

变动以利言，吉凶以情迁。是故爱恶相攻而吉凶生，远近相取而悔吝生，情伪相感而利害生。凡《易》之情，近而不相得则凶，或害之，悔且吝。

卦爻变动，以利为言辞之内容；或吉或凶，以所占之事的具体情形为转移。所以有爱与恶相互攻取而生吉凶，爱则吉，恶则凶；有远与近互相作用而生悔吝，或者以真情相感或者以虚伪相感于是有利害生成。凡《周易》之情，两爻距离相近而相互厌恶，凶、害、悔、吝，皆由此而生。

将叛者，其辞惭。中心疑者，其辞枝。吉人之辞寡，躁人之辞多。诬善之人，其辞游。失其守者，其辞屈。

欲背叛者，言辞伪诈。心中疑惑者，言辞模棱两可，歧而不一。善人言辞少，浮躁之人言辞多。诬枉善人，其言辞游荡无实；失其志向者，其言辞亏屈不能伸展。

《文言》

"文言",即文饰乾、坤两卦之言,是专门针对乾坤两卦的解释。因为乾坤两卦是《周易》之门户,在《周易》六十四卦中意义重大、地位突出,所以古人特别加以解说。

元者,善之长也。亨者,嘉之会也。利者,义之和也。贞者,事之干也。君子体仁足以长人,嘉会足以合礼,利物足以和义,贞固足以干事。君子行此四德者,故曰"乾,元亨利贞"。

元是众善之长,亨是众美的会聚,利是义的畅和,贞是事情的完成。君子将仁看成是根本,所以足以养育人;使众多美好的事情会聚,所以足以合于礼;利于万物,所以足以和顺于道义;固守正直,所以足以完成事业。君子能够行此四德,所以说:"乾,元亨利贞。"

初九曰"潜龙勿用",何谓也?子曰:"龙德而隐者也。不易乎世,不成乎名。遁世无闷,不见是而无闷。乐则行之,忧则违之,确乎其不可拔,潜龙也。"

初九爻曰:"潜龙勿用。"讲述的是什么道理呢?孔子说:"有圣人之德而处于下位。不因所处世道的好或者坏而改变操守,也不去追求成就美名。隐居于世而不苦闷,不被世人所肯定而不苦闷。悦于心则去做,不悦心则不去做。意志坚定不能动摇,这就是处于下位的圣人。"

九二曰"见龙在田,利见大人",何谓也?子曰:"龙德而正中

者也。庸言之信，庸行之谨。闲邪存其诚，善世而不伐，德博而化。《易》曰：'见龙在田，利见大人'，君德也。"

九二曰："见龙在田，利见大人。"讲述的是什么道理呢？孔子说："有圣人之德而守正居中。日常所讲的话能够做到真诚不欺，日常的行为能够做到谨慎小心。防止邪心而存养诚心，善利世人而不自我夸伐，德行广博而化成天下。"《周易》说："见龙在田，利见大人。"讲的就是大人之德。

九三曰"君子终日乾乾，夕惕若，厉，无咎"，何谓也？子曰："君子进德修业。忠信，所以进德也；修辞立其诚，所以居业也。知至至之，可与几也；知终终之，可与存义也。是故居上位而不骄，在下位而不忧，故乾乾因其时而惕，虽危无咎矣。"

九三曰："君子终日乾乾，夕惕若，厉，无咎。"讲述的是什么道理呢？孔子说："君子增进德行修习事业。忠诚守信，所以能够使德行不断提升；修习言辞立其诚心，所以能够成就事业。知道学问的极致之处而达到它，可以探讨精微的道理；知道事业的穷尽之处而穷尽它，可以持守道义。所以居于上位而不骄慢，处于下位而不忧虑，所以勤苦勉力因时而警惕，虽然处于危险之境但是没有灾害。"

九四曰"或跃在渊，无咎"，何谓也？子曰："上下无常，非为邪也。进退无恒，非离群也。君子进德修业，欲及时也，故无咎。"

九四曰："或跃在渊，无咎。"讲述的是什么道理呢？孔子说："或上或下没有常居之处，不是要做邪恶的事。进退不定，也不是要离开群体。君子增进德行修习事业，想要及时而进，所以没有过失。"

九五曰"飞龙在天，利见大人"，何谓也？子曰："同声相应，同气相求。水流湿，火就燥，云从龙，风从虎，圣人作而万物睹。本乎天者亲上，本乎地者亲下，则各从其类也。"

九五曰:"飞龙在天,利见大人。"讲述的是什么道理呢?孔子说:"同声音者相互应和,同气味者相互寻求。水流向湿地,火延伸至干燥处;云跟从于龙,风跟从于猛虎。圣人兴起而万物皆见之,本于天者亲近于上,本于地者亲近于下,万物各自从其类。"

上九曰"亢龙有悔",何谓也?子曰:"贵而无位,高而无民,贤人在下位而无辅,是以动而有悔也。"

上九曰:"亢龙有悔。"讲述的是什么道理呢?孔子说:"身份贵重却没有相应的职位,居于高位而没有民众,贤人处于下位所以没有人辅助,所以一旦行动就会后悔。"

"潜龙勿用",下也。"见龙在田",时舍也。"终日乾乾",行事也。"或跃在渊",自试也。"飞龙在天",上治也。"亢龙有悔",穷之灾也。乾元用九,天下治也。

"潜龙勿用",阳气在下也。"见龙在田",时机未到也。"终日乾乾",行事也。"或跃在渊",自己尝试也。"飞龙在天",居上以治下也。"亢龙有悔",穷极所以有灾祸也。乾元用九,天下太平也。

"潜龙勿用",阳气潜藏。"见龙在田",天下文明。"终日乾乾",与时偕行。"或跃在渊",乾道乃革。"飞龙在天",乃位乎天德。"亢龙有悔",与时偕极。乾元用九,乃见天则。

"潜龙勿用",阳气潜藏在地下。"见龙在田",天下文明。"终日乾乾",依时而行。"或跃在渊",天道变革之时。"飞龙在天",位居天位。"亢龙有悔",时机已经穷极了。乾元用九,由此可见天之法则。

"乾元"者,始而亨者也;"利贞"者,性情也。乾始能以美利利天下,不言所利,大矣哉!大哉乾乎!刚健中正,纯粹精也。六爻发挥,旁通情也。"时乘六龙",以御天也。"云行雨施",天下平也。

天道一开始便亨通。利于万物、固守正直,这是天道之性情。天道开始就能善利天下之物,不言天道之利,是因为天道太伟大了!伟大啊天道!刚健不息,居中而不偏,纯粹至极。六爻发散变化,曲尽其情。圣人乘六龙御天而行,犹如云雨润泽万物,天下因此而太平。

君子以成德为行,日可见之行也。潜之为言也,隐而未见,行而未成,是以君子弗用也。

君子以成就德行为行,所以日日可见君子的作为。"潜"的含义是隐伏不见,行动未能完成,所以说君子"不用"。

君子学以聚之,问以辩之,宽以居之,仁以行之。《易》曰"见龙在田,利见大人",君德也。

君子通过学习来积累知识,通过提问来辨别对错,以宽厚的态度居于世,以仁爱之心来行动。《周易》曰:"见龙在田,利见大人",说的正是大人之德。

九三重刚而不中,上不在天,下不在田,故"乾乾"因其时而"惕",虽危"无咎"矣。

九三以阳居阳而不居中位,就上而言,不在天,就下而言,不在田,所以"勤勉不息"随时而"警惕",虽然危险却没有过失。

九四重刚而不中,上不在天,下不在田,中不在人,故"或"之。或之者,疑之也,故"无咎"。

九四以刚居柔而不在中位,就上而言,不在天,就下而言,不在田,就中而言,不在人之位,所以"或"之,随时而未定。"或"有犹疑之义,所以"没有过失"。

夫"大人"者,与天地合其德,与日月合其明,与四时合其序,与鬼神合其吉凶,先天而天弗违,后天而奉天时,天且弗违,而况于人乎?况于鬼神乎?

九五爻所说的"大人",其德行与天地相合,其光辉璀璨如同日月之明，其行动如四季更替而合于条理，其预见吉凶的能力如同鬼神。先于天而行，能够与天默契；后于天而行，能够依循天时。天都与之默契，何况是人呢？何况是鬼神呢？

"亢"之为言也，知进而不知退，知存而不知亡，知得而不知丧。其唯圣人乎！知进退存亡而不失其正者，其唯圣人乎！

"亢"的含义是，只知道进而不知道退，只知道存而不知道亡，只知道得而不知道失。唯有圣人知道进退存亡的道理而不失其正，难道不是吗？

坤至柔而动也刚，至静而德方。后得主而有常。含万物而化光。坤道其顺乎！承天而时行。

坤道柔顺之至，然而行动刚健；安静之至，然而生成万物的德行方正。坤道居后而成就万物，不失常道。含容万物而德行光大。坤道至顺啊！顺承天依时而行。

积善之家，必有馀庆；积不善之家，必有馀殃。臣弑其君，子弑其父，非一朝一夕之故，其所由来者渐矣。由辩之不早辩也。《易》曰"履霜，坚冰至"，盖言顺也。

积累善行的家庭，一定有后福惠及子孙；积累不善之行的家庭，一定有灾殃流及子孙。臣子弑杀君主，儿子弑杀父亲，这些弑逆之祸都不是朝夕所成，而是缓慢积累形成的。关键在于没有在坏事刚刚出现之时及早分辨。《周易》说："脚踏霜，就知道寒冬将至。"大概说的就是慢慢积累，日日顺长。

"直"，其正也；"方"，其义也。君子敬以直内，义以方外，敬义立而德不孤。"直，方，大，不习无不利"，则不疑其所行也。

直，正直也。方，裁制也。君子守敬以正其心，居义以裁制事物，敬义确立而德行广大。"正直守义光大，不需要练习就能无所不利",无需怀疑其行为。

阴虽有美含之,以从王事,弗敢成也。地道也,妻道也,臣道也。地道"无成",而代"有终"也。

阴虽然内含美好的德行,其职责在于顺承君王之事,所以不敢居功。这就是地道、妻道与臣道。地道不居功,代天以成就万物。

天地变化,草木蕃。天地闭,贤人隐。《易》曰:"括囊,无咎无誉",盖言谨也。君子黄中通理,正位居体,美在其中,而畅于四支,发于事业,美之至也。

天地交感,变化生成万物,草木蕃盛。天地不交感,君臣之道隔绝,所以贤人退隐。《周易》曰:"扎紧袋口保持晦默,没有过失也没有美誉",大概是言谨慎。君子中德在内而通于理,端正而合体,美积于中心而通畅于四体,发见于事业,美德至于极盛。

阴疑于阳必战,为其嫌于无阳也,故称"龙"焉。犹未离其类也,故称"血"焉。夫玄黄者,天地之杂也。天玄而地黄。

阴阳势均力敌必然会交战。坤虽为纯阴之卦,但是阳气不会消亡,所以爻辞称"龙"。盛极不离阴类,与阳相争,故称"血"。阴既盛极,与阳相争,故其血玄黄。天玄地黄,阴阳皆伤。

《说卦》

孔颖达《周易正义》云:"《说卦》者,陈说八卦之德业变化及法象所为也"[1],认为《说卦》主要陈述八卦的道德功业以及所比拟的万物之象。八卦是《周易》的根本,所以《系辞》说"八卦而小成,引而伸之,触类而长之,天下之能事毕矣",又说"八卦成列,象在其中矣。因而重之,爻在其中矣"。可见八卦的基础地位。《系辞》又云:"古者包牺氏之王天下也,仰则观象于天,俯则观法于地,观鸟兽之文,与地之宜,近取诸身,远取诸物,于是始作八卦,以通神明之德,以类万物之情。"包牺氏如何"近取诸身,远取诸物",在《系辞》中没有充分展开,《说卦》的作者则详细阐发了八卦所取的万物之象。

昔者圣人之作《易》也,幽赞于神明而生蓍,

上古圣人(包牺氏)创制《周易》,参赞天地神明之道而用蓍草,

参天两地而倚数,

揲蓍之法,取奇数于天,取偶数于地,而立七、八、九、六之数。七为少阳,九为老阳,八为少阴,六为老阴。

观变于阴阳而立卦,发挥于刚柔而生爻,和顺于道德而理于义,

---

[1] (魏)王弼注,(唐)孔颖达疏:《周易正义》,《十三经注疏》整理委员会整理,李学勤主编:《十三经注疏》,北京大学出版社1999年版,第323页。

穷理尽性以至于命。

观阴阳老少之变而画卦，于刚柔两画而生变动之爻，从容和顺于道德而随事得其条理，穷万物之理，尽人物之性，以达于天命。

昔者圣人之作《易》也，将以顺性命之理，是以立天之道，曰阴与阳；立地之道，曰柔与刚；立人之道，曰仁与义。兼三才而两之，故《易》六画而成卦。分阴分阳，迭用柔刚，故《易》六位而成章。

上古圣人制作《周易》，将以此来顺应天地万物性命之理，所以立天之道，为阴与阳。立地之道，为柔与刚。立人之道，为仁与义。三才之道已备，又皆两之，所以《周易》六画而成一卦。阴阳之位，交相叠用，间杂而成文。

天地定位，山泽通气，雷风相薄，水火不相射，八卦相错。数往者顺，知来者逆，是故《易》逆数也。

《周易》以乾坤象天地，艮兑象山泽，震巽象雷风，坎离象水火。天地定上下之位而合德，山泽异体而通气，雷风各动而相迫近，水火不相入而相资，于是八卦相交而成六十四卦。数过往之事则顺而知之，欲知将来之事则逆前而数之，所以《周易》以逆数知将来之事。

雷以动之，风以散之。雨以润之，日以烜之。艮以止之，兑以说之。乾以君之，坤以藏之。

八卦有养育万物之功[1]：雷能震动万物，风能发散万物，雨能滋润万物，日能干燥万物，艮能终止万物，兑能悦乐万物，乾能统领万物，坤能含藏万物。

帝出乎震，齐乎巽，相见乎离，致役乎坤，说言乎兑，战乎乾，

---

[1] 孔颖达《周易正义》云"此一节总明八卦养物之功"，见（魏）王弼注，（唐）孔颖达疏：《周易正义》，《十三经注疏》整理委员会整理，李学勤主编：《十三经注疏》，北京大学出版社1999年版，第327页。

劳乎坎，成言乎艮。

天帝出万物，在乎震；洁齐万物，在乎巽；令万物相见，在乎离；致役以养万物，在乎坤；悦乐万物，在乎兑；阴阳相战，在乎乾；受纳万物而勤劳，在乎坎；成就万物，在乎艮。

万物出乎震，震，东方也。齐乎巽，巽，东南也。齐也者，言万物之絜齐也。离也者，明也，万物皆相见，南方之卦也。圣人南面而听天下，向明而治，盖取诸此也。坤也者，地也，万物皆致养焉，故曰致役乎坤。兑，正秋也，万物之所说也，故曰说言乎兑。战乎乾，乾，西北之卦也，言阴阳相薄也。坎者，水也，正北方之卦也，劳卦也，万物之所归也，故曰劳乎坎。艮，东北之卦也，万物之所成终而所成始也，故曰成言乎艮。

万物皆出乎震，震是东方之卦，春时万物出生。巽是东南之卦，万物皆洁齐乎巽。离为日，故明。日出而万物皆相见，位在南方，圣人法南面而听天下，向明而治。坤为地，地能生养万物，有其劳役，所以"致役乎坤"。兑为泽，位在西方，是正秋之卦，万物皆喜悦而成熟。乾是西北方之卦，西北是阴地，乾纯阳而居之，是阴阳相薄之象，故曰"战乎乾"。坎为水，水行不舍昼夜，所以为劳卦，又是正北方之卦，于时为冬，冬时万物闭藏，纳受为劳，故坎为劳卦。艮是东北方之卦，万物以艮为终始之际。

神也者，妙万物而为言者也。动万物者，莫疾乎雷。挠万物者，莫疾乎风。燥万物者，莫熯乎火。说万物者，莫说乎泽。润万物者，莫润乎水。终万物始万物者，莫盛乎艮。故水火相逮，雷风不相悖，山泽通气，然后能变化，既成万物也。

八卦运动而化生万物，不知其所以然，谓之神。鼓动万物，没有比雷更迅疾的。挠动万物，没有比风急速的。使万物干燥，没有比火更炎热的。使万物悦乐,没有能超过泽的。滋润万物,没有能超过水的。能终止万物而始生万物,没有比艮更盛大的。所以水火之性相反而能相资,雷风逼近而不相悖,山泽异体而能通气,所以能变化而生成万物。

乾,健也。坤,顺也。震,动也。巽,入也。坎,陷也。离,丽也。艮,止也。兑,说也。

朱熹曰:"此言八卦之性情。"[1] 乾象天,运转不息,故为健。坤象地,顺承于天,故为顺。震象雷,雷奋动万物,故为动。巽象风,风行无所不入,故为入。坎象水,水处险陷,故为陷。离象火,火必附着于物,故为丽。艮象山,山体静止,故为止。兑象泽,泽水润万物,故为万物所悦。

乾为马,坤为牛,震为龙,巽为鸡,坎为豕,离为雉,艮为狗,兑为羊。

朱熹曰:"远取诸物如此。"[2] 乾象天,天行健,故又为马。坤象地,任重而顺,故又为牛。震,动象,龙,动物,故为龙。巽主号令,鸡能知时,故为鸡。坎主水,豕处污湿,故为豕。离为文明,雉有文章,故为雉。艮为静止,狗能善守,禁止外人,故为狗。兑为悦乐,羊是和顺之牲畜,故为羊。

乾为首,坤为腹,震为足,巽为股,坎为耳,离为目,艮为手,兑为口。

朱熹曰:"近取诸身如此。"[3] 乾尊而上,故为首。坤能包藏含容,

---

[1] (宋)朱熹:《周易本义》,《朱子全书》第1册,上海古籍出版社、安徽教育出版社2002年版,第155页。
[2] (宋)朱熹:《周易本义》,《朱子全书》第1册,上海古籍出版社、安徽教育出版社2002年版,第155页。
[3] (宋)朱熹:《周易本义》,《朱子全书》第1册,上海古籍出版社、安徽教育出版社2002年版,第155页。

故为腹。足能动，故震为足。股随顺于足，故巽为股。坎为北方之卦，主听，故为耳。离为南方之卦，主视，故为目。艮为止，手能止持事物，故为手。兑，西方之卦，主言语，故为口。

乾，天也，故称乎父。坤，地也，故称乎母。震一索而得男，故谓之长男。巽一索而得女，故谓之长女。坎再索而得男，故谓之中男。离再索而得女，故谓之中女。艮三索而得男，故谓之少男。兑三索而得女，故谓之少女。

孔颖达《周易正义》曰："此一节说乾坤六子，明父子之道。王氏云：'索，求也。以乾坤为父母而求其子也。'"① 乾为天，为阳，故为父；坤为地，为阴，故为母。坤以初爻求得乾阳为震，故称长男。坤以第二爻求得乾阳为坎，故称中男。坤以第三爻求得乾阳为艮，故称少男。乾以初爻求得坤阴为巽，故称长女。乾以第二爻求得坤阴为离，故称中女。乾以第三爻求得坤阴为兑，故称少女。

乾为天，为圜，为君，为父，为玉，为金，为寒，为冰，为大赤，为良马，为老马，为瘠马，为驳马，为木果。

孔颖达《周易正义》曰："此一节广明乾象。"② 乾为天，天动而运转，故为圜。为君为父，天尊而为万物之始。为玉为金，取乾刚清明。为寒为冰，取乾居西北寒冰之地。为大赤，取乾盛阳之色。为良马，取其行健之义。为老马，取其行健之长久。为瘠马，骨多而瘦，取其行健之甚。为驳马，取毛色斑驳之马。为木果，取其性质坚硬。

坤为地，为母，为布，为釜，为吝啬，为均，为子，母牛，为

---

① （魏）王弼注，（唐）孔颖达疏：《周易正义》，《十三经注疏》整理委员会整理，李学勤主编：《十三经注疏》，北京大学出版社 1999 年版，第 330 页。
② （魏）王弼注，（唐）孔颖达疏：《周易正义》，《十三经注疏》整理委员会整理，李学勤主编：《十三经注疏》，北京大学出版社 1999 年版，第 330 页。

大舆，为文，为众，为柄。其于地也为黑。

孔颖达《周易正义》曰："此一节广明坤象。"[①] 坤为地，地生育万物，故为母。为布，取地广载万物之象。为釜，取其盛放事物之象。为吝啬，取地生万物而不转移。为均，取地道均平。为子母牛，取其多蕃育而顺从。为大舆，取其能载万物。为文，取其万物之色杂。为众，取地载物繁多。为柄，取其为生物之本。其于地也为黑，取其极阴之色。

震为雷，为龙，为玄黄，为旉，为大涂，为长子，为决躁，为苍筤竹，为萑苇。其于马也为善鸣，为馵足，为作足，为的颡。其于稼也为反生。其究为健，为蕃鲜。

孔颖达《周易正义》曰："此一节广明震象。"[②] 震动为雷，东方之卦，故为龙。为玄黄，取其相杂而成苍色。为旉，取春时阳气生发，草木旉布而生。为大涂，取万物之所生。为长子，如上文所释，震为长子。为决躁，取其刚动。为苍筤竹，竹初生之时，其色苍筤，取其春季生长之美。为萑苇，萑苇，亦竹之类。其于马也为善鸣，取其象雷声可远闻。为馵足，马后足白为馵，取其动而见。为作足，取其动而行健。为的颡，白额为的颡，亦取动而见。其于稼也为反生，取其始生戴甲而出。其究为健，究，极也，极于震动，故为健。为蕃鲜，鲜，明也，取春天草木蕃育而鲜明。

巽为木，为风，为长女，为绳直，为工，为白，为长，为高，为进退，为不果，为臭。其于人也为寡发，为广颡，为多白眼，为近

[①] （魏）王弼注，（唐）孔颖达疏：《周易正义》，《十三经注疏》整理委员会整理，李学勤主编：《十三经注疏》，北京大学出版社1999年版，第331页。
[②] （魏）王弼注，（唐）孔颖达疏：《周易正义》，《十三经注疏》整理委员会整理，李学勤主编：《十三经注疏》，北京大学出版社1999年版，第331页。

利市三倍，其究为躁卦。

孔颖达《周易正义》曰："此一节广明巽象。"[1] 巽为木，木可以揉曲直，巽顺之义。为风，取其顺而入之义。为长女，如上文所释，巽为长女。为绳直，取其号令齐物，如绳之直木。为工，亦取绳直之类。为白，风吹而尘去，故洁白。为长，取风行之远。为高，取风性高远，又木生而上。为进退，风吹万物，或前进或退却。为不果，风性动摇不定，不能果敢决断。为臭，风吹万物而发散气味。其于人也为寡发，寡，少也，风动而吹落树之花叶，如人之少发。为广颡，头发寡少而额头宽阔，故为广颡。为多白眼，取躁人之眼，其色多白。为近利市三倍，躁人之性情，多看重利，木生蕃盛，于市则获三倍之利。其究为躁卦，究，极也，取风之行若躁急之象。

坎为水，为沟渎，为隐伏，为矫輮，为弓轮。其于人也，为加忧，为心病，为耳痛，为血卦，为赤。其于马也，为美脊，为亟心，为下首，为薄蹄，为曳。其于舆也，为多眚，为通，为月，为盗。其于木也，为坚多心。

孔颖达《周易正义》曰："此一节广明坎象。"[2] 坎为水，取其北方之象。为沟渎，取水行而为沟渠。为隐伏，取水藏于地中。为矫輮，水流弯曲或伸直，如矫輮。为弓轮，水流疾行则激射，如拉满的弓。其于人也为加忧，取其险难。为心病，忧其险难。为耳痛，坎为劳卦，又北方主听，听劳则耳痛。为血卦，人之有血，犹如地之有水。为赤，取血之色。其于马也为美脊，取坎卦一阳爻在中。为亟心，

---

[1] （魏）王弼注，（唐）孔颖达疏：《周易正义》，《十三经注疏》整理委员会整理，李学勤主编：《十三经注疏》，北京大学出版社1999年版，第332页。
[2] （魏）王弼注，（唐）孔颖达疏：《周易正义》，《十三经注疏》整理委员会整理，李学勤主编：《十三经注疏》，北京大学出版社1999年版，第332页。

亟，急也，取其中坚内动。为下首，取水流向下。为薄蹄，取水流迫地而行。为曳，取水摩地而行。其于舆也为多眚，取坎卦表里有阴，力弱不能重载，常忧灾眚。为通，取其行有孔穴。为月，月是水之精。为盗，水行潜窃如盗贼。其于木也为坚多心，取坎卦刚在内。

离为火，为日，为电，为中女，为甲胄，为戈兵。其于人也，为大腹。为乾卦，为鳖，为蟹，为蠃，为蚌，为龟，其于木也，为科上槁。

孔颖达《周易正义》曰："此一节广明离象。"① 离为火，取南方之卦。为日，日乃火精。为电，光明似火之类。为中女，如上文所释，离为中女。为甲胄，取其卦象阳刚在外。为戈兵，取其卦象阳刚在外，以刚自我捍卫。其于人也为大腹，取其卦内怀阴气。为乾卦，阳盛大之义。为鳖，为蟹，为蠃，为蚌，为龟，皆取阳刚在外之象。其于木也为科上槁，科，空也，阴在内为空，木既中空，上必枯槁。

艮为山，为径路，为小石，为门阙，为果蓏，为阍寺，为指，为狗，为鼠，为黔喙之属。其于木也，为坚多节。

孔颖达《周易正义》曰："此一节广明艮象。"② 艮为山，取山体静止之象。为径路，山虽高有径道。为小石，山上有石，艮卦为阳卦之小者，故为小石。为门阙，取其有径路，又崇高。为果蓏，木之实为果，草之实为蓏，多出于山谷之中。为阍寺，能止人入。为指，手持物而能止物。为狗，看守门户而阻止外人进入。为鼠，为黔喙之属，取其为山居之兽。其于木也为坚多节，山中之木，坚劲故多节。

---

① （魏）王弼注，（唐）孔颖达疏：《周易正义》，《十三经注疏》整理委员会整理，李学勤主编：《十三经注疏》，北京大学出版社1999年版，第333页。
② （魏）王弼注，（唐）孔颖达疏：《周易正义》，《十三经注疏》整理委员会整理，李学勤主编：《十三经注疏》，北京大学出版社1999年版，第333页。

兑为泽,为少女,为巫,为口舌,为毁折,为附决。其于地也为刚卤,为妾,为羊。

孔颖达《周易正义》曰:"此一节广明兑象。"[1] 兑为泽,取其为万物所悦。为少女,如上文所释,兑为少女。为巫,取其口舌之官。为口舌,西方于五事为言,口舌为言语之工具。为毁折,为附决,兑西方之卦,主正秋,万物成熟,槁秆之类毁折,果蓏之属则随之脱落。其于地也为刚卤,水泽所停,则咸卤。为妾,取少女从姊为娣。为羊,取羊性和顺。

---

[1] (魏)王弼注,(唐)孔颖达疏:《周易正义》,《十三经注疏》整理委员会整理,李学勤主编:《十三经注疏》,北京大学出版社1999年版,第334页。

《序卦》

韩康伯云："《序卦》之所明，非《易》之缊也。盖因卦之次，托象以明义。"[1] 照韩康伯的看法，《序卦》不是《周易》的精蕴所在，只不过是孔子顺着六十四卦的卦次，假借卦象以阐明义理。《序卦》作者为了论证今本《周易》六十四卦的排列是一个具有内在理序的整体，进行了一番刻意论证，但是有些地方显得牵强附会。

有天地，然后万物生焉。盈天地之间者唯万物，故受之以屯。屯者，盈也。屯者，物之始生也。物生必蒙，故受之以蒙。蒙者，蒙也，物之稚也。物稚不可不养也，故受之以需。需者，饮食之道也。饮食必有讼，故受之以讼。讼必有众起，故受之以师。师者，众也。众必有所比，故受之以比。比者，比也。比必有所畜，故受之以小畜。物畜然后有礼，故受之以履。履而泰，然后安，故受之以泰。泰者，通也。物不可以终通，故受之以否。物不可以终否，故受之以同人。与人同者，物必归焉，故受之以大有。有大者，不可以盈，故受之以谦。有大而能谦必豫，故受之以豫。豫必有随，故受之以随。以喜随人者必有事，故受之以蛊。蛊者，事也。有事而后可大，故受之以临。临者，大也。物大然后可观，故受之以观。可观而后有所合，

---

[1] （魏）王弼注，（唐）孔颖达疏：《周易正义》，《十三经注疏》整理委员会整理，李学勤主编：《十三经注疏》，北京大学出版社1999年版，第334页。

故受之以噬嗑。嗑者，合也。物不可以苟合而已，故受之以贲。贲者，饰也。致饰然后亨则尽矣，故受之以剥。剥者，剥也。物不可以终尽剥，穷上反下，故受之以复。复则不妄矣，故受之以无妄。有无妄然后可畜，故受之以大畜。物畜然后可养，故受之以颐。颐者，养也。不养则不可动，故受之以大过。物不可以终过，故受之以坎。坎者，陷也。陷必有所丽，故受之以离。离者，丽也。

先有天地，然后万物生出。充盈天地之间的唯有万物，所以接下来屯，屯有充盈之义。屯表示万物开始出生。万物初生之时必然蒙昧无知，所以接下来是蒙。蒙有蒙昧之义，事物尚处于稚嫩阶段。事物既然稚嫩就不可不养育，于是接下来需。需卦讲的是饮食之道。饮食必定会产生争讼，所以接下来是讼。争讼必然会有众人参与，所以接下来师。师有众之义。人多则必然有所亲比，所以接下来比。比为亲比之义。亲比必然有所蓄积，所以接下来小畜。物蓄积然后有礼，所以接下来履。以礼而行必然宽裕平和，平和然后安宁，所以接下来泰。泰有通达之义。万物不可能始终通达，所以接下来否。万物不可能始终闭塞，所以接下来同人。能与人相同，万物必然会归，所以接下来大有。虽然有所盛大，但不可以盈满，所以接下来谦。盛大而能谦虚，必然有所豫乐，所以接下来豫。豫乐必然有随，所以接下来随。喜随人者必定有事，所以接下来蛊。蛊为事之义。有事而后可大，所以接下来临。临为大之义。物大然后可以仰观，所以接下来观。可观瞻而后有所相合，所以接下来噬嗑。嗑为相合之义。万物不可以苟合而已，所以接下来贲。贲为装饰华美之义。装饰华美而亨通，则必然走向穷尽，所以接下来剥。剥有剥去之义。万物不可能被完全剥尽，穷于上则反于下，所以接下来复。知道复还则邪道不行，所以接下来无妄。凡事合乎道理则可以容畜广大，所以接下来大畜。

万物容畜然后可养，所以接下来颐。颐为养之义。物不养则不能动，所以接下来大过。万物不可能始终有过，所以接下来坎。坎为陷之义。有所坎陷则必有附丽，所以接下来离。离为附丽之义。

有天地，然后有万物；有万物，然后有男女；有男女，然后有夫妇；有夫妇，然后有父子；有父子，然后有君臣；有君臣，然后有上下；有上下，然后礼义有所错。夫妇之道，不可以不久也，故受之以恒。恒者，久也。物不可以久居其所，故受之以遯。遯者，退也。物不可以终遯，故受之以大壮。物不可以终壮，故受之以晋。晋者，进也。晋必有所伤，故受之以明夷。夷者，伤也。伤于外者必反其家，故受之以家人。家道穷必乖，故受之以睽。睽者，乖也。乖必有难，故受之以蹇。蹇者，难也。物不可以终难，故受之以解。解者，缓也。缓必有所失，故受之以损。损而不已必益，故受之以益。益而不已必决，故受之以夬。夬者，决也。决必有所遇，故受之以姤。姤者，遇也。物相遇而后聚，故受之以萃。萃者，聚也。聚而上者谓之升，故受之以升。升而不已必困，故受之以困。困乎上者必反下，故受之以井。井道不可不革，故受之以革。革物者莫若鼎，故受之以鼎。主器者莫若长子，故受之以震。震者，动也。物不可以终动，止之，故受之以艮。艮者，止也。物不可以终止，故受之以渐。渐者，进也。进必有所归，故受之以归妹。得其所归者必大，故受之以丰。丰者，大也。穷大者必失其所居，故受之以旅。旅而无所容，故受之以巽。巽者，入也。入而后说之，故受之以兑。兑者，说也。说而后散之，故受之以涣。涣者，离也。物不可以终离，故受之以节。节而信之，故受之以中孚。有信者必行之，故受之以小过。有过物者必济，故受之以既济。物不可穷也，故受之以未济终焉。

有了天地，然后就有了万物；有了万物，然后有了男女；有了男女，然后有了夫妇；有了夫妇，然后有了父子；有了父子，然后有了君臣；有了君臣，然后有了上下；有了上下，然后礼义有所施用。夫妇之道，不可以不恒久，所以接下来恒。恒，久也。万物不可以久居其所，所以接下来遯。遯，退也。物不可以终退，所以接下来大壮。物不可以始终壮盛，所以接下来晋。晋，进也。前进必有所伤，所以接下来明夷。夷，伤也。受伤于外必然返归于家，所以接下来家人。如果治家之道穷竭，必然家人乖违，所以接下来睽。睽，乖也。乖违必有困难，所以接下来蹇。蹇，难也。凡物不可能始终困难，所以接下来解。解，缓和之义。缓和则必然有所损失，所以接下来损。损至于极必然有益，所以接下来益。增益不已必然冲决，所以接下来夬。夬，决之义。冲决必有所遇，所以接下来姤。姤，遇也。物相遇而后聚合，所以接下来萃。萃，聚也。聚而上升谓之升，所以接下来升。升而不已必然穷困，所以接下来困。困乎上者必然会反乎下，所以接下来井。井道不可不治理更革，所以接下来革。能烹煮改变事物者，没有能超过鼎的，所以接下来鼎。主管祭祀没有能与长子相比的，所以接下来震。震，动也。物不可以始终动，动则有止，所以接下来艮。艮，止也。物不可以终止，所以接下来渐。渐，前进之义。进必有所归，所以接下来归妹。能得其所归者必然丰大，所以接下来丰。丰，大也。穷极于大者必然失掉其居所，所以接下来旅。羁旅而无所容身，所以接下来巽。巽，入也。能入然后喜悦，所以接下来兑。兑者，悦也。心有喜悦而后发散之，所以接下来涣。涣，离散也。物不可以终离散，所以接下来节。有所节制而后能诚信，所以接下来中孚。有诚信的人必能施行，所以接下来小过。能够过于物者必能济，所以接下来既济。物不可以穷尽，所以《周易》以未济卦作为六十四卦之终。

《杂卦》

韩康伯云："《杂卦》者，杂糅众卦，错综其义，或以同相类，或以异相明也。"[1] 照韩康伯的看法，《杂卦》就是打乱六十四卦的排列次序，交错总聚其义，两两一组，或者其义相类，或者其义相反而相明。韩康伯的这个理解是很准确的。《杂卦》也是对六十四卦卦义的解释，但它与《序卦》确定的顺序很不同，它把六十四卦分成三十二对组合，两两一组进行说明，语言简洁，多用一两个字断一卦的卦义，形式上很整饬，音节上也很和谐，可见所谓"杂"并非杂乱无章。

乾刚坤柔，比乐师忧。临、观之义，或与或求。屯，见而不失其居，蒙，杂而著。震，起也。艮，止也。损、益，盛衰之始也。大畜，时也。无妄，灾也。萃聚而升不来也。谦轻而豫怠也。噬嗑，食也，贲，无色也。兑见而巽伏也。随，无故也，蛊则饬也。剥，烂也，复，反也。晋，昼也。明夷，诛也。井通而困相遇也。咸，速也。恒，久也。涣，离也。节，止也。解，缓也。蹇，难也。睽，外也。家人，内也。否、泰反其类也。大壮则止，遯则退也。大有，众也。同人，亲也。革，去故也。鼎，取新也。小过，过也。中孚，信也。丰，多

---

[1] （魏）王弼注，（唐）孔颖达疏：《周易正义》，《十三经注疏》整理委员会整理，李学勤主编：《十三经注疏》，北京大学出版社1999年版，第339页。

故也。亲寡，旅也。离上而坎下也。小畜，寡也。履，不处也。需，不进也。讼，不亲也。大过，颠也。姤，遇也，柔遇刚也。渐，女归待男行也。颐，养正也。既济，定也。归妹，女之终也。未济，男之穷也。夬，决也，刚决柔也，君子道长，小人道忧也。

　　乾为刚健，坤为柔顺，亲比则乐，用兵则忧。以我临物，故曰"与"，物来观我，故曰"求"。屯，利建侯，君子经纶之时。蒙，杂然而处但能启发蒙昧而向明。震，动而起。艮，停而止。损为衰之始，益为盛之始。大畜，因时而畜，故能大。无妄，灾自外而来。萃则聚合，升则上往故不来。谦者不自重大，耽于豫乐则懈怠。口中有物为噬嗑，于白色上着色为贲饰。兑一阴外见，巽一阴而潜伏。随则无常定，蛊，事情坏极而后整饬。剥，烂掉，物熟则剥落。复，反还。晋，日出地上为昼。明夷，光明入于地中，故诛。井，养物而不穷，故通。困，刚柔相遇而刚被掩。阴阳交感贵在迅速，恒则能长久。涣则离散，节则有所止。解则缓和，蹇则有难。睽则离而外，家人为治内之道。否、泰，二者正相反。大壮，阳刚壮大而能有所止，遯则阳刚后退。大有，故众多。同人，故能亲近。革，去除故旧，鼎，能取新。小过，阴有所过。中孚，诚信在内，丰大则忧其过中。亲人寡少，故羁旅在外。离火炎上而坎水润下。小畜，所畜不多而寡少。履，行进之义。需，有所待而不进。讼，争讼故不亲。大过，上下二阴不胜其重，本末弱也。姤，相遇，一柔而遇五刚。渐，女子出嫁不遽进，待男方先行。颐以养正。既济，事情已完成。归妹，少女出嫁。未济，刚柔失位，阳道穷困。夬，决也，五阳决去一柔，君子道长，小人道忧。

参考文献

（汉）班固撰，（唐）颜师古注：《汉书》第6册，中华书局1962年版。

（汉）许慎：《说文解字》，中华书局1963年版。

（汉）郑玄注，（唐）孔颖达疏：《礼记正义》，《十三经注疏》整理委员会整理，李学勤主编：《十三经注疏》，北京大学出版社1999年版。

（魏）何晏注，（宋）邢昺疏：《论语注疏》，《十三经注疏》整理委员会整理，李学勤主编：《十三经注疏》，北京大学出版社1999年版。

（魏）王弼注，（唐）孔颖达疏：《周易正义》，《十三经注疏》整理委员会整理，李学勤主编：《十三经注疏》，北京大学出版社1999年版。

（魏）王弼撰，楼宇烈校释：《周易注校释》，中华书局2012年版。

（唐）李鼎祚：《周易集解》，上海古籍出版社1989年版。

（唐）陆德明：《经典释文》，上海古籍出版社1984年版。

（宋）程迥：《周易古占法》，文渊阁四库全书本。

（宋）程颐撰，王孝鱼点校：《周易程氏传》，中华书局2011年版。

（宋）吕祖谦：《古周易》，文渊阁四库全书本。

（宋）郑樵：《六经奥论》，文渊阁四库全书本。

（宋）朱元升：《三易备遗》，文渊阁四库全书本。

（宋）朱震：《汉上易传》，上海古籍出版社 1989 年版。

（元）李简：《学易记》，文渊阁四库全书本。

（清）段玉裁：《说文解字注》，上海古籍出版社 1988 年版。

（清）黄宗羲：《易学象数论》，中华书局 2010 年版。

（清）李光地：《御纂周易折中》，中央编译出版社 2011 年版。

（清）马国翰辑：《玉函山房辑佚书》，上海古籍出版社 1990 年版。

（清）永瑢等撰：《四库全书总目提要》，中华书局 1995 年版。

（清）朱彝尊：《经义考》，中华书局 1998 年版。

陈仁仁：《战国楚竹书〈周易〉研究》，武汉大学出版社 2010 年版。

丁四新：《楚竹简与汉帛书〈周易〉校注》，上海古籍出版社 2011 年版。

高亨：《周易大传今注》，齐鲁书社 1979 年版。

高亨：《周易古经今注》，中华书局 1984 年版。

黄寿祺、张善文：《周易译注》，上海古籍出版社 2002 年版。

李尚信：《卦序与解卦理路》，巴蜀书社 2008 年版。

连劭名：《帛书〈周易〉疏证》，中华书局 2012 年版。

林忠军：《〈易纬〉导读》，齐鲁书社 2002 年版。

林忠军：《象数易学发展史》第一卷，齐鲁书社 1994 年版。

林忠军：《象数易学发展史》第二卷，齐鲁书社 1998 年版。

刘大钧：《周易概论》（增补本），巴蜀书社 2008 年版。

刘玉建：《两汉象数易学研究》，广西教育出版社 1997 年版。

尚秉和：《周易尚氏学》，中华书局 1980 年版。

唐明邦主编：《周易评注》（修订本），中华书局 2009 年版。

萧汉明：《〈周易本义〉导读》，齐鲁书社 2003 年版。

邢文：《帛书周易研究》，人民出版社 1997 年版。

余敦康：《汉宋易学解读》，华夏出版社 2006 年版。
张文智：《〈周易集解〉导读》，齐鲁书社 2005 年版。
朱伯崑：《易学哲学史》，华夏出版社 1995 年版。
唐琳：《朱熹易学研究》，商务印书馆 2016 年版。
唐琳：《朱震的易学视域》，中国书店 2007 年版。

后　记

　　中华文明源远流长，博大精深，在中华先民为世界创造的璀璨文化中，《周易》因其独特的魅力与深邃的思想格外引人注目。《周易》的特殊之处在于，它不仅有文字，还有与文字相匹配的卦画，也就是说它包含了卦画符号系统和卦爻辞文字系统两大类。按照古人的理解，这两套系统是有先后顺序的，卦画符号系统在前，文字系统在后，后者是用来说明前者的，这就跟我们通常阅读的以文字为载体的经典很不一样。将这两套系统对比看，符号系统显然更加抽象，理解起来更难，由于《周易》的文字系统是以符号系统为基础，所以对符号的理解格外重要。值得庆幸的是，《周易》传文即"十翼"各篇，为我们解读这些"神秘"的符号和晦涩的卦爻辞提供了最重要的参考，除此之外，历史上著名的易学家，他们的思想理论与研究成果也具有参考的价值。

　　按照《周礼》的记载，古时史官除了《周易》之外，还曾用《连山》《归藏》两种典籍来进行占筮活动，根据郑玄的说法，《连山》《归藏》分别是夏、商时代的占筮之书，《连山》以艮卦为六十四卦之首，《归藏》以坤卦为六十四卦之首，《周易》则以乾、坤两卦为诸卦之首，所以《系辞》说"乾坤，其易之门邪"，"乾坤毁，则无以见易"，"乾，阳物也；坤，阴物也"。以乾坤为诸卦之首，其意义很不一样，因为乾坤是纯阴纯阳卦，六爻都是阳或阴，乾坤以外的其他卦，是通过阴阳爻在六位中的上下往来之变生成的。于是一个重要的观念产生了，即《庄子》中记载的"易以道阴阳"。《周易》是一本以阴阳为中心的书，阴阳关乎天道，属于形而上者，易学史上一个很重要的观念是"推天道以明人事"，《说卦》讲"是以立天之道，曰阴与阳；立地之道，曰柔与刚；立人之道，曰仁与义。兼三才而两之，故易六画而成卦"，说明以阴阳为根本的《周易》，核心思想是天地人三才之道。到了汉代，《周易》的地位就非常高了，被视为"五经之首"，"大道之源"。《周易》至高无上的地位，一直延续至清代。

《周易》这部古老的典籍在现代社会还有价值与意义吗？回答是肯定的。《周易》最早的性质是占筮之书，但占筮不等于迷信，作为一本洞察吉凶祸福的智慧之书，即使在《周易》古经中也内在包含了世间万物的诸多道理，例如，"谦谦君子，利涉大川"，包含了对谦逊品德的赞美；"其亡其亡，系于苞桑"，是对存而不忘亡的忧患意识的肯定；"不恒其德，或承之羞"，是对恒守德行的推崇；"亢龙有悔"，是讲做事情应该进退有度，居中不偏。虽然《周易》古经没有具体地阐发这些道理，但我们今天去读它，要多思考一步，从而在占筮所预示的吉凶祸福中去体会世间万物之理。《周易》不仅可以启发我们思考事物的内在之理，以便更好地把握事物演进的规律，做到趋利避害，趋吉避凶，使事情向着好的方向发展，而且《周易》包含了圣贤君子之道，它褒扬君子而贬抑小人，主张君子吉祥而小人凶咎，其中所蕴含的丰富的立身处世之道，值得我们学习。

中国历史上有两位杰出的思想家——孔子和朱熹。孔子说自己读易到了韦编三绝的程度，帛书《易传》记载他"居则在席，行则在橐"，不仅说明了他对于《周易》的痴迷与喜爱，也从另一角度揭示了《周易》理解起来难度之大，以至于连孔子这样的好学之士也要反复思考，不敢些许懈怠。南宋时另一位集大成的思想家朱熹，也反复告诫门人说"易难看"，劝告他的弟子先去读《中庸》《论语》《孟子》等其他经典。朱熹还总结了阅读《周易》的方法，包括心灵虚静，注重实践，提升社会阅历等等。朱熹的说法有一定道理。对于喜欢《周易》的读者朋友来说，阅读需要心静，要深入到文本内在思想之中，通过实践形成自己的体会，任何言之有理、持之有故的理解都有意义。当然在阅读的过程中，我们还需要留意历史上易学家们的研究成果，将个人的理解与历史的理解相结合，应是解读《周易》最行之有效的方法。

以上这些随感，在本书《〈周易〉研究与解义》中得到了一定体现。书虽已完成，但尚存在思虑不全之处，望读者朋友批评指正。本书得以付梓，要感谢商务印书馆各方面的大力支持！

本书得到"中央高校基本科研业务费专项资金资助"（2022WK-YXZD017），特此说明。